팀 켈러의
정의란 무엇인가

GENEROUS JUSTICE
GENEROUS JUSTICE by Timothy Keller
Copyright © 2010 by Timothy Keller
Korean translation copyright © 2012 by Duranno Press
All rights reserved.

This Korean edition is published by arrangement
with Timothy Keller c/o McCormick & Williams, New York,
through Duran Kim Agency, Seoul.

이 책의 한국어판 저작권은 듀란킴 에이전시를 통한
Timothy Keller c/o McCormick & Williams와의 독점계약으로 두란노서원에 있습니다.

저작권법에 의하여 한국 내에서 보호를 받는 저작물이므로 무단전재와 무단복제를 금합니다.

팀 켈러의 정의란 무엇인가

지은이 | 팀 켈러
옮긴이 | 최종훈
초판 발행 | 2012. 2. 20.
25쇄 발행 | 2025. 2. 12.
등록번호 | 제1988-000080호
등록된 곳 | 서울시 용산구 서빙고로65길 38
발행처 | 사단법인 두란노서원
영업부 | 02)2078-3333 FAX | 080-749-3705
출판부 | 02)2078-3330

책값은 뒤표지에 있습니다.
ISBN 978-89-531-1709-9 03230

독자의 의견을 기다립니다.
tpress@duranno.com   http://www.duranno.com

두란노서원은 바울 사도가 3차 전도 여행 때 에베소에서 성령 받은 제자들을 따로 세워 하나님의 말씀으로 양육
하던 장소입니다. 사도행전 19장 8-20절의 정신에 따라 첫째 목회자를 돕는 사역과 평신도를 훈련시키는 사역,
둘째 세계선교(TIM)와 문서선교(단행본·잡지) 사역, 셋째 예수문화 및 경배와 찬양 사역, 그리고 가정·상담 사역 등을
감당하고 있습니다. 1980년 12월 22일에 창립된 두란노서원은 주님 오실 때까지 이 사역들을 계속할 것입니다.

팀 켈러의 정의란 무엇인가

팀 켈러 지음 | 최종훈 옮김

두란노

추천의 글

오늘날처럼 탐욕이 앞서는 시대에 정의의 실천에 대한 촉구는 무엇보다 중요한 성경의 메시지다. 읽는 내내 내가 어떤 진리를 믿고 있고 어떤 하나님을 믿고 있는가 생각하게 만들었다. "여호와께서 네게 구하시는 것은 오직 공의를 행하며 인자를 사랑하며"(미 6:8). 이것이 진리임을 다시 한번 마음 깊이 새길 수 있었다.
_ **홍정길 목사** 남서울은혜교회 담임목사, 기윤실 이사장

팀 켈러는 논리적이고 설득력 있게 정의에 대한 탁월한 메시지를 전한다. 미국과 비슷하게 국내에서도 개인구원을 강조하는 진영과 사회정의를 앞세우는 진영이 나누어져 있다. 이 책은 예수 그리스도의 구원의 은혜를 제대로 체험한 자는 필연적으로 공의를 추구하며 살게 된다는 것을 꿰뚫어 보여 준다. 정의로운 삶에 대해 새롭게 생각하게 하는 너무나 좋은 책이다.
_ **손인웅** 덕수교회 담임목사, 한국기독교목회자협의회 명예회장

미국의 지성을 대표하는 팀 켈러 목사가 또 하나의 홈런을 쳤다. 하버드대학의 마이클 샌델 교수의 「정의란 무엇인가」라는 책이 세계적인 베스트셀러로 부각되었지만 그가 내린 정의(Justice)에 대한 정의(Definition)는 명확하지 않았다. 상대적인 정의를 말했기 때문일 것이다. 정의에 대한 사회적 관심이 높아지는 이 시대에 팀 켈러 목사의 이 책은 정의가 무엇인지를 매우 명확하게 설명한다.
정의란 사회 속에서의 올바른 관계이며 올바른 관계는 곧 사랑으로 나타나야 한다. 정의는 사랑으로 열매 맺어야 진정한 정의이다. 하나님의 정의는 따라서 사랑을 행하는 정의이고, 은혜를 베푸심으로써 이루시는 정의이다. 오늘날 정의를 부르짖는 사람들이 잃어버린 것은 관대한 사랑의 마음이다. 그리고 사랑을 추구하는 사람들이 잃어버린 것은 사회적 정의이다. 어느 한쪽이든 포기하

면 온전한 사랑과 정의가 이루어질 수 없다. 하나님의 사랑만이 정의로운 사랑이요, 사랑이 가득한 관대한 정의이다.

치밀한 성경적 탐구와 탁월한 현실적 적용으로 정의를 설명하는 팀 켈러 목사의 글을 읽으면 자연스럽게 두 주먹이 불끈 쥐어지는 것을 경험할 것이다. 그러나 그 쥐어진 주먹은 다른 사람을 해치는 주먹이 아니라 사랑을 베푸는 선행으로 나타나는 정의로운 주먹이다. 이 시대 모든 크리스천에게 주시는 보화 같은 메시지를 놓치지 않기를 기대하면서 벅찬 마음으로 이 책을 추천한다.

_ **이재훈** 온누리교회 담임목사

그동안 정의는 진보적 크리스천들의 전유물처럼 느껴졌다. 팀 켈러는 이 책에서 정의가 왜 복음주의자들에게도 핵심 주제가 되어야 하는지를 설파한다. 그뿐 아니라, 정의를 향한 진보적 크리스천들의 노력에 심각한 결함이 있음을 드러낸다. 복음의 핵심에 정의가 있음을, 그리고 그 정의는 하나님의 은혜로부터 분리될 수 없는 것임을, 독자는 이 책을 통해 마음 깊이 확신할 것이다.

_ **김영봉** 와싱톤한인교회 담임목사, 「사귐의 기도」 저자

개인주의와 개교회주의에 물든 미국식 값싼 은혜, 값싼 복음의 후유증에 시달리는 한국 교회에 하나님의 공의를 설파하는 미국 목사님의 책을 추천하는 일은 아이러니한 일이다. 사회복음과 정의를 함께 전했던 캐나다 선교사들이 주로 활동했던 북한과 만주 지역이 개화기 기독교 부흥의 전원지가 되었고, 스코필드 박사에게 성경을 배운 김근태 선생이 사회정의를 위해 민주화 운동으로 뛰어들었던 것도 우연한 일은 아니다. 이 책은 성경에 나타난 가난한 자들을 위한 공의가 어떻게 하수처럼 흘러가야 하는가에 대한 해답으로서 온전한 복음의 정수를 보여 줄 것이다.

_ **정진호** 연변과기대 교수

이 책을 추천하는 일은 참으로 즐겁고 행복한 일이다. 미국에서 가장 영향력 있는 목회자로 손꼽히는 목회자이나 국내에는 비교적 덜 알려진 팀 켈러 목사의 책이기 때문이며, 또한 다루는 주제가 참으로 시의적절하기 때문이다. 하버드 대학의 마이클 샌델 교수가 쓴 「정의란 무엇인가」라는 책이 큰 파장을 불러일으

킨 것을 보면 알 수 있듯이 오늘날 많은 사람들이 정의가 구현되는 사회를 찾고 있다. 그런데 잘못 행한 자를 징계하고 부당하게 희생당한 자를 보살피는 정의는 잘못하면 차갑고 냉정하기 쉬운데 반해, 성경이 가르치는 정의는 가난하고 약한 자들을 향한 은혜롭고 따뜻한 정의의 정의라고 이 책은 강조한다. 은혜에서 비롯한 인자하고 너그러운 정의가 우리 사회를 따뜻하고 새롭게 만드는 도구로 사용되기를 기대하며 이 책을 적극 추천하는 바이다.
_ **화종부** 남서울교회 후임목사

가난한 자들에 대한 우리의 태도와 행동이 어떠해야 하는지에 대해 이 책은 성경의 가르침을 정확하고 폭넓게 해석하고 있다. 저자는 성경에 대해 정통할 뿐만 아니라 그 자신이 먼저 삶으로 실천하려는 노력이 없었다면 결코 할 수 없는 실천적 지혜들로 이 책을 가득 채웠다. 이 책의 가치는 그런 현실에 바탕을 둔 통찰력이 돋보인다는 점에서 높이 평가 된다.
_ **이문식** 산울교회 담임목사

역설적인 어구는 자연스러운 방식으론 도저히 불가능한 의미를 담아내곤 한다. 이 책의 원 제목인 '은혜로운 정의'(Generous Justice)가 바로 그렇다. 은혜와 정의라는 조화되기 힘든 개념 둘을 한데 묶었으니 모순이 아닐 수 없다. 하지만 저자 팀 켈러 목사는 이를 통해 성경에서 말하는 은혜와 정의가 어떻게 '샬롬'으로 어울릴 수 있는지를 정말 설득력 있게 풀어낸다. 냉정한 정의는 법대로 하면 될지 몰라도 따뜻한 정의는 은혜를 모르고선 상상도 할 수 없다. 저자는 성경에서 이것이 어떻게 이루어지고 있는지를 알게 한다.
_ **신국원** 총신대학교 신학과 철학교수

이 책은 하나님의 공의가 사회적이고 관계적인 개념으로서 공동체(교회, 기업, 국가) 구성원, 특히 경제적 약자들에게 적용되어야 하는 하나님의 명령임을 새삼 일깨워 준다. 이 책은 크리스천들이 부당한 사회적 억압이나 차별, 가난을 부르는 경제구조적인 문제를 외면하는 것은 공의로우신 하나님의 뜻을 행하지 않는 태만죄(sin of omission)에 해당할 수 있다는 경각심을 준다. 그리하여 개인적인 차원의 구원, 치유, 평안을 추구하는 것에 안주하기 쉬운 포스트모더니즘 시대의 현대 기독교인들의 영적 지경을 넓혀 주는 좋은 책이다.
_ **정운오** 서울대 경영대학 교수

진보와 보수, 빈과 부, 사랑과 정의, 자유와 평등은 진정 대립하고 갈등하여야만 하는가? 교회와 사회, 성경과 삶, 영성과 사회참여, 복음주의와 에큐메니칼, 신앙과 신학은 어떻게 하나님의 나라를 위한 동반자가 될 수 있을까? 나날이 심화되는 정치·경제·사회·문화적 양극화의 틀 안에서 무력감을 느끼는 한국교회와 신앙인들에게 팀 켈러 목사는 세계적 현안인 정의에 대한 신앙적 통찰과 선교적 실천의 단초를 제공함으로써 신앙적 정체성과 사회적 책무를 함께 수행하는 길을 제공하고 있기에 참으로 기쁜 마음으로 이 책을 추천하는 바이다.
_ **임성빈** 장로회신학대학교 교수

「하나님의 모략」의 저자인 달라스 윌라드 박사를 만났을 때 그에게 이 시대 한국교회가 주목해야 할 목회자를 소개해 달라고 요청했다. 그때 윌라드 박사는 주저하지 않고 "팀 켈러 목사지요. 복음으로 도시를 변혁시키는 그를 주목해야 할 겁니다"라고 답했다. 국내에 번역된 그의 책은 정말 한 번도 나를 실망시키지 않았다.
이번에 그는 정의를 들고 우리에게 다가왔다. 사실 정의는 오늘날 강단에서 가장 잊힌 단어 가운데 하나일 것이다. 순종의 정신은 넘치지만 '정의를 하수같이 흘리라'는 아모스의 외침은 외면당하는 것이 한국 교회의 슬픈 현실이다. 켈러 목사는 이 책을 통해 정의에 지독히도 무감각한 우리의 나태한 마음을 일깨운다. 책을 읽다 보면 진정한 '하나님의 정의'를 알게 된다. 성경을 정의의 관점에서 바라보게 된다. 잠시 잊어버렸던 정의를 되새겨 준 좋은 책이다.
_ **이태형** 국민일보 부장, 「배부르리라」와 「두려운 영광」 저자

팀 켈러 목사는 뉴욕을 중심으로 사역하면서 진리를 알지 못하거나 회의에 빠진 이들을 하나님 앞으로 인도하고 있다. 이런 일꾼을 보내 주신 주님께 감사드린다.
_ **빌리 그레이엄** 「93세 빌리 그레이엄 목사의 새로운 도전」 저자

사회정의와 관련하여 내가 알고 있는 책 중에서 가장 올바른 성경적, 지성적 정보(주석을 보면 알 수 있다!)를 담고 있다. 정의에 대한 회의론자나 찬성론자 그 누구라도 이 책을 통해 배울 점이 있다.
_ **케빈 드영** *The Gospel Coalition* 저자

지금으로부터 한 50년 쯤 세월이 흐른 뒤에, 크리스천들이 저마다 자신이 사는 지역공동체를 아끼고, 자비와 공의를 실천하는 데 온힘을 쏟으며, 이웃을 사랑한다는 평판을 두루 받게 되는 날이 온다면, 팀 켈러는 도시선교의 새로운 장을 개척한 인물로 기억될 것이다."
_ **〈크리스채너티 투데이〉**(*Christianity Today*)

이 책은 복음주의자들이 사회정의의 노력을 품어야 함을 주장하는 켈러 목사의 설득력 있는 간청이다. 그는 과장으로 치닫지 않으면서도 조심스럽게 신구약을 살피며, 과부와 고아, 이민자와 빈곤층을 위한 정의에 대한 하나님의 열망은 의심할 여지가 없으며, 은혜와의 만남은 틀림없이 정의를 향한 열망으로 이어질 수밖에 없음을 주장한다.
_ **〈퍼블리셔스 위클리〉**(*Publisher's Weekly*)

차례

프롤로그 _ 왜 정의를 말하는가 13

part one
뿌리칠 수 없는
네 가지 도전

1 공의를 행하고 있는가 31
: 이제 교회만이 누리는 샬롬은 그만두라

2 구약의 모세율법을 버렸는가 53
: 번제보다 정의가 시급하다

3 예수님의 삶을 잊었는가 81
: 내 구원에만 몰두하고 있는 우리 시대 기독교

4 당신의 이웃은 누구인가 107
: 왜 사마리아인을 위해 기도만 하고 있는가

part two
사랑과 정의는
입 맞출 수 있는가

5 사랑과 정의가 입 맞출 때, 관대한 정의가 이루어진다   129
: 은혜 받은 사람만이 정의를 이룰 수 있다

6 멍들어도 몸으로 살아 내라   167
: 공허한 말은 이제 그만!, 가난한 이들의 필요를 실제적으로 채우라

7 '우리'만의 세상에서 벗어나라   211
: 비그리스도인과도 협력하라

8 모두의 샬롬을 위해 낮은 자리로 가라   237
: 하나님이 꿈꾸시는 세상을 향한 첫걸음을 내딛으라

주   261
감사의 글   303

왜 정의를 말하는가?

> 선지자 이사야의 글을 드리거늘 책을 펴서 이렇게 기록된 데를 찾으시니 곧 주의 성령이 내게 임하셨으니 이는 가난한 자에게 복음을 전하게 하시려고 내게 기름을 부으시고 나를 보내사 포로 된 자에게 자유를, 눈 먼 자에게 다시 보게 함을 전파하며 눌린 자를 자유롭게 하고(눅 4:17-18).

이 글은 사역 시작을 선포하시면서 예수님께서 나사렛 회당에서 읽으신 말씀이다. 예수님은 이사야 선지자가 예언한 대로 '이방 민족에게 공의를' 베풀 '주님의 종'(사 42:1-7)이 바로 자신임을 분명히 하신 것이다. 흔히들 그리스도는 용서와 은혜를 전하러 오셨다고 생각한다. 반면, 예수 그리스도의 은혜를 제대로 체험한 크리스천이라면 필연적으로 공의를 추구하는 삶을 살 수밖에 없다는 성경의 가르침에는 상대적으로 둔감하거나 무지한 편이다.

책을 쓰는 동안 가까운 이들로부터 두 가지 질문을 자주 받았다. 하나는 "누구 보라는 글이죠?"였고, 다른 하나는 "어떻게 '정의'라는 주제에 관심을 갖게 됐어요?"다. 여기에 답하다 보면 이 책의 내용도 잘 소개할 수 있으리라 믿는다.

: 누구를 위한 책인가?

네 부류의 독자가 이 책을 읽었으면 한다. 우선 가난하고 어려운 처지에 있는 이들을 보살피라는 부르심에 기꺼이 순종하려는 젊은 크리스천들이다.

미국의 경우, 대학생들과 최근에 학업을 마친 졸업생들 중심으로 봉사 활동에 참여하려는 독특한 움직임이 광범위하게 확산되고 있다. 〈넌 프로핏 타임스〉(*Non Profit Times*)의 보도에 따르면 "십대부터 대학을 갓 졸업한 이십대 초반의 청년층이 앞다퉈 자원봉사 프로그램에 지원하는 기현상"을 주도하고 있다. 국가지역사회봉사단(CNCS)[1]의 이사장 앨런 솔로몬트(Alan Solomont) 역시 "우리 시대 젊은이들은 그 어느 연령층보다 섬기는 일에 관심이 많다"고 말한다. 1970년대부터 80년대 사이에는 청년층의 자원봉사 활동 참가율이 급격하게 떨어져 바닥을 헤맸지만 "대부분 봉사 활동 프로그램을 갖춘 학교에서 교육을 받는 요즘 세대는 예전보다 훨씬 일찍 지역사회 봉사의 길에 들어서게"[2] 된다는 것이다.

나는 젊은이들이 많은 교회에서 사역하는 까닭에 사회정의 문제에 관심을 갖는 청년들을 어렵잖게 만나는데, 그 사회적 관심이 각자의 삶과 따로 노는 경우가 얼마나 많은지 모른다. 어디에 돈을 쓰고, 경력을 어떻게 관리하고, 어디서 어떤 이웃과 어울려 살고, 누구를 사귈지 결정하는 데는 아무런 영향을 받지 않는다. 그러다 보니 세월이 흐르면서 차츰 봉사에 흥미를 잃어버리기 십상이다.

오늘날 젊은이들은 또래 문화를 통해 사회정의에 공감하는 정서를 흡수하고 있을 뿐 아니라 동시에 자기만족을 보류할 줄 아는 자기부정의 정신을 좀먹는 소비지상주의에 노출되어 있다. 가난하고 소외된 이들의 삶에 변화를 일으키자면 제각기 생활방식을 크게 바꿔야만 하는데 현대인들이 선호하는 서구 문화 속에서는 거의 불가능에 가깝다. 따라서 허다한 젊은이들이 기독교 신앙을 받아들이고 궁지에 몰린 이들을 돕고 싶어 하지만 자신의 삶과 원활하게 연결하지 못하는 것이 엄연한 현실이다. 인생의 전 영역에서 공의를 행하라는 말씀의 진정한 의미를 꿰뚫어 보지 못하는 것이다. 앞으로 이 책에서 그 둘을 잘 이어 보려고 한다.

두 번째로는, 의혹에 찬 시선으로 '정의 구현'이라는 주제를 바라보는 또 다른 유형의 독자들이 이 책을 읽어 주기를 기대한다. 20세기에 들어서면서 미국 교회는 사회정의를 강조하는 자유주의 진영과 개인 구원에 초점을 맞추는 근본주의 교회들로 갈라졌다.

월터 라우셴부쉬(Walter Rauschenbush)는 사회복음주의 운동의 토대를 놓았던 독일 침례교회 목회자로 1880년대 뉴욕의 빈민가(Hell's Kitchen) 한구석에서 목회를 시작했다. 이웃들이 겪는 끔찍한 가난의 실상을 두 눈으로 똑똑히 목격한 그는 전통적인 복음 전도 방식에 회의를 품었다. 영혼을 살리기 위해서는 어떠한 수고도 마다하지 않는 반면, 인간을 빈곤으로 몰아넣는 사회구조에 대해서는 아무 관심도 보이지 않는 것에 반기를 들고 '영과 육 모두를' 돌보는 목회를 시작한 것이다. 이런 방법론의 변환은 곧 신학적인 전환을 불러왔다. 라우셴부쉬는 성경과 대속에 관한 기존 교리들을 거부하고 "예수님은 하나님의 공의를 충족시킬 필요가 없었으므로 그저 이웃 사랑의 전형이 되기 위해 돌아가셨을 따름"[3]이라고 가르쳤다.

이에 대한 반대급부로 정통 교리에 충실한 크리스천들은, 공의를 행한다는 말을 건전한 교리와 영적인 활력을 잃어버린다는 뜻과 곧바로 연결시켰다.

그러나 18세기에 '진노하시는 하나님 수중의 죄인들'이란 설교를 했던 조나단 에드워즈는 캘빈주의자로, 누가 봐도 자유주의와는 거리가 멀었음에도 불구하고 '가난한 이들을 향한 구제의 의무'라는 메시지에서 이런 질문을 던지고 있다. "성경을 통틀어 가난한 이들에게 베풀라는 말씀보다 더 강력한 어휘와 단호한 태도가 동원된 명령이 어디에 또 있는가?"[4]

라우셴부쉬와 달리 조나단 에드워즈는 꼭 성경의 고전적인 교리를 바꿔야 가난한 이들을 돌볼 수 있는 건 아니라고 주장한다. 도리어 그러한 사역이야말로 역사적 선교관에 직접 맞닿아 있다고 가르쳤다. 가난한 이들과 성경의 고전적인 교리 사이의 연관성, 그 떼려야 뗄 수 없을 만큼 단단하게 얽혀 있는 고리를 정확하게 파악했던 것이다. 오늘날에는 그러한 결합이 상대적으로 드물어지긴 했지만 분명히 존재한다.

그러므로 조나단 에드워즈가 깨달았던 사실, 즉 "성령님의 도우심에 힘입어 그리스도가 인류를 위해 어떤 일을 하셨는지 제대로 이해하면 결국 공의로운 행동과 가난한 이들을 향한 긍휼이 끓어넘치는 삶을 살게 될 것"이라는 진리에 여전히 어두운 이들을 위해 이 책을 쓴다.[5]

여기 실린 이야기를 들려주고 싶은 세 번째 부류는, 복음 전도와 함께 사회정의를 구현해 가는 쪽으로 '부르심을 확장해 가는' 젊은 일꾼들이다.[6] 그런 사역자들 가운데는 전통적인 목회 형태를 거부하는 정도를 넘어서 예수님의 대속이라든지 오직 믿음으로만 의롭게 될 수 있다는 복음주의 진리에도 등을 돌리는 이들이 적지 않다. 그들은 그것을 지나치게 '개인주의적'[7]이라고 보는 것이다. 이들을 이론적으로 뒷받침하는 사람들은 하나같이 교회가 사회정의를 추구하는 대열에 더 깊이 뛰어들려면 신학적인 강조점을 바꿔야(경우에 따라서는 교리 자체를 완전히 뒤집어엎어야) 한다고 주장한다. 제한된 지면을 할애해서 대속과 칭의의 교리에 얽힌 논쟁을 되풀이할 생각은 없다.

다만 분명히 말하건데, 교리를 뜯어고치는 작업은 그 자체로 이미 오류일 뿐 아니라 아무 짝에도 쓸모없는 것임을 밝히는 게 이 책을 쓰는 주요 목적 가운데 하나다. 지극히 전통적인 복음주의 교리라도 올바르게 이해만 하면, 그 길을 좇는 이들도 세상에서 공의를 추구하며 살 수밖에 없기 때문이다.

「팀 켈러의 정의란 무엇인가」에 관심을 가져주면 좋겠다 싶은 네 번째 그룹이 있다. 요즘 들어, 신앙이 모든 걸 '오염'시킨다는 크리스토퍼 히친스(Christopher Hitchens) 풍의 주장을 담은 서적과 블로그들이 우후죽순처럼 쏟아져 나오고 있다.[8] 이들의 관점에서 보자면 종교, 특히 기독교는 지구상에 불의와 폭력을 만연하게 만드는 주범이며 "성경의 하나님이 곧 공의의 하나님"이란 얘기는 잠꼬대에 지나지 않는다.

그러나 차츰 살펴보겠지만, 성경은 처음부터 끝까지, 곧고바른 세상을 만드는 일에 한결같은 힘을 쏟고 있다. 정의를 실현하는 데 관심을 가지라고 소리 높여 외치는 정도가 아니라, 동기를 부여하고 적절한 지침을 제시하며 내면의 기쁨과 능력을 주는 등 필요한 모든 자원을 제공한다.

지금까지 기대 독자를 네 그룹으로 나누어 이야기했다. 언뜻 보면 전혀 다른 유형들인 것 같지만 실제로는 그렇지 않다. 정도의 차이는 있을지언정, 성경에 기록된 예수님의 복음은 필연적으로 강력하게 마음을 움직여 세상에서 정의로운 삶을 살게 만든다는 사실을 직시하지 못하고 있다는 점에서 다들 같다. 인생의 모든 영역에서 정의를 추구하고자 하는 마음가짐은 위선적인 가면이 아니며 성경의 메시지와 충돌하지도 않는다.

: 어째서 정의를 말하는가?

정의라는 주제에 어떻게 관심을 갖게 되었는지 궁금한가? 어려서는 의로운 일을 한다는 게 생각만큼 쉽지 않았다. 나는 철부지 시절에 제프리(Jeffrey)라는 친구와 어울리지 않았다. 초등학교와 중학교 내내 같은 반이었기에 서로 잘 아는 사이였지만, 제프리는 '제8교' 다리 밑에 사는 몹시 가난한 집 아이였기 때문이다. 그때만 해도 학생들 사이에 패거리 구분이 엄격해서 이른바 '잘나가는' 부류와 꾀죄죄한 '아웃사이더'로 명확히 갈렸는데 제프리는 이도 저도 아닌 제3의 범주였다. 재활용품 할인 매장에서 구한 탓에 사이즈조차 맞지 않는 옷을 걸치고 다녔으며 늘 불쾌한 냄새를 풍겼다. 또래들로부터는 가혹할 정도로 따돌림을 당했다. 게임을 하든, 대화를 하든 끼워 주지 않았으며 심지어 수업 시간에도 불리한 입장에 몰아넣기 일쑤였다. 조별로 과제를 해야 할 일이 있을 때마다 아무도 한 팀이 되려 하지 않았던 탓이다.

솔직히 말하자면, 나 역시 웬만하면 엮이고 싶지 않았다. 그렇잖아도 나도 구질구질한 아웃사이더였던 터라 어떻게든 사회적 지위를 높이고 싶었다. 제프리 편에 서서 걔가 얼마나 부당한 대접을 받고 있는지 살피기는커녕 나보다 더 어려운 처지에 있는 단 한 명의 친구에게 등을 돌렸던 것이다.[9]

하지만 1960년대 말, 나는 대학에 입학하면서 시민권 운동에 휩쓸린 학생 세대에 선택의 여지없이 편입되었다. 남부에서 흑인들과 민권운동가들에게 조직적인 폭력이 가해졌다는 사실도 자연스럽게 알게 되었다. 특히 1966년, 투표권 쟁취 행진을 벌이다가 한낮에 그것도 대로에서 총을 맞고 쓰러진 제임스 메리디스(James Meredith)의 사진들을 보고 큰 충격을 받았던 기억이 난다. 그중에는 범인이 말없이 희생자를 바라보는 장면을 찍은 것도 있었다. 인종 분리 정책처럼 불의한 사안을 사회 전체가 그토록 간단히 합리화해서 받아들이는 현실에 그야말로 경악했다. 그동안 살면서 만난 나이 든 백인들 가운데 절대다수가 진실과 동떨어진 소리를 해 왔음을 그때 처음 알았다. 일부 '말썽꾸러기'들만의 문제가 아니었던 것이다. 흑인들은 허다한 불의를 바로잡고 수정하라고 요구할 만한 정당한 권리를 가지고 있었다.

: "넌 어쩔 수 없는 인종차별주의자야!"

어려서부터 교회를 다녔음에도 불구하고 대학에 들어가면서부터는 기독교와 급속하게 멀어졌다. 이른바 '세상 친구'들은 시민권 운동을 옹호하고 지원하는 반면, 소위 골수 크리스천들은 마틴 루터 킹 주니어 목사가 사회를 위협한다고 철석같이 믿었다. 나는 이 기이한 현상을 도무지 납득할 수 없었고 회의가 들었다. "어째서 신앙이 없는 이들은 인간의 동등한 권리를 주장하고 정의를 추구하는데 반해, 가까이 지내는 크리스천들 가운데는 그 문제에 관심을 가진 이들을 찾기가 힘든 걸까?"

돌파구는 어느 경건한 크리스천 그룹을 알게 되면서 열렸다. 사회의 전 영역에서 신앙과 정의를 통합하려고 애쓰는, 작지만 의미 있는 모임이었다. 나는 처음에는 진보적인 사회정의 이론을 받아들여서 기존에 가진 신학적 기반 위에 덧붙이기에 급급했다. 성경이 정의의 토대가 된다는 사실에 대해서는 그야말로 깜깜했다. 창세기에 기록된 창조의 역사가 서구 사회가 말하는 인권 개념의 뿌리이며[10] 예언서들 또한 일관되게 공의를 부르짖고 있음을 나중에야 깨달았다. 개인적으로 높이 평가해 마지않는 1950년대와 60년대의 시민권 운동이, 세속적인 관념보다는 죄와 구원을 바라보는 흑인 교회 크리스천들의 시각에 근거하고 있다는 사실 역시 시간이 지날수록 더 또렷하게 지각했다.[11]

목회자가 될 준비를 하려고 들어간 신학교에서는 엘워드 엘리스(Elward Ellis)라는 흑인 학생을 만났다. 나중에 나와 결혼한 캐시 크리스티(Kathy Kristy)와 더불어 우리 셋은 아주 가까이 지냈다. 엘리스는 미국 문화 밑바닥에 깔린 불의의 실체에 관해 점잖지만 서슬 퍼런 지적을 하곤 했다. 언젠가는 저녁 밥상을 앞에 두고 비수를 날렸다.

"이봐, 그러니 널 인종차별주의자라고 할 수밖에 없는 거야! 그럴 뜻도 없고 그러고 싶지도 않겠지만 엄연한 사실이야. 넌 어쩔 수 없는 인종차별주의자야!"

그리곤 예를 들어 설명했다.

"흑인이 특정한 방식으로 어떤 일을 처리하면 다들 말하지. '그래, 그게 댁들의 문화니까.' 하지만 백인들이 특유한 양식으로 무슨 일인가를 했다 치자고. 그럼 뭐라고 하는 줄 알아? '맞아, 그렇게 하는 게 옳아!'라고 한다니까. 백인들에게도 백인들만의 고유한 사고방식이 있다는 걸 눈곱만큼도 자각하지 못하는 거야. 댁들의 신념과 관습 속에 문화적인 요소가 얼마나 많은지 전혀 모른단 말씀이지."

이 편의 문화 즉 백인의 문화를 기반으로 윤리적인 원칙을 정하고 그것을 기준으로 다른 인종을 열등하다고 판단하는 사례가 얼마나 많은지, 그동안 가리워졌던 눈이 비로소 열리기 시작했다. 엘리스는 놀라우리만치 강인하고 공평해서 그 의견에 동의할 수밖에 없었다.

졸업 이후, 첫 목회지인 버지니아 주 호프웰(Hopewell)에 부임하는 동시에 목회학 박사 과정에 등록하고 집사 훈련을 논문 주제로 정했다. 장로교회에는 조직상 장로와 집사라는 두 계열의 직분이 존재한다. 집사는 본래 가난하고 어려운 처지에 있는 공동체 식구들을 돕기 위해 세우는 일꾼이었는데, 세월이 흐르면서 이 초기 기독교 유산은 사라지고 교회 관리 겸 회계 담당이라는 새로운 역할을 맡게 되었다. 지도 교수는 집사직의 기원을 연구해서 장로교회가 성도들의 삶 가운데서 놓쳐 버린 부분을 회복할 길을 찾아보라고 도전했다.

과제를 받아들인 뒤에는 스스로 혁신해 가는 과정을 밟아야 했다. 가까이에 있는 대학을 찾아가서 사회사업학과 전공기초과목 도서 목록을 얻어다가 닥치는 대로 읽었다. 아울러 지난날 제노바나 암스테르담, 글래스고 같은 도시에서 공공 사회복지 제도가 처음 틀을 갖추는 데 교회의 집사들이 어떤 역할을 했는지에 관한 역사적인 연구를 병행했다. 집사 직분을 잘 감당하는 법을 가르치는 훈련 과정을 만드는 한편, 교회 지도자들이 복음을 선포하고 가르치는 '말씀'뿐만 아니라 궁핍하고 곤고한 이들의 물질적이고 경제적인 필요를 채우는 '행위'에 대해서도 비전을 품고 일하도록 돕는 교재를 쓰기도 했다.[12]

버지니아 주 사역지에서 임기를 마친 뒤에는 필라델피아에 있는 웨스트민스터 신학교로 옮겨 학생들을 가르쳤다. 그곳에는 도심 빈민가에 살면서 도시 목회 관련 과목을 강의하는 교수가 네 명 더 있었다. 일주일에 한 번씩 다 같이 모여 회의를 했는데, 나는 보통 15분 남짓 일찍 가서 학과장 하비 콘(Harvie Conn) 교수와 단 둘이 이런저런 이야기를 나누곤 했다. 그는 뜨거운 열정을 품고 도시의 소외된 지역에서 생활하고 활동하며 현대사회의 불의한 구조를 예리하게 파고드는 사람이었다. 돌아보면 그 어느 때보다도 배우는 게 많았던 시간이었다. 25년 전에 읽은 하비 콘 교수의 소책자 「복음 전도와 사회정의」(*Evangelism: Doing Justice and Preaching Grace*)[13]는 하나님과 교회를 생각하는 데 밑거름이 되었다.

하비 콘 교수의 가르침과 1980년대 필라델피아 도시 교회에서 쌓은 경험을 토대로 1989년, 뉴욕시 한복판으로 터를 옮겨서 리디머 장로교회(Redeemer Presbyterian Church)를 시작했다.

: 은혜의 기초 위에 정의를 세우다

버지니아 시골 교회와 뉴욕이라는 거대 도시의 교회는 달라도 이만저만 다른 게 아니었다. 반면에 놀라우리만치 똑같은 점이 있었다. 하나님이 공의로 심판하시지 않고 은혜로 값없이 구원하셨다는 고전적인 복음을 선포했을 때, 어느 쪽 교회가 됐든지 그 메시지에 깊이 감격한 성도일수록 이웃과 사회에서 부당한 대접을 받는 이들에게 더 예민하게 반응했다. 하나님의 은혜를 이해하고 체험하는 일과 공의를 추구하며 가난한 이들을 긍휼히 여기는 마음은 떼려야 뗄 수 없을 만큼 단단히 연결되어 있었다.

호프웰 교회에 출석하던 이슬리 셸턴(Easley Shelton)이란 교인만 하더라도 엄청난 변화를 보였다. 그는 도덕적인 행실에 기반을 둔 삭막한 인생관을 가지고 살던 이였다. 그러나 구원의 근거가 대가를 바라지 않고 아낌없이 베푸시는 예수님의 은혜에 있다는 진리를 차츰 깨달았다. 그때부터 얼마나 사람이 변했는지, 따뜻하고 유쾌하며 자신만만해진 그의 변화를 누구든 한눈에 알 수 있을 정도였다. 하지만 파격적인 변화는 그게 전부가 아니었다. 어느 날 셸턴은 말했다.

"돌아보니 평생 인종 편견을 가지고 살았더라고요."

깜짝 놀랐다. 그때까지 단 한 번도 그 주제로는 설교한 적이 없었으므로 셸턴은 혼자서 그런 결론을 유추한 게 분명했다. 바리새인 같은 영적 독선에서 벗어나는 순간 인종 편견을 버리게 된 것이다.

하버드대학의 일레인 스캐리(Elaine Scarry) 교수는 「아름다움과 바름에 관하여」(On Beauty and Being Just)[14]라는 멋진 책자를 펴냈다. 그의 주장을 한마디로 압축하면, 아름다움을 체험할수록 자기중심적인 가치에서 벗어날 수 있으며 더 열린 마음으로 정의를 좇게 된다는 것이다. 실제로, 지난 수십 년 동안 목회 현장에서 그런 장면을 수없이 목격했다. 그리스도를 통해 하나님이 베푸신 은혜의 아름다움을 체험한 이들은 누구보다 강인한 의지를 가지고 정의를 추구했다.

「팀 켈러의 정의란 무엇인가」는 성경을 신뢰할 만한 지표로 받아들이는 크리스천과 기독교가 과연 세상에 바람직한 영향을 끼칠 수 있을지 회의하는 독자 모두를 겨냥한 책이다. 전통적인 크리스천들은, 가난하고 소외된 이들에게 공의를 실현하는 게 성경의 핵심 메시지 가운데 하나임을 깨달으면 좋겠다. 기독교를 믿지 않는 이들은, 성경이 인간을 억압하는 문서가 아니라 현대 인권 개념의 토대가 된다는 엄연한 사실을 직시할 수 있기를 기대한다.

앞으로 각 장을 시작할 때마다 공의를 행하라고 명령하는 대목을 성경에서 직접 골라내 인용할 것이다. 그리고 그 말씀이 어떻게 정의롭고 은혜로운 인간 공동체의 밑바탕이 될 수 있는지 설명할 것이다. 읽는 이들이 처음부터 끝까지 동의해 주기를 바라는 것은 아니다. 그저 가능한 한 많은 독자들에게 성경과 정의, 그리고 은혜를 보는 새로운 사고방식을 소개하고 싶을 따름이다.

part one
뿌리칠 수 없는 네 가지 도전

Generous Justice

여호와께서 네게 구하시는 것은 오직 정의를 행하며 인자를 사랑하며 겸손하게 네 하나님과 함께 행하는 것이 아니냐(미 6:8)[1]

1

공의를 행하고 있는가
: 이제 교회만이 누리는 샬롬은 그만두라

얼마 전, 우리 교회(뉴욕시에 있다)에 출석하는 헤더(Heather)라는 여성을 만났다. 그녀는 하버드대학 로스쿨을 졸업하고 맨해튼에서 손꼽히는 로펌에 들어갔다. 높은 연봉이 보장되는 자리였다. 출세를 꿈꾸는 젊은 야심가들에게는 그야말로 '꿈의 실현'이었다.

그러나 헤더는 달랐다. 거대 도시의 노른자위에 둥지를 틀고 열정이 넘치는 기업 변호사로 '사는가 싶게' 살면서도 이상하게 가슴 한구석이 허전했다. 회사가 아니라 개인의 삶을 변화시키는 일에 힘을 보태고 싶었으며, 특히 기업들이 로펌에 가져다주는 만큼 큰돈을 지불할 수 없는 사회적 약자들한테 관심이 많았다. 결국 예전 직장과는 비교할 수도 없을 만큼 박한 연봉을 받는 뉴욕 카운티 지방 검사로 들어가서 가난한 이들, 특히 빈민 여성들을 착취하는 범죄자들을 수없이 기소했다.

: 꿈의 실현 VS. 공의를 행하는 것

1980년대 중반쯤, 어느 신학교에서 학생들을 가르칠 때 마크 고르닉(Mark Gornik)이라는 친구를 알게 됐다. 하루는 복사기 앞에 서서 이야기를 나눴는데, 조만간 샌드타운(Sandtown)으로 이사할 작정이라고 했다. 볼티모어를 통틀어 가장 가난한 이들이 모여 사는 빈민촌인 동시에 더할 나위 없이 위험한 인물들이 수두룩한 동네였다. 얼마나 놀랐던지 입이 다물어지지 않을 지경이었다. 이유를 묻자 단순한 대답이 돌아왔다.

"공의를 행하기 위해서죠."

마크가 샌드타운에 들어가기 전까지, 수십 년 동안 그곳으로 이주한 백인은 단 한 명도 없었다. 이사한 첫해에는 하루하루가 아슬아슬하기 짝이 없는 시간이었다. 마크는 어느 기자에게 이렇게 털어놓았다.

"경찰에서는 날 마약상으로 봤어요. 그래서 한동안은 어느 쪽에서 총알이 날아올지 알 수가 없었습니다."

하지만 세월이 흐르면서 그는 차츰 지역사회 리더들과 어울리게 되었고 마침내 교회를 세웠으며, 다채로운 사역을 통해 이

웃들을 서서히 변화시켰다.²

헤더와 마크는 안락하고 안전하게 살아왔지만 언제부터인가 연약하고 가난하며 궁지에 몰린 사회 구성원들에게 관심을 갖게 되었다. 그리고 결국 그런 이들의 유익과 필요, 동기를 채워 주기 위해 장기간에 걸쳐 개인적인 삶을 희생했다.

성경 말씀에 따르면, 그게 바로 '공의를 행하는' 일이다.

: 정의, 연약한 이들을 보살피는 손길

미가서 6장 8절이야말로 하나님이 자녀들에게 어떤 삶을 기대하시는지 한마디로 보여 주는 말씀이다. 겸손하게 하나님과 행한다는 건, 주님과 친밀하게 교제하고 그분이 원하고 좋아하시는 일에 신경을 쓰며 귀를 기울이는 걸 말한다. 그렇다면 구체적으로 무얼 어떻게 해야 하는 걸까?

▶ 가장 가난한 이들이 모여 사는 빈민촌으로 가서 살겠다는 마크에게 그 이유를 물었다. "공의를 행하기 위해서죠"라는 단순한 대답이 돌아왔다. ▶

본문은 '정의를 행하며 인자를 사랑'하라고 말한다. 언뜻 전혀 별개로 보이지만 사실은 그렇지 않다.³ '인자'는 히브리어로 '헤세드'(chesedh)인데 하나님의 무차별적인 은혜와 동정을 의미한다. '공의'에 해당하는 히브리어는 '미쉬파트'(mishpat)다. 미가서 6장 8절에서 "미쉬파트는 행위를 강조하는 반면, 헤세드는 그 이면에 숨겨진 마음가짐이나 동기에 초점을 맞춘다."[4] 따라서 하나님과 함께 행하자면 반드시 인자한 사랑을 품고 정의를 실천해야 한다.

미쉬파트라는 말은 히브리어 구약성경에 2백 번 이상 다양한 형태로 등장한다. 기본적으로 이 단어에는 인간을 공평하게 대한다는 뜻이 담겨 있다. 레위기 24장 22절은 이스라엘 백성에게 "거류민에게든지 본토인에게든지 그 법을 동일하게(미쉬파트)" 해야 한다고 경고한다. 인종이나 사회적인 지위와 상관없이 옳고 그름에 따라 유무죄를 가려 벌을 주어야 한다는 얘기다. 누구든 똑같은 잘못을 저질렀으면 동일한 형벌을 받아야 한다.

하지만 미쉬파트에는 '비행에 대한 징계'의 차원을 넘어 한 사람 한 사람에게 저마다 고유한 권리를 부여해야 한다는 깊은 의미가 있다. 신명기 18장에는 백성들의 수입 가운데 일정 비율을 떼어 장막에서 섬기는 제사장을 부양하라는 규정이 나온다. 성경은 이렇게 떼어 놓은 분깃을 '몫이나 권리'라는 취지에서 '제사장의 미쉬파트'라고 묘사했다. "입을 열어 공의로 재판하여 곤고한 자와 궁핍한 자를 신원할지니라"(잠 31:9)는 말씀도 마찬가지다. 여기서 미쉬파트는 징벌이든, 보호든, 보살핌이든 마땅히 돌아가야 할 몫을 주라는 뜻이다.

구약성경에서 이 말이 쓰일 때마다 몇 가지 부류의 사람들이 지속적으로 등장하는 까닭이 여기에 있다. 이른바 '4대 취약 계층'[5]인 과부와 고아, 나그네와 가난한 이들을 보살피고 보호하라는 의미로 미쉬파트라는 말이 거듭 사용되는 것이다.

> 만군의 여호와가 이같이 말하여 이르시기를 너희는 진실한 재판을 행하며 서로 인애와 긍휼을 베풀며 과부와 고아와 나그네와 궁핍한 자를 압제하지 말며 서로 해하려고 마음에 도모하지 말라(슥 7:9-10).

전근대적인 농경 사회에서 이 네 그룹은 아무런 힘이 없었다. 평상시에도 최저 생활을 근근이 이어 갔으며, 기근이나 전쟁은 물론 가벼운 사회적 불안이 닥치기만 해도 당장 입에 풀칠하기 어려운 지경에 몰렸다. 현대사회에서는 난민, 이주 노동자, 노숙인, 배우자 없이 혼자 자녀를 키우는 편부모, 노년층까지 이 취약 계층에 포함시킬 수 있다.

성경 말씀에 따르면, 이런 집단을 어떻게 대우하느냐는 한 사회의 미쉬파트(또는 정의)를 평가하는 척도가 된다. 어떤 식으로든 취약 계층에 속하는 이들을 외면하는 처사는 자비와 자선의 부족이라는 차원을 넘어 정의, 곧 미쉬파트를 짓밟는 행위로 규정해야 마땅하다. 하나님은 사회 경제적인 약자들을 사랑하고 돌보시는 분이며, 크리스천들 역시 그러해야 한다. 그게 바로 '공의를 행하는' 일이다.

: 하나님은 연약한 자를 돌보시는 분이다

약자들에게 주목해야 하는 이유는 무엇인가? 하나님이 그런 이들에게 관심을 갖고 계시기 때문이다. 다음 본문들을 찬찬히 곱씹어 보라.

> (여호와는) 억눌린 사람들을 위해 정의(미쉬파트)로 심판하시며 주린 자들에게 먹을 것을 주시는 이시로다. 여호와께서는 갇힌 자들에게 자유를 주시는도다. 여호와께서 맹인들의 눈을 여시며 여호와께서 비굴한 자들을 일으키시며 여호와께서 의인들을 사랑하시며 여호와께서 나그네들을 보호하시며 고아와 과부를 붙드시고 악인들의 길은 굽게 하시는도다(시 146:7-9).

> 너희의 하나님 여호와는 …… 고아와 과부를 위하여 정의(미쉬파트)를 행하시며 나그네를 사랑하여 그에게 떡과 옷을 주시나니(신 10:17-18).

이처럼 하나님을 취약한 집단의 옹호자로 설명하는 경우가 얼마나 많은지 자못 놀라울 지경이다. 여기에 담긴 중차대한 의미를 놓치지 말라. 개인적으로 나는 "어떻게 소개해 드릴까요?"라는 질문을 받으면 "뉴욕시의 리디머 장로교회를 담임하는 팀 켈러 목사입니다" 정도로 해 달라고 부탁한다. 물론 온갖 일들을 다 하고 있지만, 공적인 생활 전체를 통틀어 가장 많은 시간을 투자하는 주 업무가 담임목사 노릇인 까닭이다. 그러니 생각해 보라. 성경 기자들이 하나님을 '고아의 아버지시며 과부의 재판장'(시 68:5)으로 규정했다는 건 얼마나 의미심장한 일인가! 하나님이 이 세상에서 행하시는 주 업무 가운데 하나가 여기에 명시되어 있다. 힘없고 연약한 이들을 찾아서 그 형편을 헤아리시는 것이다.

고대 세계에서 이게 얼마나 혁명적인 사건인지 현대인들로서는 선뜻 이해하기 어렵다. 스리랑카의 신학자 비노트 라마찬드라(Vinoth Ramachandra)는 '말이 안 되는 정의'(scandalous justice)라고 표현했다. 실질적으로 세상 문화 속의 신들은 하나같이 소외 계층이 아니라 왕이나 제사장, 또는 장군처럼 당대의 엘리트를 통해 능력을 행사하고 또 확인해 보였다. 따라서 그 사회의 리더에게 반기를 드는 건 곧 신을 거역하는 행위와 통했다. '하지만 이스라엘과 맞선 적들이 보기에' 여호와는, 지체 높은 남성들이 아니라 '고아와 과부, 나그네'의 편을 드는 신이었다. 무력한 이들에게 힘을 주는 데 권능을 사용하신 것이다.[6] 이처럼 성경의 하나님은, 아주 오랜 옛날부터, 다른 종교의 신들과 달리 연약하고 어려운 처지에 몰린 이들을 위해 정의를 실현하시는 분이었다.

: 약자를 돌보는 것이 이스라엘의 의무였다

라틴아메리카의 구스타보 구티에레스(Gustavo Gutierrez)와 같은 일부 신학자들은, 성경에 나타난 이런 강조점들을 토대로 '가난한 이들에 대한 하나님의 우선적 선택론'을 주장한다.[7] 언뜻 보기에는 문제의 소지가 많은 것처럼 보인다. 특히 부유하든 가난하든 어느 편으로도 기울어서는 안 된다고 규정한 모세 율법 조문들(레 19:15; 신 1:16-17)에 비추어 보면 더욱 그런 생각이 든다. 하지만 성경은 하나님을 '가난한 이들의 옹호자'로 지칭하고 있다. '부자들의 편'이라고 부른 적은 단 한 번도 없다. 물론 넉넉한 계층에 속한 이들에게도 공의를 베풀라고 명령하는 본문들이 더러 있지만 가난한 이들에게 공의를 행하라는 가르침에 비하면 빈도가 지극히 낮아서 백에 하나 꼴도 안 된다.

어째서일까? 부자들이라고 해서 부당한 대접을 받지 말란 법은 없지만, 철학자 니콜라스 월터스토프(Nicholas Wolterstorff)는 그 속에 불편한 진실이 있다고 지적한다. "사회적 지위가 낮은 계층일수록 일방적으로 정의에 취약할 뿐만 아니라 실제로 불의의 희생자가 되는 빈도 역시 불균형적으로 높다. 불공정한 대우는 양쪽 계층에 골고루 배분되지 않는다"[8]는 것이다. 자신을 방어할 재력이나 사회적 지위가 없는 이들이 정의롭지 못한 일을 당하기 쉽다는 건 두말할 필요가 없는 얘기다.

앞서 소개한 헤더가 파악한 것처럼, 가난한 이들은 뛰어난 법률 지원을 받을 길이 없다. 가진 게 없는 이들일수록 더 자주 강도(불의의 가장 흔한 유형이다)를 당하지만, 공권력은 빈곤층보다 돈과 힘을 가진 계층이 입은 폭력 피해에 더 신속하고 철저하게 반응하게 마련이다. 월터스토프는 단언한다. "어디에 가장 큰 불의가 존재하며 가장 연약한 이들이 있는 자리가 어디인지 판단해야 한다. 다른 조건이 모두 같다면 거기에 관심을 기울여야 한다."[9] 즉 폭압적인 권력에 짓밟힌 이들 가운데 대다수는 애당초 별다른 힘이 없었던 이들이므로, 하나님은 그런 이들에게 특별한 관심을 가지시며 하나하나를 위해 특별한 공간을 마련해 두신다는 뜻이다. 주님은 말씀하신다.

> 너는 말 못하는 자와 모든 고독한 자의 송사를 위하여 입을 열지니라(잠 31:8).

하나님의 성품 가운데는, 공의를 향한 뜨거운 열망으로 사회에서 연약한 이들을 한없이 사랑하시며 그 삶에 깊이 간섭하시는 속성이 확고하게 뿌리내리고 있다. 그렇다면 거룩한 백성은 어떤 모습이어야 하겠는가? 두말할 것도 없이 그분처럼 힘없는 약자들을 적극적으로 보살펴야 할 것이다. 다음 본문들을 보면, 주님이 공의에 대한 관심을 이스라엘 백성의 예배와 공동체적인 삶의 핵심으로 정하셨음을 알 수 있다.

> 객이나 고아나 과부의 송사를 억울하게 하는 자는 저주를 받을 것이라 할 것이요 모든 백성은 아멘 할지니라(신 27:19).

> 여호와께서 이와 같이 말씀하시되 너희가 정의와 공의를 행하여 탈취 당한 자를 압박하는 자의 손에서 건지고 이방인과 고아와 과부를 압제하거나 학대하지 말며 이곳에서 무죄한 피를 흘리지 말라(렘 22:3).

이스라엘 백성은 가난하고 연약한 이들을 위해 사회정의를 실현할 책임을 맡았다. 그것이 선택된 민족으로서 하나님의 영광과 거룩한 성품을 열방에 드러낼 수 있는 길이었기 때문이다. 신명기 4장 6-8절은, 이스라엘 백성에게 하나님의 명령을 지키라고 말씀하는 중요한 본문이다. 그렇게 함으로써 세상 모든 나라들이 주님의 법을 토대로 제각기 속한 사회의 정의와 평화를 살피며 그분의 지혜와 영광에 주목하게 하라는 것이다.[10]

> 성경 말씀에 따르면, 과부와 고아, 나그네와 가난한 이들을 어떻게 대우하느냐는 한 사회의 정의(미쉬파트)를 평가하는 척도가 된다.

그래서 성경은, 가난한 이에게 창피를 주면 하나님을 모욕하게 되고 궁핍한 사람에게 은혜를 베풀면 주님을 높이게 된다(잠 14:31)고 가르친다. 하나님을 믿는다고 하면서 가난한 이들의 울부짖음과 외침을 외면한다면, 세상이 그분의 아름다움을 보지 못하도록 눈을 가린 셈이 되므로 입으로 그 어떤 신앙을 고백한다 할지라도 주께 영광을 돌릴 수 없다. 궁핍한 생활에 시달리는 이들에게 자신을 아낌없이 쏟아부으면 자연히 세상의 관심이 쏠리게 되어 있다.

로마제국에서 크리스천은 소수 집단에 지나지 않았지만 가난한 이들에게 놀라우리만치 커다란 사랑을 베풀어서 대중의 존경을 받았다. 주님을 찬양하려면 가난하고 궁핍한 이들을 지켜 주어야 한다(렘 22:16).

: 정의, 하나님이 생각하신 세상을 만드는 것

가난한 이들에게 깊은 관심을 갖는 게 중요하지만, 성경이 말하는 정의의 개념은 거기에 한정되지 않는다. 일반적으로 '의로워지다'로 풀이되지만 '공정해지다'는 뜻으로도 해석할 수 있는 히브리어를 잘 곱씹어 보면 더 많은 깨달음을 얻을 수 있다. '짜데카'(tzadeqah)라는 단어인데 올바른 관계들 가운데 사는 삶을 가리킨다. 성경학자 알렉 모티어(Alec Motyer)는 '의롭다'는 말을 "하나님과 올바른 관계를 맺고 있는 까닭에 삶에서 맞닥뜨리게 되는 모든 관계를 바로잡는 일에 자연스럽게 헌신한다"는 의미로 정의한다.[11]

성경이 말하는 의로움은 이처럼 관계들에 관한 것이므로 필연적으로 '사회적'일 수밖에 없다. 현대인들은 성경을 읽다가 '의로움'이라는 단어와 마주하면 일단 성적으로 순결을 지키거나 열심히 기도하고 하나님 말씀을 공부하는 일 같은 개인 윤리의 차원에서 생각하는 경향이 있다. 그러나 성경이 말하는 짜데카는 하루하루 가족 및 사회적인 관계들을 공정하고 공평하며 관대하게 이끌어 가는 일상적인 생활을 지칭한다. 그러므로 짜데카와 미쉬파트가 성경에서 수십 번씩 나란히 등장하는 건 놀라운 일이 아니다.

이 두 단어는 학계 일각에서 말하는 '기초정의'나 '교정정의'

의 개념과 얼추 맞아떨어진다.[12] 교정정의는 미쉬파트다. 잘못을 저지른 이에게는 벌을 내리고 부당한 대우를 받은 희생자는 보살펴 주는 걸 의미한다. 반면에 기초정의, 혹은 짜데카가 세상에 가득하면 교정정의는 쓸모가 없어진다. 너나없이 다른 이들과 올바른 관계를 유지하며 살아가게 되기 때문이다.[13] 따라서, 기본적으로 하나님과 관계를 바로 맺는 데서 출발하는 게 짜데카지만 그 열매로 얻는 의로운 삶은 처음부터 끝까지 사회적이다. 욥기는 이처럼 의롭게, 또는 정의롭게 사는 이들의 모습을 또렷이 보여 준다.

▶ 성경적 정의는 가난한 이들을 향한 관심 이상이다. 하나님과 관계를 맺고 있는 까닭에 삶에서 맞닥뜨리게 되는 모든 관계를 바로잡는 일에 헌신하는 것이다. ◀

> 이는 부르짖는 빈민과 도와 줄 자 없는 고아를 내가 건졌음이라. 망하게 된 자도 나를 위하여 복을 빌었으며 과부의 마음이 나로 말미암아 기뻐 노래하였느니라. 내가 의(짜데카)를 옷으로 삼아 입었으며 나의 정의(미쉬파트)는 겉옷과 모자 같았느니라. 나는 맹인의 눈도 되고 다리 저는 사람의 발도 되고 빈궁한 자의 아버지도 되며 내가 모르는 사람의 송사를 돌보아 주었으며 불의한 자의 턱뼈를 부수고 노획한 물건을 그 잇새에서 빼내었느니라(욥 29:12-17).

만일 남종이나 여종이 나와 더불어 쟁론할 때에 내가 그의 권리(미쉬파트)를 저버렸다면 하나님이 일어나실 때에 내가 어떻게 하겠느냐? 하나님이 심판하실 때에 내가 무엇이라 대답하겠느냐? …… 내가 언제 가난한 자의 소원을 막았거나 과부의 눈으로 하여금 실망하게 하였던가? 나만 혼자 내 떡덩이를 먹고 고아에게 그 조각을 먹이지 아니하였던가? 실상은 내가 젊었을 때부터 고아 기르기를 그의 아비처럼 하였으며 내가 어렸을 때부터 과부를 인도하였노라. 만일 내가 사람이 의복이 없이 죽어 가는 것이나 가난한 자가 덮을 것이 없는 것을 못 본 체했다면, 만일 나의 양털로 그의 몸을 따뜻하게 입혀서 그의 허리가 나를 위하여 복을 빌게 하지 아니하였다면, 만일 나를 도와주는 자가 성문에 있음을 보고 내가 주먹을 들어 고아를 향해 휘둘렀다면 내 팔이 어깨뼈에서 떨어지고 내 팔 뼈가 그 자리에서 부스러지기를 바라노라. …… 그것도 재판에 회부할 죄악이니 내가 그리하였으면 위에 계신 하나님을 속이는 것이리라(욥 31:13-28).

프랜시스 앤더슨(Francis I. Anderson)은 직접 쓴 욥기 주석에서, 이 구절들이야말로 성경 전체를 통틀어 이스라엘 백성의 윤리관을 엿볼 수 있는 가장 중요한 본문이라고 평가했다. 의로운 이스라엘 백성이라면 어떻게 살아야 마땅한지, 그리고 "욥에게 올바른 품행이란 거의 백퍼센트 사회적인 의미가 있었으며, 욥의 양심상 어떤 인간에게든 지위와 계급을 초월해 선을 베풀지 않는 건 하나님께 극악무도한 죄를 범하는 짓"[14]임을 한눈에 보여 주는 조감도란 얘기다.

욥의 인생 역정을 되짚어 보면, 정의롭게 살며 공의를 행한다는 게 무얼 의미하는지 보여 주는 요소들을 수없이 찾아낼 수 있다. 특히, "빈궁한 자의 아버지도 되며 내가 모르는 사람의 송사를 돌보아 주었으며 불의한 자의 턱뼈를 부수고 노획한 물건을 그 잇새에서 빼내었느니라"(욥 29:16-17)고 말하는 대목에서는 불의를 바로잡는 직접적인 정의를 엿볼 수 있다. 욥은 약자들을 착취하는 무리들에 정면으로 맞섰노라고 고백한다.

요즘으로 치자면 가난하고 힘없는 여인에게 주먹을 휘두르고, 교활하게 이용하며, 푼돈까지 갈취하는 자들을 고발한다는 뜻이다. 또는 부유한 이들이 사는 지역뿐만 아니라 빈민가에서 걸려 오는 신고 전화나 범죄에도 신속하게 대응하도록 크리스천들이 지역 경찰 당국에 정중하게 압력을 넣는다는 뜻이 될 수도 있다. 사기성이 짙은 고리대금으로 빈곤층과 노년층의 피를 빨아먹는 대부업체들을 찾아내서 고발하는 것도 한 방법이다.

욥은 기초정의 또는 의로운 삶이라고 부를 만한 행동들의 예를 무수히 보여 준다. 스스로 이야기하듯, "맹인의 눈도 되고 다리 저는 사람의 발도" 되었을 뿐만 아니라 "빈궁한 자의 아버지도" 되어 주었다. '아버지'가 된다는 건 부모가 자식을 거두듯 빈곤하고 가난한 이들의 필요를 채워 주었다는 의미다.[15] 현대적으로 해석하면, 개인적으로 시간을 내서 가까이 사는 장애인들이나 독거노인들, 끼니를 거르는 이들을 보살폈다는 말이다. 아니면 새로운 비영리단체를 세워서 곤란한 처지에 처한 이웃들의 권익 보호 활동을 하는 것일 수도 있다. 혹은 몇몇 넉넉한 가정들이 힘을 모아 상대적으로 빈한한 지역 초등학교에 후원금을 보내거나 자원봉사를 함으로써 낙후된 교육 여건을 개선하는 데 힘을 보태는 것도 좋은 방법이다.

31장에서 욥은 올바른 생활, 또는 정의로운 삶을 더 구체적으로 보여 준다. 우선 16절에서 자신은 '가난한 자의 소원'을 들어주었다고 했다. 여기서 '소원'이란 그저 숙식을 해결해 주는 게 아니다. 거기서 한 걸음 더 나아가 곤궁한 이들의 삶에 기쁨을 더해 주는 걸 가리킨다. 그래서 욥은 떡을 나누거나 '양털로 몸을 따뜻하게' 입히지 않았다면 하나님을 거역하는 끔찍한 죄를 지은 셈(23, 28절)이라고 단언했던 것이다. 이처럼 단호하고 확고한 마음가짐은 현대인들이 흔히 입에 올리는 이른바 '자선'의 차원을 훌쩍 뛰어넘는 입장이다. 욥은 후원금을 내는 선에서 그치지 않고 빈곤 계층, 고아, 그리고 장애인들의 삶에 깊이 개입했다. 가난한 이들에게는 행복한 삶을 되찾아 주고 싶어했다. 남편을 잃은 여인들을 위해서는 '그 눈으로 하여금 더 이상 실망하지 않게' 하는 걸 목표로 삼았다. 어정쩡한 자세로 궁핍한 형편에 놓인 공동체 식구들을 지원하는 정도로는 양이 차지 않았다. 가난은 나라도 구제할 수 없다고 생각하며 형식적으로 눈곱만한 선물을 내미는 데 만족하지 못했다.

짜데카와 미쉬파트라는 두 단어가 결합되어 나타날 때(성경 전체를 통틀어 서른 차례가 넘는다), 그 의미를 가장 잘 담아낼 수 있는 단어로는 '사회정의'[16]를 첫손에 꼽아야 할 것이다. 이 두 용어가 함께 쓰인 사례를 찾아보고 '사회정의'라는 표현을 동원해서 해석해 보라. 본문을 훨씬 쉽고 정확하게 이해하게 될 것이다. 다음 두 구절에서 시작하라.

> 그는 공의와 정의를 사랑하심이여. 세상에는 여호와의 인자하심이 충만하도다(시 33:5).

여호와께서 이와 같이 말씀하시되 지혜로운 자는 그의 지혜를 자랑하지 말라. 용사는 그의 용맹을 자랑하지 말라. 부자는 그의 부함을 자랑하지 말라. 자랑하는 자는 이것으로 자랑할지니 곧 명철하여 나를 아는 것과 나 여호와는 사랑과 정의와 공의를 땅에 행하는 자인 줄 깨닫는 것이라. 나는 이 일을 기뻐하노라. 여호와의 말씀이니라(렘 9:23-24).

: 정의의 속살은 너그러운 마음가짐

이쯤에서 독자들은 가난한 이들에게 사사로이 마음 쓰는 걸 어째서 '정의'라고 부르는가를 묻고 싶을지 모른다. 사실, 공의란 '미쉬파트'(잘못에 대한 징벌)일뿐 더도 덜도 아니라고 생각하는 크리스천들이 적지 않다. 가난한 이들에게 넉넉하게 베푸는 일에 관심 가질 필요가 없다고 믿는다는 말이 아니라, 그런 행위는 '공의'보다 '자비', '긍휼' 또는 '자선'이라고 부르는 게 타당하다고 여긴다는 얘기다. 하지만 여기서 짚고 넘어갈 게 있다. '자선'은 훌륭한 행동이지만 선택적이라는 사실이다. 자선은 필수가 될 수 없으며 그렇게 되는 순간 더 이상 자선이 아니다. 성경의 가르침에 내포된 힘이나 균형과 잘 어울리지 않는 견해다.

마태복음 6장 1-2절에서 보듯, 성경에서는 가난한 이들에게 값없이 베푸는 행위를 '의로운 일'이라고 일컫는다. 그렇다면 후하게 베풀지 않는 태도는 '인색'이 아니라 '불의'라고 불러야 한다. 하나님의 법을 거스르는 행동이기 때문이다. 그뿐 아니다. 우리는 욥기 31장에서 주인공이 곧고 바른 삶을 살기 위해 어떤 일들을 행하는지 묘사하는 대목을 이미 살펴보았다. 욥은 가난한 이들을 돕지 않는 것을 '죄악'이자 하나님의 '위엄'을 훼손하는 범죄 행위로 규정하고(23절) 재판에 부쳐 처벌을 받게 해야 마땅하다(28절)고 했다. 재산을 독점적인 개인 소유로 치부하는 자세는 하나님을 거스르는 죄가 될 수 있다고 명확하게 밝힌 것이다. '떡덩이'를 비롯한 갖가지 자신의 재물을 가난한 이들과 나누지 않는 게 불의, 곧 주님을 거역하는 죄악이라면 결국 그분의 공의를 짓밟는 행위라는 뜻이 된다.

에스겔서에서도 욥기 31장과 판박이처럼 비슷한 본문을 찾을 수 있다.

> 사람이 만일 의로워서(짜디크) 정의(미쉬파트)와 공의(짜데카)를 따라 행하며 …… 사람을 학대하지 아니하며 빚진 자의 저당물을 돌려주며 강탈하지 아니하며 주린 자에게 음식물을 주며 벗은 자에게 옷을 입히며 변리를 위하여 꾸어 주지 아니하며 이자를 받지 아니하며(겔 18:5, 7-8).

여기 등장하는 의인은 자신의 경제적 지위를 남용해서 상대적으로 재정 형편이 열악한 이들을 착취하지 않는다. 특히 흥미롭게도, 음식이며 의복을 가난한 이들에게 적극적으로 베푼다는 고백과 '강탈하지 아니하며'라는 구절을 짝짓고 있다. 자신이 가진 것을 형편이 어려운 이들과 너그러운 마음으로, 성심껏 나누지 않으면 강도나 다름없다는 속뜻을 담은 표현이다. 정의롭게 살지 못하고 있다는 지적이다.[17] 너그럽게 보살피는 마음가짐을 미쉬파트와 연결시키는 말씀은 이 본문 말고도 수두룩하다. 다음에 소개하는 구절들 역시 궁핍한 이웃들과 자원을 공유하라고 명령한다. 하나님 또한 그러하셨다는 것이다.

> 고아와 과부를 위하여 정의를 행하시며 나그네를 사랑하여 그에게 떡과 옷을 주시나니 너희는 나그네를 사랑하라. 전에 너희도 애굽 땅에서 나그네 되었음이니라(신 10:18-19).

> 내가 기뻐하는 금식은 흉악의 결박을 풀어 주며 멍에의 줄을 끌러 주며 압제 당하는 자를 자유하게 하며 모든 멍에를 꺾는 것이 아니겠느냐? 또 주린 자에게 네 양식을 나누어 주며 유리하는 빈민을 집에 들이며 헐벗은 자를 보면 입히며 또 네 골육을 피하여 스스로 숨지 아니하는 것이 아니겠느냐?(사 58:6-7)

에스겔과 욥은 법적인 공평과 사랑을 베푸는 '자선'을 엄격히 구분하려 애쓰면서도 넉넉하고 너그럽게 나누는 자세를 정의로운 삶의 증표로 보았다. 의인은 인생의 모든 영역에서 정직하고, 공평하며, 너그럽게 생활한다는 것이다.

앞으로 공부를 더 하다 보면, 크리스천들이 '정의'를 말할 때마다 적잖은 이들이 관심을 갖는 명확한 이유가 있음을 알게 될 것이다. 정의니 공의니 하는 말이 정치 행사를 장식하는 슬로건에 그치는 경우가 허다하지만, 그럼에도 불구하고 성경의 가르침을 좇아 살려고 애쓰는 이들이라면 그 말의 의미를 익히고 실천하라는 부르심을 피해 갈 도리가 없다.

하나님의 피조물로서 저마다에게 마땅히 돌아가야 할 몫을 나눠 줄 때 비로소 정의가 실현된다. 공의를 행하는 데는 잘못을 바로잡는 일뿐만 아니라 사람들, 특히 가난하고 연약한 이들을 포용하며 사회적 관심을 갖는 일도 포함된다. 그렇게 살다 보면 저절로 하나님의 성품을 드러내게 되어 있다.

일상적으로 만나는 이들을 공평하고 정직하게 대하며 적절한 기회가 있을 때마다 가진 걸 넉넉하게 나누는 비교적 단순한 행동에서부터, 특정한 형태의 불의와 폭력, 억압을 끝장내기 위한 싸움에 과감히 뛰어드는 활동에 이르기까지 할 수 있는 일은 무궁무진하게 많다.

Generous Justice

모든 성경은 하나님의 감동으로 된 것으로 교훈과 책망과 바르게 함과 의로 교육하기에 유익하니(딤후 3:16).

2

구약의 모세율법을 버렸는가
: 번제보다 정의가 시급하다

이스라엘 사회에서 성경의 정의관이 어떻게 이어져 내려왔는지를 보여 주는 다른 구절들을 살펴보기 전에, 우선 애매한 질문 하나를 정리해 둘 필요가 있다. 오늘날 크리스천들도 구약의 율법을 지켜야 하는가 하는 문제다.

: 크리스천은 구약의 율법을 지켜야 하는가?

그리스도를 따르는 이들은 성경의 권위를 한 점 의심 없이 신뢰하면서도 구약성경의 율법에 대해서는, 자신들과 직접적인 연관이 없다고 믿는다. 그리스도가 세상에 오심으로써 그 법이 대부분 완성되었다고 보기 때문이다. 그리고 그 대표적인 근거로, 모세가 활동하던 시기에 만들어진 의식 규정들에 대해 신약성경이 가르치는 내용들을 꼽는다. 예수님이 이 땅에 임하셔서 율법을 온전히 이루신 덕분에 이제 제사 체계와 성전 예식은 물론, 부정한 음식과 의복을 비롯해 온갖 사물을 깨끗이 하는 일체의 정결 의식에 신경 쓰지 않아도 괜찮다는 것이다.

신약성경 히브리서를 보면, 예수님이 마지막 제물이자 궁극적인 제사장이 되셨으므로 더 이상 짐승을 제물로 드릴 이유가 없다는 설명이 여러 차례 등장한다. 뿐만 아니라, 예수님이 친히 가르치신 것(막 7:17-23)처럼 예배를 드리고자 하는 이가 일정한 의식을 거쳐 깨끗해지고 제사 드리기에 합당한 상태가 되었는지 판단하는 정결 규정도 지킬 필요가 없다.

어째서 그런가? 그리스도가 믿을 수 없을 만큼 놀라운 헌신으로 제사를 통해서만 도달할 수 있는 상태까지 끌어올려 주신 덕분이다. 크리스천들은 주님 안에서 영원히 '정결해졌으며' 하나님이 받으실 만한 존재가 되었기 때문이다.

그럼에도 불구하고, 성경학자 크레이그 블롬버그(Craig Blomberg)는 "(구약성경에 등장하는) 모든 계명에는 크리스천들이 어느 정도 지켜야 할 원리들이 담겨 있다(딤후 3:16)"[1]고 지적한다. 구약성경 가운데 그리스도를 통해 완성된 부분이라 할지라도 여전히 일정 수준의 유효성을 가지고 있다는 뜻이다. 예를 들어, 하나님께 희생을 바치는 제사의 원리는 그리스도의 사역을 통해 형태가 달라지기는 했지만 그 의미는 지금껏 변함없이 유지되고 있다. 크리스천이라면 주님을 경배하고 예물을 드리며 형편이 어려운 이들과 소유를 나눌 뿐만 아니라(히 13:5), 삶 전체를 하나님께 제물로 드려야(롬 12:1-2) 한다.

정결하게 하는 의례와 제사 예식에 관한 규정으로 가득한 레위기의 경우도 마찬가지다. 그리스도 이후에는 그런 법규가 적용되지 않지만, 사도 바울은 크리스천들에게, 믿음이 없는 세상 문화와 뚜렷이 구별되는 거룩한 삶을 살아야 한다고 주장하면서 레위기 26장 12절을 인용했다(고린도후서 6장 16-17절을 보라). 결론적으로, 그리스도가 세상에 오신 후 거룩함을 드러내고 제물을 드리는 방식은 달라졌을지언정 그 기본 원리는 변함없이 유지되고 있음을 알 수 있다.

: 모세가 제정한 민법

하지만 오늘을 사는 크리스천으로서는 모세 시대에 제정된 의식 규정보다 채무 탕감, 노예 해방, 부의 재분배 같은 민법 조문에 더 관심이 가는 게 사실이다. 구약성경에 등장하는 거룩한 백성은 단일 민족 국가를 이루었으며 하나님이 친히 지명해 주신 땅에서 민사적 제재가 따르는 종교법 규정에 따라 살아갔다. 당시 이스라엘은 우상숭배든 간통이든 신의 대변인인 대제사장이 직접 처벌해야 할 범죄로 보는 신정국가였다.

그러나 신약시대에 들어서면서 상황이 달라졌다. 크리스천들은 이제 하나님이 직접 통치하시는 왕국의 시민이 아니라, 다양한 민족과 문화, 저마다 다른 정부(깊이 존중하되 맹목적으로 추종하지는 않는다)에 속해 생활하는 국제적 지역 연합체의 구성원이다. "가이사의 것은 가이사에게, 하나님의 것은 하나님께 바치라"(마 22:21)는 예수님의 유명한 가르침은 교회와 국가의 관계가 '정교분리'의 단계로 변화되었음을 상징한다.

▸ '율법은 이제 아무 쓸모가 없어'라고 단언하지 말라. 희년 제도와 이삭줍기를 비롯해 거룩한 백성이 그 명령을 다 이행한다면 영구적인 최하위계급은 완전히 사라질 것이다. ◂

크리스천들은 하나님의 뜻을 따르기 위해 단단히 뭉친 '언약 공동체'의 일원이지만 그렇다고 해서 교회가 곧 국가는 아니다. 바울이 음행을 저지른 고린도교회 교인들을 맹렬하게 비난했던 사건은 그러한 사실을 단적으로 보여 주는 본보기다. 사도는 죄를 지은 이들이 회개하지 않으면 공동체에서 쫓아내라고 말한다(고전 5장). 그렇지만 지난날 비슷한 사건이 벌어졌을 때 이스라엘 백성이 그랬던 것처럼, 죄인들을 멀리 추방하라고 요구하지는 않았다.

교회는 공권력을 갖고 선행에는 상을, 악행에는 벌을 주는 정부가 아니다. 그렇다면, 이처럼 엄청난 변화가 생겼는데도 모세가 제정한 민법이 여전히 크리스천들에게 어느 정도 효력을 미친다고 볼 수 있는가? 그렇다.

"율법은 이제 아무 쓸모가 없어"라고 함부로 단언하지 말아야 할 몇 가지 이유가 있다. 우선, 사회정의에 관한 율법 조항들은 하나님의 성품에 토대를 두고 있는데, 그분의 성품은 영원토록 변하지 않기 때문이다. 주님은 이스라엘 백성을 향해서, 가난한 이들에게 이자 없이 돈을 꾸어 주고 궁핍한 이들에게 필요한 물품들을 나누어 주며 아비 잃은 아이들을 보호해 주라고 여러 차례 말씀하셨다. "너희의 하나님 여호와는 …… 고아와 과부를 위하여 정의를 행하시며(미쉬파트) 나그네를 사랑하여 그에게 떡과 옷을"(신 10:17-18) 주시는 분이라는 것이다. 이것이 하나님의 진면목이라면, 새로운 구원 역사의 현장을 딛고 사는 크리스천일지라도 자신의 행동을 통해 그분의 성품을 드러낼 길을 늘 탐색해야 마땅하지 않겠는가!

앞으로 몇 장에 걸쳐서 살펴보겠지만, 신약성경 기자들은 사회정의를 요구하는 율법 조항들에 지속적으로 주목했으며 거기에 근거하여 교회의 관습들을 형성해 갔다. 광야에서 만나를 거두는 데 적용되었던 규정들만 해도 그렇다. 더 이상 쓸모없어진 규정들인 게 분명했지만, 사도 바울은 고린도후서에서 그 법규를 들어 서로 경제적인 도움을 주고 너그럽게 베풀라고 가르쳤다. 이스라엘이 '공의를 실천하는 공동체'였던 것처럼 신약의 교회 역시 가난한 이들에게 똑같은 관심을 보였던 것이다.

: 율법을 오늘날 사회에 적용할 수 있는가?

구약시대 이스라엘의 사회적인 법령들을 신약 교회에 적용하는 건 그렇다 쳐도, 한걸음 더 나아가 사회에까지 적용할 수 있을까?

여기에 대해서는 훨씬 더 조심스럽게 접근해야 한다. 지난날 이스라엘에 존재했던 사회정의 관련 규정들은 기본적으로 하나님을 섬기는 이들 사이의 관계에 해당되는 원칙들이었다. 당시 이스라엘은, 구성원 전체가 주님의 율법을 따르고 그분을 전심으로 예배하는 것을 당연하게 받아들이는 단일 민족 국가였다. 현대 사회와는 상당히 동떨어진 상황이었던 셈이다.

그럼에도 불구하고 주님을 두려워할 줄 모르는 왕에게 불의한 통치를 멈추라고 요구하는 성도의 본보기를 성경은 제시하고 있다(단 4:27). 아모스서를 보면, 하나님이 그분을 섬기지 않는 민족들에게 불의와 억압, 폭력의 책임을 물으시는 모습을 확인할 수 있다(암 1:3-2:3).

하나님은 힘없고 연약한 이들을 위해 정의를 실현하는 일을 대단히 중요하게 여기신다. 그러므로 지상에 존재하는 모든 사회가 그 거룩한 관심을 반영하는 게 그분의 뜻임은 두말할 필요가 없을 만큼 명백한 사실이다. 따라서 의식과 관련한 법규들과 마찬가지로 민법 또한 일정 부분 효력을 지닌다. 크리스천이라면 교회의 구성원으로서 뿐만 아니라 제각기 속한 사회의 시민으로서도 삶과 행동을 통해 주님의 뜻을 드러내도록 성실하게 노력해야 한다는 말이다.

예를 들어 보자. 성경에는 재판관과 통치자들에게 뇌물을 받아서는 안 된다고 지적하는 구절들이 수없이 등장한다. 가령, 신명기에는 "재판에서 공정성(미쉬파트)을 잃어서도 안 되고, 사람의 얼굴을 보아주어서도 안 되며, 재판관이 뇌물을 받아서도 안 된다. 뇌물은 지혜 있는 사람의 눈을 어둡게 하고, 죄 없는 사람을 죄인으로 만든다"(신 16:19, 새번역)라고 말한다. 가난한 사람은 법률을 만드는 이들에게나 재판관에게 매력적인 선물을 제공해서 유리한 결정을 이끌어 낼 힘이 없지만 부자와 권력자들은 얼마든지 그럴 수 있다. 하나님이 뇌물 수수를 그토록 극악무도한 범죄로 치부하시는 까닭이 여기에 있다. 뇌물은 가난한 시민들을 벼랑 끝으로 몰아내고 기회를 얻지 못하게 한다.

현대사회에서 뇌물의 형태는 이루 헤아릴 수 없을 만큼 다양하다. 국회의원에게 보내는 정치 후원금도 곧잘 뇌물 창구가 되는데 빈곤 계층은 거액의 찬조금을 낼 형편이 못 된다. 이러한데도 뇌물을 금지하는 성경의 규정들이 더 이상 효력을 갖지 못한다고 주장하고 싶은가? 성경이 가르치는 특정한 부류의 정의를 우리 사회 법률들에 반영시키기 위해 노력할 필요가 없다고 이야기하겠는가? 절대로 그럴 수 없을 것이다.

지금까지 다룬 경고와 경계를 염두에 두고 하나님이 이스라엘에게 어떤 형태의 사회를 이루라고 명령하셨는지 살피는 한편, 거기서 무얼 배울 수 있는지 짚어 보자.

: 정의를 추구하는 공동체

하나님이 원하시는 공의로운 사회의 모습을 엿보기에 가장 적합한 본문은 아마 신명기 15장일 것이다. 그 가운데서도 언뜻 상충되는 것처럼 느껴지는 두 구절이 눈에 띈다. 먼저 11절을 보면 "땅에는 언제든지 가난한 자가 그치지 아니하겠으므로 내가 네게 명령하여 이르노니 너는 반드시 네 땅 안에 네 형제 중 곤란한 자와 궁핍한 자에게 네 손을 펼지니라"고 되어 있다. 하지만 불과 몇 절 이전으로 돌아가면 분위기가 전혀 다른 말씀과 맞닥뜨리게 된다.

> 네가 만일 네 하나님 여호와의 말씀만 듣고 내가 오늘 네게 내리는 그 명령을 다 지켜 행하면 네 하나님 여호와께서 네게 기업으로 주신 땅에서 네가 반드시 복을 받으리니 너희 중에 가난한 자가 없으리라(신 15:4-5).

첫인상이야 어찌됐든, 사실상 두 구절 사이에 서로 모순되는 대목은 전혀 없다. 4절과 5절을 비롯한 말씀들은 '셰미타'(Shemitta, 해방을 의미하는 히브리 단어에서 나온 말이다)라는 일련의 법 규정을 담고 있다. 15장 1-2절을 읽어 보자.

> 매 칠 년 끝에는 면제하라. 면제의 규례는 이러하니라. 그의 이웃에게 꾸어 준 모든 채주는 그것을 면제하고 그의 이웃에게나 그 형제에게 독촉하지 말지니 이는 여호와를 위하여 면제를 선포하였음이라.

본문은, 이스라엘 백성이라면 누구든 7년마다 부채를 탕감해 주라고 지시한다. 채권자는 더 이상 변제를 요구할 수 없을 뿐만 아니라 빚을 돌려받기 위해 잡아 둔 담보물도 돌려주어야 한다. 저당물이라면 일반적으로 땅뙈기를 의미했는데 그걸 경작할 수 없게 되면 꾼 돈을 되갚을 길이 없었다.[2] 따라서 채무탕감법규는 빈곤을 불러오는 핵심 요소들 가운데 하나(부담스러운 장기 채무)를 제거할 목적으로 마련된 강력하고 실제적인 공공 정책이었다.

이어서 7-11절은 '다'(4절), '넉넉히'(8절), '반드시'(10절) 따위의 부사를 동원한 히브리어 강조 구문을 써 가면서 부족함이 다 채워질 때까지 가난한 이들에게 도움을 베풀라고 강하게 명령한다.

> 네 하나님 여호와께서 네게 주신 땅 어느 성읍에서든지 가난한 형제가 너와 함께 거주하거든 그 가난한 형제에게 네 마음을 완악하게 하지 말며 네 손을 움켜쥐지 말고 반드시 네 손을 그에게 펴서 그에게 필요한 대로 쓸 것을 넉넉히 꾸어 주라(신 15:7-8).

가난한 사람들에게 식권 몇 장을 '거저 나눠 주는' 걸로 손을 떼서는 안 된다. 형편이 어려운 이들이 빈곤의 덫에서 완전히 헤어날 때까지 재정적 심리적 후원을 아끼지 말아야 한다. 넉넉한 지원은 상대방의 부족한 부분이 다 채워져서 스스로 자립할 수 있는 수준에 이르도록 확장되고 지속되어야 한다. 이제는 4-5절에서 "너희 중에 가난한 자가 없으리라"고 한 속내를 이해할 수 있으리라 믿는다. 하나님은 가난한 이들에게 너무도 깊은 관심을 품으신 나머지 이스라엘 민족에게 그와 관련한 수많은 법 규정들을 주셨다. 거룩한 백성이 그 명령을 다 이행한다면 영구적인 최하층계급은 사실상 완전히 사라질 것이다.

채무탕감법규 외에도 이른바 '이삭줍기' 규정이 있다. 지주들은 땅에서 생산된 낱알을 탈탈 털어 거둘 수 없었다. 가난한 이들이 직접 주워다 먹을 수 있도록 수확 가능한 곡물 가운데 일부를 반드시 남겨 두어야 했다(레 19:9-10; 23:22). 쉽게 말해서 수익 회수를 자발적으로 제한했던 것이다. 하지만 이삭줍기는 통상적으로 '자선'이라고 부르는 행위와는 상당한 차이가 있었다. 가난한 이들이 상대방의 선행에 기대지 않고 스스로 생계 대책을 마련할 수 있게 하는 제도였기 때문이다. 반면에, 신명기 23장 24-25절은 이삭줍기가 남용되지 않도록 땅 주인들을 보호하는 규정을 소개하고 있다. 성경은 부자를 악의 축으로, 빈곤 계층을 도덕적 우월성을 가진 집단으로 여기는 계급적 편견을 보이지 않는다.

아울러 십일조에 관한 규정도 있다. 이스라엘 백성이라면 누구나 연 소득의 10퍼센트를 레위인과 제사장들에게 바쳐서 성전을 유지하고 관리하는 비용에 충당하게 했다.[3] 그러나 3년마다 한 차례씩은 공공창고에 모아 가난한 이들과 "성중에 거류하는

객과 및 고아와 과부들"(신 14:29)에게 제공할 수 있게 했다.[4]

마지막으로 '희년'이라는 기가 막힌 제도가 있다. 7년째 되는 해는 온갖 채무와 노예 신분에서 벗어나는 '안식년'으로 지켰다(신 15:1-18).[5] 그리고 안식년이 일곱 번(그러니까 49년)이 지난 다음해는 특별히 '희년'으로 선포했다. 그때가 되면 빚을 탕감할 뿐만 아니라, 토지도 가나안 정착 당시에 그 땅을 할당받았던 족속과 가족에게 되돌려주었다. 50년이라는 세월이 흐르는 사이에, 형편이 한결 좋아져서 더 넓은 땅을 차지한 집안이 있는가 하면, 부쩍 여건이 나빠져서 가진 걸 다 팔고 품꾼이나 종이 된 가정도 있을 것이다. 하지만 일단 50년이 지나면 땅의 소유권이 본래 임자에게 돌아갔다(레 25:8-55).

크레이그 블롬버그는 이렇게 썼다. "그렇다 치더라도 이건 사유재산을 극도로 상대화시키는 제도다. 개인이든 가족이든, 얼마나 무책임하게 재산을 관리했는지 또는 얼마나 깊이 채무의 구렁텅이에 빠졌는지 상관없이, 죽는 날까지 적어도 한 번은 처음부터 다시 시작할 기회를 가질 수 있었다."[6]

돈을 벌어들이고 축적한 재물을 사용하는 일에 관한 규정들을 전폭적인 지원을 기다리는 현장과 제대로 조합하기만 한다면 "너희 중에 가난한 자가 없으리라"는 구절에 놀라지 않을 것이다. 하나님은 여기서 사람들이 지속적으로 빈곤에 빠지지 않을 거라고 말씀하시는 게 아니다. 이스라엘 사회 전체가 전심으로 하나님의 법을 온전히 지켜 낸다면, 영구적이고 장기적인 가난은 사라질 것이라고 가르치실 따름이다.

: 율법을 현대 사회에 적용하는 법

크리스천들이 '사회정의'를 자주 거론하는 걸 불편해하는 이들이 있는데, 이제 그들이 우려하는 점들을 본격적으로 살펴보려고 한다. 케빈 드영(Kevin DeYoung)의 이야기를 들어 보자.

> 성경은 가난한 이를 돕고 해치지 말아야 한다는 일반 원리에 관해서는 수없이 되풀이하며 명확하게 이야기하는 반면, 그 원리를 적용하는 것에 대한 언급은 상대적으로 부족한 편이다. 예를 들어, 이사야서 58장과 같은 본문은 부와 자원을 재분배하기 위한 정부 차원의 활동을 지지하고 있다. 크리스천들은 여기에 관심을 가지고 활발한 토론을 벌이고 있지만, 본문이 꼭 그래야만 빈곤 문제를 해결할 수 있다고 주장하는 건 아니다.

지금까지 살펴본 신명기 15장을 비롯한 모세율법의 규정들을 생각해 보면 케빈 드영의 말에 동의할 수밖에 없다. 이스라엘은 국가가 제정한 법률과 제도에 기대어 금전과 재산, 심지어 토지까지도 부자로부터 회수해서 가난한 이들에게 나눠 주는 재분배 정책을 시행했다.

하지만 앞에서 지적한 바와 같이 이스라엘은 거룩한 언약을 좇는 신정국가였다. 요즘은 어디서도 그런 사례를 찾아볼 수 없다. 대단히 조심스럽게 적용해야 하겠지만 구약의 모든 법규가 오늘날에도 어느 정도 효력을 갖는다는 점은 앞에서도 누누이 이야기했다.

대표적인 경우가 이삭줍기에 관한 규정이다. 아직도 그런 법령이 필요하다고 생각하는 현대인은 아마 단 한 명도 없을 것이다. 그렇다면 하나님은 '관계'라는 측면에서 이 제도를 통해 어떤 뜻을 보여 주시는가? 어째서 지주들에게 밭모퉁이의 낟알은 거두지 말라고 하시는가? 주님은, 땅을 소유한 이들이 논밭에서 손톱만한 이윤까지 샅샅이 쥐어짜 내고 나서 돈 몇 푼 자선사업에 기부하는 걸로 보편적인 사회복지를 위해 최선을 다했노라고 자부하길 바라지 않으신다. 이삭줍기 규정은 가난한 이들이 후원금에 기대지 않고 직접 밭에 나가 일해서 자급자족하도록 길을 열어 주는 장치였던 것이다.

지금 이 시대의 경영자들은 어떻게 이 원칙을 좇을 수 있을까? 상품과 서비스에 최대한 높은 수수료와 가격을 매기는 한편, 직원들에게는 될 수 있는 대로 낮은 임금을 지급하며 동전 한 닢까지 박박 긁어 가는 방식으로 제 이윤을 부풀려서는 안 된다. 도리어 자발적으로 높은 임금을 책정하고 가격을 낮춤으로써 기업의 수익을 직원과 고객, 더 나아가 지역사회와 더불어 나누어야 한다. 그렇게만 한다면 저절로 활기차고 견실한 인간 공동체가 형성될 것이다. 그럼 정부는 이삭줍기 원칙을 어떻게 적용할 수 있는가? 항상 남에게 의존하기보다 손수 일해서 살림을 꾸려 가도록 뒷받침하는 프로그램을 개발하고 시행한다면 얼마든지 가능한 일이다.

다른 예를 하나 더 들어 보자. 고린도후서 8장 15절에서 바울이 출애굽기 16장 18절을 인용하는 대목에 주목하라. 이스라엘이 이집트에서 벗어나 광야를 떠돌던 시절, 하나님은 백성들의 물질적인 필요를 채워 주시려고 아침마다 만나를 내려 주셨다. 그중에는 남들보다 더 많이 긁어모으는 이들이 있었지만, 만나는 늘 공평하게 공급되었으므로 누구에게든 넘치거나 모자라지 않았다(출 16:16-18). 집안에 쟁여 둔 만나는 어김없이 상해서 맛이 변하고 벌레가 들끓었다(출 16:19-21).

고린도후서 8장 13-15절에서, 바울은 이것이야말로 하나님이 공급해 주신 물질을 어떻게 취급해야 할지 보여 주는 생생한 원리라고 해석했다. 사도는 돈을 만나에 빗대어 설명한다. 만나가 광야에서 생활하는 이스라엘 백성에게 주신 하나님의 선물이었다면, 우리가 가진 돈 역시 마찬가지라는 것이다. 더러 더 많이 '거둘지라도'(남들보다 돈 버는 재주가 더 뛰어난 이들도 있게 마련이다), 그렇게 손에 넣은 물질 또한 하나님의 선물이다. 그러므로 벌어들인 돈은 반드시 나누어서 공동체를 세워 가야 한다.

상대적으로 넉넉한 크리스천들은 가난한 이들과 나누어야 하며, 출석하는 교회 식구들뿐 아니라 다른 공동체 식구들, 더 나아가 믿지 않는 이들에게까지 손을 내밀어야 한다(고린도후서 8장 15절을 중심으로 전후 문맥을 살펴보라). 비유를 확장해 보자면, 욕심껏 거둬다가 차곡차곡 챙겨 둔 돈은 영혼을 부패시킨다고도 말할 수 있다.

지금까지, 사회정의를 실현하기 위한 구약성경의 규정들을 오늘날 어떻게 되살려 적용할지에 관해 여러 방법들을 짚어 보았다. 한 가지 잊지 말아야 할 것은, 여기에 개괄적으로 제시한 내용은 하나같이 추정에 불과하다는 사실이다. 성경은 인생에 대한 직접적이고 명확한 처방들을 무수히 담고 있다. 그러나 사회적인 법률들을 끌어낼 때는 더없이 조심스러워야 하며, 반드시 자유로운 토론을 거쳐야 한다.

가령, 성경은 궁핍한 이들과 자원을 나누라고 요구하고 있으며 그렇게 하지 않는 걸 '불의'로 간주하지만, 소유를 재분배하는 방법은 명확하게 제시하지 않는 게 사실이다. 그렇다면 오로지 자발적이고 개인적인 기부에 기대다시피 하는 정치적 보수파의 처방에 따라야 할까? 아니면 정부가 나서서 누진과세와 수입의 재분배를 주도하는 진보주의자들의 견해를 좇아야 할까? 사려 깊은 이들은 어느 편이 가난한 이들을 돕는 데 가장 효과적인 길인지 진즉부터 검토하고 있으며 앞으로도 그럴 것이다. 양쪽 모두 하나님 말씀에서 논리적 근거를 찾고 있지만, 궁극적으로 성경이 가르치는 사회정의는 어느 한 쪽의 정치 구조나 경제정책에 매이지 않는다. 할 수만 있다면, 정의를 추구하는 성경의 명령들을 더 깊이 살피면서 균형 잡힌 정책들을 뽑아내는 게 최선이다.

이삭줍기와 노예해방, 십일조, 희년 따위가 규정된 모세율법을 연구한 크레이그 블룸버그는, 부와 소유를 보는 성경의 시각은 통상적으로 정의하는 민주자본주의나 전통 왕조의 봉건주의, 또는 국가사회주의의 범주들과 전혀 맞아떨어지지 않는다고 결론지었다. 토지 사용에 관한 성경 율법의 조항들은 우리 시대를 주름잡는 주요한 경제 모델들에 정면으로 도전한다. "'개인'이라는 값진 요소를 무시해 버리는 국가통제주의는 물론이고 공동체를 희생해 가면서까지 개인을 앞세우는 무차별적 개인주의 모두를 향해 날카로운 비판의 칼날을 들이대는 것이다."[7]

: 빈곤의 원인에 대한 성경적 시각

성경적인 접근 방식을 진보적이거나 보수적인 경제 모델에 직접 들이댈 수 없는 중요한 이유 중 하나는, 가난의 원인을 파악하는 데 있어서 성경이 보이는 미묘한 시각차 때문이다. 진보적인 학자들은 빈곤의 '근본적인 원인'을 백이면 백, 극단적 편견이나 경제적 착취, 생계수단의 박탈을 포함한 불평등한 조건들처럼 빈민층으로서는 어찌할 도리가 없는 사회적 폭력에 있다고 본다. 반면에 보수주의 이론가들은 가족의 붕괴, 자제력과 훈련의 결핍, 가난한 이들이 가진 습관과 행동 양식 등 개인적인 특성에 책임을 돌린다.

▶ 종의 해방, 이삭줍기, 희년에 관한 갖가지 구약의 율법 규정들이 우리 시대에 갖는 의미를 곱씹어 보아야 한다. ◀

그에 비하여 성경은 놀라우리만치 균형 잡힌 시각에서 빈곤의 원인을 지목한다. 궁핍한 상황으로 몰아넣는 요인들의 매트릭스를 제시하는 것이다.

우선 눈에 띄는 원인은 억압인데, 힘을 가진 쪽의 이익을 보장하는 데 역점을 둔 사법 체계(레 19:15), 과도한 이자를 물리는 대부 제도(출 22:25-27), 불공정하게 낮은 임금(렘 22:13; 약 5:1-6) 따위가 여기에 해당한다. 선지자들은 빈부의 양극화가 심해지는 현상이 나타날 때마다 부자들을 맹렬하게 비난하곤 했다(암

5:11-12; 겔 22:29; 미 2:2; 사 5:8). 이미 살펴본 것처럼, 모세율법에서는 빈부차가 크게 벌어지고 양극화가 깊어지지 못하도록 막기 위한 규정들이 상당히 큰 비중을 차지하고 있다. 따라서 넉넉한 부류와 빈궁한 계층 사이의 편차가 커질 때마다, 선지자들은 공익에 대한 관심보다 이기적인 개인주의가 어느 정도 앞선 결과라고 보았다.

성경이 말하는 빈곤의 요인이 이것뿐이라면 진보주의자들이 옳다고, 가난은 단지 사회적으로 불평등한 조건에서 비롯된다고 믿을 수밖에 없을 것이다. 하지만 또 다른 요인이 존재한다. 이른바 '자연적인 재난'이라는 것인데 개인을 궁핍하게 만들거나 거기서 벗어나지 못하게 가로막는 기근(창 47장), 거동조차 하기 힘들 정도로 심각한 부상, 홍수, 화재 따위의 자연환경 전체를 가리킨다. 아울러 슬기로운 결정을 내리는 능력이 떨어져서 가난해지는 경우도 있음을 짚고 넘어가는 게 공평할 것이다. 도덕적으로 문제가 있는 건 아니다. 다만 통찰력이 부족한 탓에 올바른 판단을 내리지 못할 따름이다.[8]

성경이 지적하는 또 다른 빈곤 요인은 게으름(잠 6:6-7)과 같은 소위 '도덕적 해이'와 자기통제 훈련이 부족한 데서 오는 문제들(잠 23:21)이다. 특히 잠언서는 예외적인 경우들이 있기는 하지만(잠 12:11; 14:23; 20:13) 열심히 일하면 경제적으로 넉넉해질 수 있다는 점을 강력하게 부각시키고 있다(잠 13:23).

이러한 본문들을 감안할 때, 성경은 가난을 대단히 복합적인 현상으로 보고 있음을 알 수 있다. 몇 가지 원인들이 서로 얽히고설켜 나타나는 사태로 파악하는 것이다.[9] 빈곤은 개인적인 결단이나 세제 개편만으로 단숨에 해결할 수 있는 문제가 아니다. 궁핍한 가족들의 삶에는 수없이 많은 요인들이 복잡하게 교차하며 상존하게 마련이다. 지독한 경제적 속박(제1요인)을 끊어 내고 일어선 주인공은, 건강 상태가 나쁘거나(제2요인) 물질적 혹은 사회적으로 발전하는 데 장애가 될 만한 습관(제2요인과 제3요인)에 길들여졌을 가능성이 높다.

한 사회의 빈곤 문제를 해결해 가는 데 있어서 광범위한 차원의 발전을 이루기 위해서는, 공적이고 사적인 조처들과 영적이고 인격적인 수단들이 포괄적으로 어우러져야 한다. 학자들 사이에서는 해묵은 좌우대치 구도를 깨뜨리고 한층 복잡적이며 균형 잡힌 관점을 가지려고 노력하는 흔적들이 곳곳에서 나타나고 있다.[10]

: 샌드타운의 가난한 이주민들

제1장에서 소개했던 마크 고르닉(볼티모어에 뉴 송 처치와 여러

선교 단체들을 세우고 활발하게 사역하고 있다)은 '구조적인 차단' 탓에 수많은 도시 빈민 집단 거주 지역이 형성되었다는 흥미로운 주장을 펼친다. 그는 전에 살았던 샌드타운 지역의 역사를 대표적인 사례로 꼽는다.

20세기 초부터 중엽까지, 도심의 제조업체들과 가까운 샌드타운 동쪽은 백인 이주자들의 몫이었다. 서쪽에 비해 상대적으로 부유한 지역들 역시 백인들의 독점적 거주지였다. 인종분리 정책이 여기에 큰 영향을 미쳤다. 남부 지방에서 갓 올라온 흑인들은 샌드타운으로 몰려들었는데, 부잣집에 들어가서 형편없는 보수를 받으며 허드렛일을 하는 것 말고는 다른 일자리를 구할 수 없었다. 백인들이 소유한 기업들은 대부분 유색인들을 전혀 고용하지 않았으며 설령 받아들인다 하더라도 하찮은 일만 맡길 뿐이었다. 샌드타운의 임대업자들은 조악하고 좁은 주택에 지나치게 많은 입주자를 밀어 넣었다. "이런 환경 조건들이 한데 조합되어 최저 수준의 생활상을 빚어냈다."[11]

1970년대에 들어서면서 볼티모어의 공업과 제조업은 가파른 내리막 곡선을 그리기 시작했다. 새로운 일자리들은 교외나 그보다 더 떨어진 외곽에 생겨났는데, 시내에 거주하던 이들이 살기에는 너무 비싸고 대중교통으로는 접근하기 어려운 지역이었다. 생산업에서 서비스 및 지식 경제 관련업으로 기반 산업 자체가 달라지기 시작하면서, 새로 만들어지는 일자리를 얻으려면 더 높은 학력을 갖춰야 했다. 볼티모어에서 고등학교 교육만을 요구하는 직장(블루컬러 직종)은 45퍼센트나 줄어든 반면, 고졸을 넘어 대학 수준의 기술을 필요로 하는 자리는 56퍼센트나 늘어났다.[12] 지역사회 전체도 마찬가지였지만, 빈약하고 변변찮은 교육을 받은 도심 빈민촌 거주자들은 새로운 일자리로 옮겨 갈 준비를 전혀 갖출 수 없었다. 남은 자리라고는 낮은 임금을 받는 서비스 분야 직종들뿐이었다. 퇴직연금이나 건강보험, 고용보험 따위는 꿈조차 꿀 수 없었다. 상대적으로 급여가 더 높은 생산직 일거리들은 샌드타운 주민들의 시야에서 한꺼번에 사라졌다.[13] 수많은 이들이 정규직 자리를 찾는 구직 활동을 속절없이 포기하고 말았다.

결국 가난한 이들이 모여 사는 지역의 경제 구조는 더욱 취약해졌으며, 성경이 정죄하는 유형의 착취 행위가 만연해졌다. 주택 주인들은 세입자들과 한 지역에 살지 않았다. 집에 대한 서비스와 유지 관리는 최소한에 그치거나 거의 방치하다시피 했다. 은행과 대부업체들은 지역 주민들을 다양한 형태로 구별해서, 주택 자금을 융자받거나 보험에 가입하거나 신용카드를 발급받는 것을 원천적으로 불가능하게 만들었다.[14] 건전한 공동체를 유지하는 데 중요한 기업들은 떠나가고 총기 판매상, 어음 할인업

소, 술집, 포르노 숍 등 지역 주민들의 탈선을 부추기는 질 나쁜 업체들이 그 자리를 채웠다.[15]

20세기 중후반부터 미국 정부는 중산층의 등을 떠밀어서 도시, 특히 샌드타운처럼 격리된 지역에서 떠나도록 장려하는 정책을 폈다. 대표적인 예로, 외곽의 거주자들이 도시 한복판에 있는 직장에 출퇴근할 수 있도록 일직선으로 연결된 고속도로들을 뚫었다. 그 건설 과정에서 시내에 형성된 빈민들의 거주지 가운데 상당수가 두 쪽 나거나 완전히 파괴됐다. 로버트 카로(Robert A. Caro)가 연대기적으로 기술한 탁월한 글 「파워 브로커」(The Power Broker: Robert Moses and the Fall of New York)에 적힌 그대로였다.[16]

고르닉은 치밀한 조사와 적절한 묘사를 통해서, 샌드타운과 같은 도시 빈민 집단 거주 지역의 빈곤은 처음부터 개인의 무책임한 행동이나 가족 붕괴에서 비롯된 게 아니라는 사실을 확실하게 입증해 냈다. 여러 가지 구조적인 요인들이 복합적으로 작용해서 경제적으로 번영하는 길에 들어서지 못하도록 빈민촌 주민들의 앞을 가로막았던 것이다. 그리고 그 이전으로 거슬러 올라가서 살펴보자면, 남부 지방에서 볼티모어로 이주한 흑인들이 겪었던 궁핍은 노예제도의 전통과 짐 크로 법(Jim Crow laws, 인종분리를 규정한 법)*에 상당한 책임이 있었다. 그러한 요인들 때문에 각종 중독, 가족 해체, 범죄, 우울증, 공동체의 붕괴, 개인적인 성격 파탄 따위의 현상들이 나타났다.

그러기에 빈곤의 문제는 어느 한 가지 이론으로 명쾌하게 설명하기 어렵다. 어떻게 해야 공공 정책이나 사회복지 프로그램에 기대는 수준을 뛰어넘어 가난한 이들의 공동체를 확고하게 재건할 수 있을까? 그러자면 가정과 공동체, 개인의 삶을 다시 일으켜 세워야 한다. 고르닉이 사회사업 프로그램을 구성하고 운영하는 데 그치지 않고 교회를 세워 주민들의 영적 각성을 촉구하는 까닭이 여기에 있다.[17]

성경 말씀에 따르면, 억압과 재난 그리고 개인의 도덕적 해이야말로 빈곤의 3대 원인이다. 여기에 관련된 본문을 토대로 여러 차례 성경을 연구한 결과, 하나님 말씀은 늘 더 큰 구조적 요인들에 강조점을 두고 있다는 사실을 깨달았다. 부패한 정부와 억압적인 경제 질서, 치명적인 자연 재난 탓에, 세계 곳곳에서 이루 헤아릴 수 없이 많은 이들이 가난의 늪에 빠진 채 허덕이고 있다.

미국도 예외가 아니다. 사회가 제공하는 교육 체계는 허술해빠져서 빈곤층 젊은이들을 낙오자의 길로 이끌어 갈 따름이다. 구조적인 차단과 억압이라는 거대한 흐름에 개인적인 비행과 범죄까지 보태면, 인간을 빈곤에 단단히 가둬 두는 강력한 복합체가 탄생한다. 정부의 프로그램이든, 공공 정책이든, 책임감 있는 자세를 촉구하는 목소리든, 개인적인 자선 행위든 어느 한 가지 요인만을 따로 떼어 생각하는 방식으로는 빈곤의 문제를 충분히 설명할 수 없다.

: 값없이 베푸시는 은혜 - 정의의 기초

크리스천들이 즐겨 찾는 편은 아니지만, 구약성경의 한구석, 레위기 5장에는 죄를 용서받기 위해 회막에 나와 잘못을 자백하고 제사를 드리는 절차가 기록되어 있다. 갖가지 죄를 대속하는 데 필요한 의식들이 등장하는데 규칙과 규정이 얼마나 복잡한지 읽고 있노라면 눈이 뱅뱅 돌 지경이다. 속죄하려는 이들은 무얼 해야 하고, 어떤 동물을 제물로 드려야 하며, 제사장의 역할은 무엇인지 따위의 법규들이 끝없이 이어진다.

그러다가 돌연히 단서 조항을 덧붙인다. 제사를 드리는 이가 정해진 제물을 "바칠 형편이 못될 때에는, 자기가 저지른 죄에 대한 보상으로서, 주에게 바치는 속죄 제물로 고운 밀가루 십분의 일 에바를 가져와서, 제물로 바쳐야 한다. …… 해서는 안 되는 것 가운데서 어느 하나라도 어겨 잘못을 저질렀을 때에, 이렇게 하여 제사장이 그의 죄를 속하여 주면, 그는 용서를 받는다"(레 5:11-13, 새번역)는 것이다. 어느 성경 주석가는 이 구절에 이런 해설을 붙였다.

> 밀가루 한 줌과 죄를 고백하는 마음만 가지고도 하나님 앞에 나설 수 있으며 용서받기에 부족함이 없음을 알았던 사람은, 하나님이 베푸시는 은혜의 기초를 터득하고 있었던 셈이다.…… 가장 유력한 사람조차도 하나님은 엄청난 제물에 흔들리는 분이 아니심을 알고 있었다.[18]

비노트 라마찬드라의 이야기를 잊지 말라. 다른 문화권의 종교들을 들여다보면, 왕을 비롯해서 사회적 지위가 높은 계층을 신과 동일시하는 경우가 많다. 부자들은 웅대한 신전을 짓고 호화로운 제물을 바친다. 신이 그런 이들을 특별히 총애하리라고 믿는 건 지극히 당연한 일이다.

▸ 하나님의 너그러우심, 그리고 값없이 베푸시는 구원이야말로 정의사회를 떠받치는 주춧돌이다. ▸

하지만 성경의 하나님은 전혀 다르다. 주님은 누구에게나 동일한 가치를 지닌 똑같은 제물을 가지고 나오라고 요구하지 않으신다. 만약 그렇다면 형편이 넉넉한 이들일수록 하나님의 마음을 흡족하게 해 드리기가 훨씬 쉽지 않겠는가? 오히려 주님은 감당할 만큼 예물을 바치라고 가르치시면서, 그 중심이 바르기만 하면 어김없이 은혜를 쏟아부어 주신다.

    분명히 말하지만, 여기서 핵심은 은혜다. 구원에 이르는 길은 넘치는 선행이 아니라 하나님의 한없는 사랑과 자비다. 그러므로 가난한 이들 역시 부자와 똑같이 주께 나갈 수 있다. 그분의 너그러우심, 그리고 값없이 베푸시는 구원이야말로 정의사회를 떠받치는 주춧돌이다. 성막에서 드리는 제사들의 규정과 규칙이 지루하게 느껴질지 모른다. 그러나 이를 통해, 하나님이 가난한 이들을 보살피시고 그분의 거룩한 법으로 소외된 이들을 보호하신다는 사실을 알 수 있음을 기억할 필요가 있다. 공의를 추구하시는 하나님의 마음은 이스라엘 백성의 삶 구석구석까지 깊이 스며들어 있었다. 오늘을 사는 크리스천들의 삶에도 똑같은 일이 일어나야 한다.

Generous Justice
―

네가 점심이나 저녁이나 베풀거든 벗이나 형제나 친척이나 부한 이웃을 청하지 말라. 두렵건대 그 사람들이 너를 도로 청하여 네게 갚음이 될까 하노라. 잔치를 베풀거든 차라리 가난한 자들과 몸 불편한 자들과 저는 자들과 맹인들을 청하라(눅 14:12-13).

3

예수님의 삶을 잊었는가
: 내 구원에만 몰두하고 있는 우리 시대 기독교

첫 임지였던 버지니아 주 호프웰에서 애송이 목회자로 사역하던 시절, 남편 없이 네 자녀를 키우는 한 여성이 예배에 참석하기 시작했다. 그리고 얼마 지나지 않아서 그 댁의 형편이 몹시 나쁘다는 사실이 알려졌다. 도움을 주어야 하지 않겠느냐는 얘기가 교인들 사이에서 자연스럽게 흘러나왔다.

때마침 박사 학위 논문을 준비하고 있던 터라, 그 내용을 몇몇 제직들과 나누면서 역사적으로 이런 상황이 닥치면 집사들이 나서서 사랑을 베풀었다는 점을 지적했다. 결국 몇몇이 찾아가서 급한 부채를 갚을 수 있도록 교회에서 지원하겠다는 뜻을 전했다. 여인은 무척 기뻐하며 제안을 받아들였다.

그런데 석 달 뒤에 기가 막힌 사실이 드러났다. 여인은 교회에서 제공한 돈으로 발등의 불을 끄는 대신, 과자 나부랭이나 패

스트푸드 등 주전부리를 사고 식구들과 어울려 여러 차례 레스토랑을 들락거렸으며 아이들에게 새 자전거를 한 대씩 사주었다는 것이다. 외상값을 단 한 푼도 갚지 않은 건 물론이고 빚이 도리어 더 늘어 있었다.

: "공의? 그건 구약시대에나 해당되는 얘기고……"

한 집사가 불같이 화를 내며 말했다. "무슨 일이 있어도 돈을 더 주어서는 안 됩니다. 그 양반이 가난하게 사는 데는 다 이유가 있었어요. 무책임하고 무절제하게 살잖아요. 하나님의 돈을 함부로 써 버리다니, 그게 말이 됩니까!"

나는 아비를 잃고 궁핍하게 사는 이들에게 공의를 베풀라는 말씀 몇 구절을 제시하며 반박했다. 그러자 '그건 구약시대에나 해당되는 얘기'라면서 이제 크리스천이 해야 할 일은 예수님에 관한 복음을 전하는 것뿐이라고 주장했다. "가난이니 사회 현실이니 하는 데 신경을 쓸 게 아니라 영혼 구원하는 일에 관심을 가져야 합니다."

가난한 이들을 보호하고 보살피는 데 더 깊이 참여하라는 게 성경의 가르침이라고 이야기했지만, 지금까지는 요즘 크리스천들이 구약이라고 부르는 히브리 성경을 더 깊이 들여다보았던 게 사실이다. 앞에서 거론한 집사는 교육을 잘 받은 신학자가 아니며 의식 수준도 평범한 정도여서, 구약은 죄악과 공의를 다루는 반면 예수님은 주로 사랑과 용서를 강조한다고 믿었다.

1930년대에 출판돼서 큰 반향을 일으켰던 「아가페와 에로스」(*Agape and Eros*)의 저자 안더스 니그렌(Anders Nygren)은 이를 학문적인 차원에서 대단히 강력하게 주장했다. "인간을 향한 하나님의 자세는 분배 정의(justitia distributiva)가 아니라 아가페(사랑)이며 인과응보식의 정의가 아니라 값없이 베푸시고 용서하시는 사랑이다."[1]

한마디로 니그렌의 주장은, 하나님에게 있어서 사랑과 공의는 상호 배타적이어서 어떠한 경우에도 섞일 수 없다는 것이다. 그런 관점에서 해석하자면, 그리스도는 공의를 누르고 이기셨으므로 이제 모든 관계는 마음에서 우러난 사랑과 관용에 토대를 두어야 한다. 정의는 '바름'과 법적인 의무에만 관심을 갖지만 그리스도의 구원은 자격을 갖추지 못한 이들에게 주시는 선물, 곧 은혜다. 그러므로 크리스천이라면 사람들이 바르고 반듯한가에 신경을 써서는 안 된다. 복음은 상대의 바르고 그름을 떠나 사랑하고 섬기며 따뜻하게 보살피는 자세와 직결되기 때문이다.

: 예수님과 약자들

니그렌의 논리는 언뜻 그럴 듯해 보인다. 그러나 복음서를 연구해 보면 예수님은 공의를 추구하는 구약의 정신에 조금도 '손대지' 않으셨음을 알 수 있다. 실제로 그리스도는 구약성경에 등장하는 부류와 똑같은 부류의 약자들에게 깊은 관심과 사랑을 품으셨다. 주님이 그런 이들 보살피는 일을 높은 우선순위에 두셨음은 두말할 필요도 없다. 세례요한의 제자들이 찾아와서 정말 메시아인지 묻자 예수님은 말씀하셨다.

> 너희가 가서 듣고 보는 것을 요한에게 알리되 맹인이 보며 못 걷는 사람이 걸으며 나병환자가 깨끗함을 받으며 못 듣는 자가 들으며 죽은 자가 살아나며 가난한 자에게 복음이 전파된다 하라(마 11:4-5).

이것이 바로 하나님의 마음에도 똑같이 나타나는 연약한 이들을 향한 관심이다. 예수님이 줄곧 복음을 전하셨던 건 어김없는 사실이지만, 하늘 아버지가 늘 그러셨던 것처럼 사역하시는 내내 가난하고 억눌린 이들에게 항상 주의를 기울이셨다.

성육신하신 하나님은 가난한 백성 사이에 임하셨다. 궁핍한 이들 사이에서 살고 먹었으며 사회적으로 소외된 계층과 어울리셨다(마 9:13). 의지할 데 없는 과부의 아들을 살리시고(눅 7:11-

16) 온 세상이 따돌리는 부도덕한 여인을 깊이 존중해 주셨다(눅 7:36). 예수님은 공공연히 여성들과 이야기를 나누셨다. 지체 있는 남성들은 여자와 대화하지 않는 게 상식이던 시절이었지만 주님은 성차별에 저항하셨다(요 4:27).[2] 인종차별적 문화에도 휩쓸리지 않으셔서 유대인들이 미워하는 사마리아인을 가장 유명한 예화의 주인공으로 삼으셨다(눅 10:26). 또 하나님은 유대인 못지않게 사렙다 과부와 시리아의 나아만 장군 같은 이방인들도 사랑한다고 선포하시는 바람에 폭동이 일어났던 적도 있었다(눅 4:25-27). 또한 아이들을 '쓸데없이 성가시기 만한 존재'로 여기는 제자들의 통념을 깨트리고 외려 특별한 관심을 쏟으셨다(눅 18:15).

예수님의 사역에서는 한센병 환자들마저 중요한 몫을 차지했다. 사실 이들은 병에 걸려 죽어 가고 있었을 뿐만 아니라 사회의 가장 밑바닥 계층이었다. 주님은 질병에서 벗어나고자 하는 이들의 필요를 채우시고 손을 내밀어 어루만져 주셨다. 환자들로서는 정말 오랜만에 접하는 인간의 손길이었다(막 1:41; 눅 5:13). 그리스도는 제자들을 불러서 궁핍한 처지에 몰린 이들에게 넉넉히 베풀어야 한다고 가르치셨는데, 그 방식이 이루 말할 수 없이 강력하고 눈이 번쩍 뜨일 만큼 충격적이었다. 가난한 이들이 보여 준 너그러운 마음 씀씀이를 크게 칭찬하셨던 것이다

(막 12:42-43).

육신의 어머니였던 마리아의 고백은 예언적이었다. "주리는 자를 좋은 것으로 배불리셨으며 부자는 빈손으로 보내셨도다"(눅 1:53). 하지만 예수님은 가난한 이들뿐 아니라 각계각층 인사들을 두 팔 벌려 맞아 주심으로써 참다운 공의가 무엇인지 분명히 보여 주셨다. 당대 최고의 부유층이었지만 로마 점령군에 협조한다는 이유로 세간의 미움을 사던 세리들과 함께 식탁에서 말을 섞으셨다. 갓 태어난 메시아를 최초로 만났던 건 목자들이었다. 신뢰할 수 없는 부류로 멸시받던 사람들이었지만, 하나님은 그들에게 독생자를 처음 공개하셨다. 부활의 첫 목격자인 여인들은, 당시에 너무나 하찮고 미미한 인간으로 취급되어 그들의 법정 증언조차 증거로 인정되지 않던 계층이었다. 그럼에도 불구하고 다시 사신 주님은 가장 먼저 그들에게 자신을 드러내셨다. 이런 예는 너무나 많아서 이루 헤아리기 어려울 지경이다.

가난한 이들과 관련해서 예수님이 제자들에게 주신 두 가지 지침을 살펴보자. 우선 누가복음 14장에서는 가난한 이들, 앞을 보지 못하는 이들, 몸을 제대로 쓸 수 없는 이들에게 일상적으로 집을 개방하고 지갑을 열라고 가르치셨다.

> 네가 점심이나 만찬을 베풀 때에, 네 친구나 네 형제나 네 친척이

나 부유한 이웃 사람들을 부르지 말아라. 네가 그러한 사람들을 초대하면, 그들도 너를 도로 초대하여 네게 되갚아, 은공이 없어질 것이다. 잔치를 베풀 때에는, 가난한 사람들과 지체 장애자들과 다리 저는 사람들과 눈먼 사람들을 불러라(눅 14:12-13, 새번역).

18세기를 주름잡았던 위대한 찬송 시인이자 전직 노예 상인이었던 존 뉴턴(John Newton)은 엄청난 영향력을 지닌 이 말씀에 담긴 의미를 깨닫고 감격해서 이렇게 적었다.

"누가복음 14장 12-14절 말씀을 대단치 않게 여기는 이들이 있을지 모르겠다. 예수님의 가르침 가운데 이 구절보다 더 그분 자신의 백성으로부터 외면당하는 경우는 찾아보기 어려울 것이다. 이 말씀은 친구들을 초대하는 게 나쁘다는 말이 아니라, 가난한 이들에게 우선권을 주는 게 어떤 면에서 '의무'에 가깝다는 뜻이다. 그 외에는 달리 이 말씀의 의미를 파악할 길이 없다."[3]

본문에서 예수님은 무슨 말씀을 하고 계신가? 누가복음 14장 후반부에서, 예수님은 제자들에게 누구든 그분의 뒤를 따르려면 부모까지도 '미워해야' 한다(눅 14:26)고 말씀하신다. 충격적으로 들리지만 실은 셈족 사이에서 관용적으로 쓰이는 말이었다. 주님이 문자 그대로 부모를 미워해야 한다고 주장하시는 건 아니다. 정말 그랬다면 평소의 가르침(막 7:9-13)은 물론이고 십계명

과도 정면으로 부딪히기 때문이다. 예수님께 바치는 사랑과 충성이 비교할 수 없을 만큼 탁월해서 마치 '미워하는 것처럼' 보일 정도임을 의미하는 표현이다. 이런 화법은 '만찬'이라는 단어를 이해하는 데도 실마리를 제공한다.

예수님이 세상에 계실 당시, 이스라엘 사회는 전반적으로 상부상조 시스템을 통해 돌아가고 있었다. 재산가들은 대문을 활짝 열고 파트너들에게 필요한 자원을 제공하는 방식으로 강력한 네트워크를 구성했다. 도움을 받은 이들은 다시 비즈니스 기회를 제공하거나 정치적으로 호의를 베풀었으며 파트너에게 이익이 될 만한 길을 두루 살폈다. 이런 문화 속에서 잔치는 필수적이었다. 비싼 값을 치러야 하지만 소중한 비즈니스 수단이었기 때문이다. 만찬을 통해서 파트너 관계를 유지하고 적절한 보상을 했으며 새로운 동반자들을 끌어들였다. '부유한 이웃 사람들'과 아울러 동료와 친인척들만을 가려서 잔치 자리에 부르는 까닭이 여기에 있었다.

예수님의 조언에 따르는 건 경제 사회적으로 자살행위나 다름없어 보인다. 주님은 언젠가 받은 만큼 되돌려 줄 능력이 있는 동일한(또는 더 높은) 계층의 상대뿐만 아니라 아무런 영향력도 갖추지 못한, 그래서 돈이든 호의든 갚을 능력이 전혀 없는 이들에게도 집을 개방하고 관계를 맺으라고 제자들에게 말씀하셨다.

그러므로 아버지와 어머니를 미워하라는 말씀처럼, "네 친구나 네 형제나 네 친척이나 부유한 이웃 사람들을 부르지 말라"는 구절 역시 곧이곧대로 받아들여선 안 된다. 사실 예수님도 친구나 동료들의 집에서 자주 음식을 잡수셨다. 그러므로 요즈음 상황에 맞추어, 혼자 즐기고 휴가를 떠나고 밖에 나가 식사하고 도움이 될 만한 동료들과 어울리기보다는 가난한 이들을 돕는 데 재물을 더 많이 쓰라는 말씀으로 풀이하는 게 좋겠다.

예수님은 그 시절에 만연했던 상부상조 시스템을 이념에서 행위까지 총체적으로 부정하셨다. 주님의 입장은 충격적이리만치 분명했다. 제자들에게 가르치시기를, 돌려받을 걸 염두에 두지 말고(눅 6:32-36; 14:13-14) 베풀되, 가능한 한 은밀하게(막 6:1-4) 하라고 하셨다. 따라서 크리스천이 어려운 처지에 빠진 이들을 돕는 동기는, 정의감(눅 18:1-8)과 비참한 상황을 어떻게든 완화시키고자 하는 진실한 관심(눅 10:25-37, 다른 말로 표현하자면 '자비')이 전부여야 한다. 상부상조 시스템에서는 긍휼과 정의를 찾아볼 수 없다. 그런 체제로는 계급과 인종을 기준으로 분열된 사회를 통합할 수 없으며 현재 상황을 고착시킬 뿐이다. 사랑을 바탕으로 한 예수님의 도덕률은 당시의 세계 질서를 뿌리부터 뒤흔들었다.

이제 두 번째 지침을 주는 본문을 살펴보자. 예수님은 제자들에게 "너희 소유를 팔아 구제하여 낡아지지 아니하는 배낭을 만들라. 곧 하늘에 둔 바 다함이 없는 보물이니 거기는 도둑도 가까이 하는 일이 없고 좀도 먹는 일이 없느니라"(눅 12:33)고 가르치셨다. 어느 부자 청년에게도 소유를 팔아 가난한 자들에게 주라고 말씀하셨다(마 19:21; 눅 18:22). 이처럼 강력한 경고를 어떻게 받아들이고 있는가? 부자 청년에게 하신 이 말씀이 보편적인 명령은 아니었다고 주장할 수도 있다. 예수님이 부유한 세리와 만나셨던 장면을 증거로 제시할지도 모른다. 죄를 뉘우치고 회심한 삭개오는 기꺼운 마음으로 재산의 절반을 가난한 이들에게 나눠 주겠노라고 했다. 주님의 반응은 긍정적이었다. "부족하다!"고 꾸중하지 않으셨다. 그렇다면 주님은 어떤 점을 강조하려고 하셨던 것일까? 적어도 이것만큼은 분명하다. 크리스천이라면 재물을 자기 소유로 치부해선 안 되며 가난한 이들의 삶에 깊이 개입해서 아낌없이 나눠 주어야 한다는 것이다.

: 예수님과 선지자들

예수님은 약자들을 향한 구약성경의 열정을 그대로 품으셨을 뿐만 아니라, 칼로 저미듯 예리하게 마음을 파고드는 선지서의 공의를 진실한 믿음의 증거로 삼으셨다. 언뜻 보면 은혜와 공의만큼 서로 상반되는 개념은 없을 듯하다. 공의는 해야 할 일을 정확하게 행하는 이들을 택하는 반면, 은혜는 받을 만한 자격이 없는 이들에게 혜택을 준다. 크리스천은 그리스도 안에서 은혜, 곧 값없이 베풀어 주시는 사랑을 받는다. 그럼에도 불구하고 은혜와 맞닥뜨린 이들은 어김없이 공의로운 삶으로 이끌렸다.

이사야, 예레미야, 스가랴와 미가는, 꼬박꼬박 예배에 참석하고 신앙적인 규칙들을 철저히 지키며 성경 지식을 자랑하면서도 힘없는 약자들을 착취하는 이들을 한목소리로 고발한다. 선지자들은 그런 짓이야말로 단순히 불충분한 수준이 아니라 하나님을 깊이 모독하는 행위라고 결론짓는다. 이사야서 1장과 58장 말씀은 준엄하기 이를 데 없다.

> 너희가 팔을 벌리고 기도한다 하더라도 나는 거들떠보지도 않겠다. …… 너희의 손에는 피가 가득하다. …… 옳은 일을 하는 것을 배워라. 정의(미쉬파트)를 찾아라. 억압받는 사람을 도와주어라. 고아의 송사를 변호하여 주고 과부의 송사를 변론하여 주어라(사 1:15-17, 새번역).

> 내가 기뻐하는 금식은, 부당한 결박을 풀어 주는 것, 멍에의 줄을 끌러 주는 것, 압제받는 사람을 놓아 주는 것, 모든 멍에를 꺾어 버

리는 것, 바로 이런 것들이 아니냐? 또한 굶주린 사람에게 너의 양식을 나누어 주는 것, 떠도는 불쌍한 사람을 집에 맞아들이는 것이 아니겠느냐?(사 58:6-7, 새번역).

이러한 고발이 암시하는 바는 또렷하고 확실하다. 공의는 그저 신앙 행위 목록에 덧붙여야 하는 추가 항목이 아니다. 정의감이 부족하다는 건 곧 예배자의 마음이 하나님 앞에 바로 서지 못했음을 보여 주는 증표이며, 종교적인 규정들만 잘 지키는 행위는 이기적이고 교만한 마음을 충족시킬 뿐이다. "헛된 일로 의인을 억울하게"(사 29:21) 한다고 이스라엘을 고발하는 이사야서 29장 말씀에서, 하나님은 "이 백성이 입으로는 나를 가까이하며 입술로는 나를 공경하나 그들의 마음은 내게서 멀리 떠났나니"(사 29:31)라고 결론지으셨다.

마가복음 12장을 보면, 종교 지도자들에 대한 예수님의 판단도 다르지 않았음을 알 수 있다. 주님은 "서기관들을 삼가라. 그들은 과부의 가산을 삼키며 외식으로 길게 기도하는 자니 그 받는 판결이 더욱 중하리라"(막 12:39-40)고 말씀하셨다. 이들은 겉으로 드러나는 종교적 규율에는 지나치리만큼 집착하면서, 그 이면에서는 취약한 계층을 냉담하게 외면한 채 살았다. 예수님 보시기에 그런 모습은 하나님과 그분의 은혜를 전혀 모르고 있

다는 증거였다.[4]

예수님이 바리새인들을 바라보시며 "속에는 탐욕과 악독이 가득"(38절)하다고 꾸짖으시는 누가복음 11장 38-42절에 이르면, 선지자들이 전했던 메시지의 울림이 더욱 선명해진다. 저들은 이른바 독실한 신앙인들이었지만 "정의와 하나님께 대한 사랑은 소홀히"(42절) 했다.[5] 이사야와 마찬가지로 예수님도, 가난한 이들에게 관심을 두지 않는다는 건 가벼운 사안이 아니며 영혼의 나침반 즉 마음에 심각한 이상이 생겼음을 알려 주는 지표라고 가르치셨다. 그리곤 아주 독특한 처방을 내놓으셨다. "너희 바리새인은 지금 잔과 대접의 겉은 깨끗이 하나 너희 속에는 탐욕과 악독이 가득하도다. …… 그러나 그 안에 있는 것으로 구제하라. 그리하면 모든 것이 너희에게 깨끗하리라"(눅 11:39-41). 정신이 번쩍 들게 하는 비유가 아닌가! 성경학자 조엘 그린(Joel Green)은 이렇게 설명한다. "재물을 어디에 쓰는지 보면 마음의 주소를 알 수 있다."[6] 은혜로 깨끗하게 되는 역사와 가난한 이들을 향한 사랑은 동전의 양면과도 같다. 예수님의 신학 체계에서 그 둘은 늘 함께 붙어 다닌다.

예수님의 가르침 가운데서 이사야서 1장, 또는 58장과 직접

> 예수님도 가난한 이들에게 관심을 가지지 않는 것은 영혼의 나침반 즉 마음에 심각한 이상이 생겼음을 알려 주는 지표라고 가르치셨다.

적으로 연관 지을 수 있는 본문은 '양과 염소'의 비유로 유명한 마태복음 25장 31-46절이 아닐까 싶다. 여기서 예수님은 심판 날의 풍경을, 양과 염소를 가르는 목자의 기본 임무에 빗대어 설명하셨다. 특히 마지막 날이 이르면 주를 믿는다고 고백하는 이들 가운데 상당수가 내쫓기게 되리라고 가르치시면서, 진짜 그리스도의 양이라면 "형제 중에 지극히 작은 자"를 위하는 마음을 가지라고 가르치셨다. 주님은 굶주리는 이들, 나그네로 떠도는 이들, 헐벗은 이들, 감옥에 갇힌 이들을 '지극히 작은 자'로 규정하셨다(마 25:35-36). 평소처럼 '형제'라는 단어를 '크리스천'이란 의미로 사용하셨다고 전제한다면, 예수님은 지금 "그리스도의 참 제자들이라면 가난하고 피부색이 다르고 힘이 없는 이들을 끌어안고 그 필요를 헌신적으로 그리고 실질적으로 채워 주는 새로운 공동체를 만들게 마련"이라고 가르치시는 것이다.[7]

예수님은 제자들에게 구체적인 행동 강령을 제시하셨다. 굶주린 이들에게는 음식과 마실 것을 주라고 하셨다. 한마디로 말하자면 긴급 구호를 명령하신 것이다. 하지만 '나그네들', 즉 이주민과 난민들에게는 음식물 이상의 도움이 필요하다. 주님은 '영접'하라고 가르치신다. 보호시설로 보내는 데 그치지 말고 제자들의 집에 기꺼이 맞아들여서 더불어 살라는 뜻이다. 여기에는 일자리를 주선하고, 교제를 나누며, 사회의 일원으로 새로운 삶을 가꿔 가는 데 필요한 기본적 자원을 제공하는 노력들이 포함된다. '헐벗은' 이들은 요즘으로 치자면 노숙인과 아주 비슷한 개념이다. 더 이상 가난해질 수 없을 만큼 빈한한 계층이다. 주님은 제자들에게 헐벗은 이들한테 옷을 입혀 주라고 하셨다. 병자들을 보살펴 주라고 하셨다. 여기에는 관리와 감독을 의미하는 '에피스코포스'(episkopos)라는 헬라어가 쓰였다. 결국 몸이 아프거나 질병을 앓는 환자들은 완쾌될 때까지 종합적으로 돌보아 주라고 명령하신 것이다. 마지막으로 감옥에 있는 이들을 '찾아 주라'고 말씀하셨는데, 이는 위로하고 격려하라는 뜻이다.

생각해 보면 놀라우리만치 포괄적인 일들이다. 하지만 그것이 바로 예수님이 참 제자들에게 세우라고 지시하신 공동체다. 크리스천은 서로를 위해 집과 지갑을 열어야 한다. 말할 수 없이 빈궁한 이들이나 낯모르는 외국인이라도 가정과 공동체에 받아들여서 재정적인 도움과 의료 지원, 숙소와 일거리, 뜨거운 사랑과 격려, 그리고 우정을 베풀어야 한다.

그런데 양과 염소의 비유에는 그보다 더 기막힌 진리가 숨어 있다. 주님은 가난한 이들에게 이렇게 도움의 손길을 내미는 게 구원의 조건이라고 말씀하시지 않는다. 이미 영생을 얻었으며 구원에 이르게 하는 참된 믿음을 지녔다는 증표라고 가르치신다.[8]

어떻게 그걸 알 수 있는가? 주님은 "너희가 여기 내 형제 중에 지극히 작은 자 하나에게 한 것이 곧 내게 한 것"이라고 양들에게 말씀하신다. 반면 염소들에게는 "지극히 작은 자 하나에게 하지 아니한 것이 곧 내게 하지 아니한 것"이라고 하신다. 결국 가난한 이들을 대하는 자세는 그리스도를 향한 마음가짐을 고스란히 드러내 보인다는 얘기다. 예수님은 이렇게 말씀하신다. "네가 마음과 삶을 열어 가난한 이들을 받아들인다면 네가 내게 마음과 삶을 활짝 여는 줄 알겠다. 그러나 궁핍한 사람들에게 문을 닫아건다면 나를 향해 벽을 쌓는 걸로 알겠다." 그리스도를 사랑한다면 연약하고 곤궁한 이들에게 냉담한 마음을 품을 수가 없다. 왜 그럴까? 정확한 답은 제5장에서 이야기하는 게 좋겠다. 여기서는 그냥 기억만 하고 지나가자. 하나님의 은혜에 진정 감격하는 크리스천은 가난한 이들을 돕는 데 열심을 낼 수밖에 없다.

: 온전한 옷감

흔히 산상수훈이라고 부르는 예수님의 유명한 설교는 마태복음과 누가복음 두 책에 모두 기록되어 있다. 그로부터 장구한 세월이 흘렀지만, 성경을 읽는 독자들은 하나같이 그 윤리 규범에 담긴 고상한 아름다움을 금방 알아본다. 하지만 예수님이 개인적 도덕률이라는 씨줄과 사회적 정의라는 날줄을 어떻게 엮어서 온전한 원단을 직조하셨는지에 관해서는 쉬 감지하지 못하고 지나치기 일쑤다. 주님의 설교에는, 마음속에서 일어나는 성적인 욕망과 간음, 이혼 등을 금지하는 대목과 가난한 이들에게 베풀고(마 6:1-4) 혹사에 가까운 노동이나 물질주의에 빠지지 않도록 삼가라는 명령(마 6:19-24)이 공존한다.

서구 사회에서는 이러한 관심사들이 사람들 사이를 갈라놓는 경우가 많다. 미국을 대표하는 양대 정당 역시 상호 배타적인 두 갈래 관심사 가운데 어느 한 쪽에 토대를 두고 있다. 보수 진영은 개인 윤리를 으뜸으로 생각하며 특히 전통적인 성도덕과 밤낮없이 열심히 일하는 자세의 중요성에 강세를 두는 한편, 인종차별이나 사회적 불평등 따위의 이슈에 대해 진보 진영이 너무 민감하게 반응한다고 믿는다. 반면에 진보 진영은 사회정의를 소중하게 여기며 보수 쪽에서 떠받드는 윤리니 도덕이니 하는 게 대부분 가식덩어리여서 정신적으로도 해롭다고 주장한다. 물론, 양측은 서로를 독선적이며 잘난 체한다고 비난한다.

성경이 가르치는 '온전한 옷감' 사상을 제대로 구현해 내지 못하는 건 정당만이 아니다. 미국의 교회들은, 예수님과 선지자들의 사상보다 주변 정치 문화의 지배를 받는 경우가 허다하다. 보수적인 교회들은 몇 가지 죄에 온 신경을 곤두세우는 반면, 진보적인 교회들은 또 다른 허물에 집중한다. 구약의 선지자들이 그랬던 것처럼, 예수님 또한 윤리를 두 분야로 쪼개 생각하지 않으셨다. 아모스서 2장 7절은 "힘없는 자의 머리를 티끌 먼지 속에 발로 밟고 연약한 자의 길을 굽게 하며 아버지와 아들이 한 젊은 여인에게 다녀서" 하나님의 거룩한 이름을 더럽힌다고 고발한다. 선지자는 사회적 불의와 성적인 부도덕을 사실상 한 두름으로 엮어서 정죄한다(이사야서 5장 8절과 비교해 보라). 모든 정치 현안도 이처럼 통렬한 비판에서 예외일 수 없다. 성경은 성적인 부도덕과 물질적인 이기심을, 하나님 아닌 자기 위주의 마음가짐에서 흘러나온 두 갈래 흐름으로 본다.

홍콩에서 복음전도자로 활동하는 레이몬드 펑(Raymond Fung)은 섬유 공장에서 일하는 직조공에게 복음을 전하고 교회로 초청했던 경험을 들려준다. 예배에 참석하려면 하루 품삯을 포기해야 했지만 그 직원은 손해를 감수했다. 예배가 끝나고 점심을 먹는 자리에서 직조공이 말했다.

"설교가 감동적이었어요."

그날 말씀은 죄에 관한 것이었다

"게으름, 거칠고 급한 성격, 싸구려 대중문화에 빠져 사는 생활 태도까지 전부 내 얘기더군요."

펑은 침을 꿀꺽 삼키며 흥분을 가라앉히려 애썼다. '과연 복음의 메시지가 정확하게 전달되었을까?' 직조공은 갑자기 태도를 바꿔 실망감을 토로하기 시작했다.

"그런데 우리 사장님에 관해선 일언반구 없더라고요."

그러고는 설교자가 거론했던 죄악들을 일일이 열거한 뒤에 다시 말을 이었다.

"하지만 아이들을 고용해서 일을 시키고, 법으로 보장된 휴가를 주지 않고, 가짜 상표를 붙이게 하고, 야근을 하도록 강요하는 따위의 잘못은 전혀 지적하지 않았어요."

평은 할 말이 없었다. 직조공이 다니는 회사의 경영진 가운데 몇몇이 교인이어서 함께 예배를 드렸는데, 그런 잘못에 관해서는 일절 언급하지 않았던 게 사실이었다. 그 공원은 스스로 죄인임을 인정하면서도 메시지를 마음으로 받아들이지 않았다. 반쪽짜리 설교라는 생각이 들었기 때문이다. 하비 콘은 이 이야기를 자신의 책에 소개하면서 이렇게 덧붙였다. "한편의 잘못을 지적하면서 억압적인 죄악들을 간과하는 복음 전도는 인류의 절대다수를 차지하는 가난한 농부들과 노동자들의 마음을 움직일 수 없을 것이다."[9]

: 공의와 자비를 베푼 초대교회

초대교회는 공의와 자비를 베풀라는 예수님의 부르심에 확실하게 반응했다. 사도 바울은 가난한 이들을 돌보는 사역을 너무도 중요하게 여긴 나머지 에베소교회를 떠나는 마지막 순간까지 당부를 잊지 않았다. 고별 메시지를 전하면서 바울은 그 의무를 다시 강조한다. "이렇게 힘써 일해서 약한 사람을 도와주는 것이 마땅합니다. 그리고 주 예수께서 친히 '주는 것이 받는 것보다 더 복이 있다' 하신 말씀을 반드시 명심해야 합니다"(행 20:35, 새번역). 누구든 마지막 말을 하는 순간에는 일생일대의 중대사를 언급하게 마련이다. 바울에게는 "설교만 하지 말고 가난한 이들을 도와주라"는 부탁이 바로 그것이었다.

교회를 구약시대 이스라엘 같은 신정국가로 여길 수는 없었지만, 신약성경 기자들은 모세율법에 담긴 공의와 자비의 정신을 인식하고 다양한 방식으로 교회 공동체에 적용하려고 애썼다. 모세율법 조항들 가운데 상당 부분은, 나날이 커지는 부자와 가난한 이들 사이의 간격을 메우는 걸 목표로 삼고 있다. '희년'에 관한 규정(레 25장)부터 출애굽기 16장의 만나를 거두는 규칙에 이르기까지, 줄기차게 '균등'의 폭을 확장한다는 원칙을 고수했다. 바울은 마케도니아의 굶주리는 교인들을 위해 연보해 주기를 고린도교회에 요청하면서 출애굽기 16장 18절을 인용했다. "이제 너희의 넉넉한 것으로 그들의 부족한 것을 보충함은 후에 그들의 넉넉한 것으로 너희의 부족한 것을 보충하여 균등하게 하려 함이라"(고후 8:14).

신약성경 야고보서에는 저만을 위해 재물을 쓰는 이들을 더할 나위 없이 준엄하게 나무라는 대목이 곳곳에 등장한다. 야고보 사도는 부자들을 향해 말한다. "들으라, 부한 자들아! …… 너희가 말세에 재물을 쌓았도다. 보라, 너희 밭에서 추수한 품꾼에게 주지 아니한 삯이 소리 지르며 그 추수한 자의 우는 소리가 만군의 주의 귀에 들렸느니라. 너희가 땅에서 사치하고 방종하여 살육의 날에 너희 마음을 살찌게 하였도다. 너희는 의인을 정죄하고 죽였으나 그는 너희에게 대항하지 아니하였느니라"(약 5:1-6). 이런 경고의 뿌리는 이사야와 예레미야, 아모스에게까지 닿아 있다.

: 진정한 코이노니아

사도행전은 초대교회 성도들이 더불어 살아갔던 방식을 선명하게 보여 준다. 가장 먼저 그 실마리를 찾을 수 있는 본문은 사도행전 2장 42-47절이다. 사도행전 2장 28절에서 성령을 선물로 받은 크리스천들은 '코이노니아'(koinonia)라는 열매를 맺었다. 이 단어는 누구에게나 익숙한 헬라어로 흔히 '교제'로 해석되는데, 사실 그 실상은 44-45절에 구체적으로 드러나 있다. "믿는 사람은 모두 함께 지내면서 모든 것을 공동으로 소유하고, 재산과 소유물을 팔아서 모든 사람에게 필요한 대로 나누어 가졌다"(새번역). 사도행전 2장 41절로 미루어 볼 때 당시 처음으로 회심한 이들이 무려 3천 명에 이르렀으므로, 위 본문은 이들이 공동체를 구성하고 숙소를 나눠 썼다는 의미로 이해하는 게 타당할 것이다. 좀 더 나아가 사도행전 4장을 보면, 크리스천들이 값어치 있는 재산이라고 할 만한 것들을 더 자주, 더 많이 내다 팔아서 현금을 바쳤으며 사도들은 그 돈을 가난한 공동체 구성원들에게 고루 분배했음을 알 수 있다(행 4:34-37). 그처럼 한량없이 너그럽게 베풀었던 까닭에 무리 가운데서는 곤궁한 이들을 찾아볼 수 없었다.

> 그 중에 가난한 사람이 없으니 이는 밭과 집 있는 자는 팔아 그 판 것의 값을 가져다가 사도들의 발 앞에 두매 그들이 각 사람의 필요를 따라 나누어 줌이라(행 4:34-35).[10]

보기보다 훨씬 의미심장한 구절이다. 구약성경이 말하는 정의를 다룰 때 핵심 본문으로 삼았던 신명기 15장 말씀을 기억하는가? 하나님은 거룩한 백성이 스스로 본분을 지켜서 주님의 뜻을 좇으면 영구적인 빈곤이 공동체 안에서 사라질 것이라고 선언하셨다. "너희 중에 가난한 자가 없으리라"(신 15:5). 이 구절은 구약성경에 기록된 사회정의 규정의 정점으로, 약자들을 향한 하나님의 사랑과 빈곤한 형편을 헤아려 반드시 제거하고 싶어하시는 열정을 단적으로 보여 준다. 그런데 놀랍게도 사도행전 4장 34절은 신명기 15장 4-5절을 동원하고 있다. "성령님이 역사하시는 공동체의 초기 모습을 그리면서 누가는 신명기 15장 4-5절 말씀을 거의 원문 그대로 끌어다 설명하기로 작정했다."[11] 신명기에서 하나님은 가난한 이들이 스스로 일어설 수 있을 때까지 손을 활짝 펴서 필요한 만큼 채워 주라고 말씀하신다. 신약성경도 크리스천들에게 똑같은 메시지를 전한다(요일 3:16-17, 신 15:7-8과 비교해 보라).

▶ 하나님은 거룩한 백성이 스스로 본분을 지켜서 주님의 뜻을 좇으면 영구적인 빈곤이 공동체 안에서 사라질 것이라고 선언하셨다. ◀

사도행전은 초대교회 구성원들이 사랑과 공의를 실천하기 위해 얼마나 노력했는지 상세하게 알려 준다. 구약시대에 특별한 신분을 가진 관리들(제사장과 레위인)이 있어서 가난한 이들을 도왔던 것처럼, 신약시대에도 똑같은 일을 전문적으로 맡은 담당자들이 있었다. 예루살렘 교회에는 '매일 디아코니아'(diakonia)라는 사역이 있었다. 온전히 교회의 지원에 기대어 생활하는 가난한 미망인들에게 날마다 음식을 비롯한 생필품들을 나눠 주는 일이었다. 사역은 날이 갈수록 점점 성장해서 마침내 장로들이 직접 관리할 수 없을 만큼 크고 복잡해졌다. 그 일을 전담해서 이끌어 갈 새로운 그룹이 필요해진 것이다. 훗날 사도 바울은 그런 이들을 일컬어 '집사들'(deacons)이라고 했다(빌 1:1; 딤전 3:8-13). 이제 신약성경에서 헬라어 '디아코니아'는 '실질적인 어려움을 겪고 있는 이들을 돕는 겸손한 섬김'을 의미하게 되었으며, 집사들의 사역은 초대교회 공동체에서 중요한 영역으로 자리매김하기에 이르렀다.

이렇게 해서 크리스천은 교회 공동체에 분명하게 소속된 형제자매들의 물질적인 어려움을 돌봐 주게 되었다. 그렇다면 가난한 이웃, 곧 궁핍한 처지에 빠진 세상 사람들까지 반드시 보살펴야 하는 것일까? 구약시대의 사회적인 법률들이 주로 신앙 공동체 구성원들의 어려움을 헤아리는 데 초점을 맞추고 있는 건 사실이다. 신약시대에 펼쳐졌던 구제 활동들 역시 남편을 잃고 홀로 된 여성들을 지원하는(행 6:1-7; 딤전 5:3-16) 등 가난한 크리스천들을 챙기는 데 집중되어 있었다. 양과 염소의 비유에서 예수님은 '형제 중에 지극히 작은 자'에게 베푼 도움을 시금석으로 사용하셨는데, 이는 '가난한 신자들'을 가리킬 공산이 크다. 크리스천이 책임져야 할 일차적인 대상은 가족과 친척들이고(딤전 5:8) 그 다음은 신앙 공동체의 다른 구성원들(갈 6:10)이다.

그러나 성경은, 크리스천이 사랑으로 실질적인 필요를 채워 주고 너그럽게 공의를 베풀 대상이 같은 신앙을 가진 이들에 국한되지 않음을 분명하게 보여 준다. 갈라디아서 6장 10절에 드러나는 균형감은 놀라울 정도다. 바울은 여기서 "그러므로 우리는 기회 있는 대로 모든 이에게 착한 일을 하되 더욱 믿음의 가정들에게 할지니라"고 권면한다. '모든 이'를 돕는 건 선택 사항이 아니라 반드시 따라야 할 명령이다. 이것은 신약에서만 얻을 수 있는 가르침이 아니다. 이주민은 히브리 선지자들이 보호했던 4대 취약 계층에 속한다. 이스라엘 백성 가운데 거주하는 외국인들이 개종한 신앙인일 수도 있겠지만, 나그네들에게 잠자리를 제공하고 법적 권리를 보장해 주라는 하나님의 명령은 언약 속에 들어왔는지 여부와 상관없이 반드시 지켜야 할 대원칙이었다. 이것만 봐도 이스라엘의 공의와 긍휼이 신앙 공동체 내부로 한정되지 않는다는 걸 확실히 알 수 있다.

> 은혜로 깨끗하게 되는 역사와 가난한 이들을 향한 사랑은 동전의 양면과도 같다. 예수님의 신학 체계에서 그 둘은 늘 함께 붙어 다닌다.

하지만 이웃을 사랑한다는 게 무얼 의미하는지 알려 주는 가장 강력하면서 익숙한 말씀은 선한 사마리아인의 비유(눅 10:25-37)다. 얼마나 중요한 대목인지 제4장 전체를 할애해도 모자랄 정도다.[12]

Generous Justice

———

네 생각에는 이 세 사람 중에 누가 강도 만난 자의 이웃이 되겠느냐(눅 10:36).

4

당신의 이웃은 누구인가
: 왜 사마리아인을 위해 기도만 하고 있는가

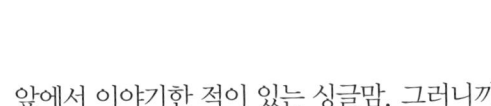

앞에서 이야기한 적이 있는 싱글맘, 그러니까 우리 교회 집사를 그토록 분개하게 만들었던 그 여성은 명실상부한 교회의 이웃이었다. 심지어 세 들어 사는 조그만 집마저 예배당에서 불과 몇 발짝 떨어지지 않은 곳에 있었다. 그녀의 행실을 누구보다도 못마땅하게 여겼던 그 집사조차도 도움을 주어야 할 것만 같은 일종의 책임감을 느꼈다.

어째서일까? 하나님을 믿고 그 뜻을 좇는 사람이라면 반드시 이웃을 사랑해야 한다는 게 성경의 중요 주제 가운데 하나이기 때문이다. 이웃을 사랑하라는 메시지는 모세율법(레 19:18)뿐만 아니라 신약성경에도 거듭 등장한다(마 5:43; 마 19:13; 롬 13:9; 갈 5:14; 약 2:8). 하지만 크리스천이 이웃들과 어떤 관계를 맺어야 하는지 가장 명확하게 알려 주는 본문은 아마 선한 사마리아인

의 비유일 것이다.[1]

: 누가 우리의 이웃인가?

누가복음 10장 25절은 율법에 정통한 전문가가 청중들 앞에서 그리스도께 질문을 던지는 장면을 소개한다. 누가는, 예수님을 시험해서 함정에 빠트리려는 속셈이었다고 기록했다. 어쩌면 그 율법교사는 바리새인이나 다른 종교 지도자들이 그랬듯이, 삶의 현장에서 율법을 열심히 지킬 줄 모르는 불경스러운 무리가 예수님 주변에 잔뜩 몰려드는 걸 진즉부터 유심히 지켜봤을지도 모른다. 혹시 이런 생각을 했던 건 아닐까? '하나님의 율법을 지켜야 한다는 철칙을 존중하는 기미가 없는 걸 보니 거짓 선생이 틀림없어!' 어쨌든 율법교사는 주께 물었다.

"선생님, 내가 무엇을 해야 영생을 얻겠습니까?"

속으로는 예수님의 입에서 '날 믿기만 하면 된다'는 식의 대답이나 하나님 말씀에 온전히 순종할 필요가 없다는 투의 이야기가 나오길 기대했을 것이다.

그러나 주님은 되물으셨다.

"율법에 무엇이라고 기록하였으며, 너는 그것을 어떻게 읽고 있느냐?"

거기에 답하는 길은, 일주일쯤 시간을 잡아서 모세율법의 모든 규정들을 죄다 암송하든가 아니면 간단히 요약해서 말씀드리든가 둘 중 하나뿐이다. 율법교사는 후자를 택했다. 온 마음과 힘과 뜻을 다해 하나님을 사랑하고 또 이웃을 제 몸처럼 사랑하라는 말씀이 성경 전체를 아우르는 도덕률이라는 건 삼척동자도 다 아는 사실이었다. 율법교사 역시 똑같은 답안을 내놓았다. 예수님은 기다렸다는 듯이 말씀하셨다.

"네 대답이 옳다. 그대로 행하여라. 그리하면 살 것이다."

그 두 가지 계명만 잘 지키면 영원한 생명을 얻을 수 있다고 확언하신 것이다.

절묘하고도 지혜로운 조처였다. 선한 일을 하고 도덕적인 노력을 기울이면 구원받을 자격을 갖게 된다는 도덕주의의 문제점은, 속속들이 위선적이라는 점이다. 도덕주의가 요구하는 기준에 충족되는 삶을 살기란 불가능하다. 바리새인들은 율법의 세부 규정을 준수하는 데 온 힘을 기울였다. 어느 날 예수님은 종교 지도자들에게 "너희가 박하와 회향과 근채의 십일조는 드리되"(마 23:23)라고 말씀하셨다. 모든 수입의 십일조를 바치라는 율법을 지키려고 안간힘 쓰는 걸 한마디로 표현하신 것이다. 이들은 요리에 쓰려고 들판에서 뜯어 온 향신료에서도 10퍼센트를 뗄 정도였다. 그렇게 철저하게 '준법'에 매달리면서 스스로 하나님께 용납받을 만한 인간으로 자부했다.

이 장면에서 주님은 종교 지도자들이 자부하던 그 영역을 가지고 상대를 제압하셨다. 예수님의 메시지를 요즘 말로 옮기자면 이쯤 될 것이다.

"율법의 시시콜콜한 세부조항까지 철저하게 따르는 식의 의로운 인생을 정말 진지하게 검토해 본 적이 있느냐? 하나님은 너희가 어떤 삶을 살기를 진심으로 원하신다고 생각하느냐? 삶의 전 영역에서 순간순간 뜻과 정성을 다해 그분을 사랑하느냐? 자신에게 요긴한 일을 할 때처럼 기꺼이 온 힘을 쏟아 가난한 이웃의 필요를 세심하게 채워 주고 있느냐? 그게 바로 하나님과 인간들 앞에서 너희가 살아야 할 인생이다. 창조주께서는 너희들의 생명을 일분일초까지 다 지으시고 이끌어 가신다. 주님이 모든 걸 주셨으니 그분께 모든 걸 드리는 게 공평하지 않겠느냐? 그처럼 삶을 통째로 드린다면, 영원한 삶을 누릴 자격을 확실히 갖출 것이다."

물론, 불가능하리만치 높은 기준인데 거기에 핵심이 있다. 율법이 요구하는 완전한 의로움의 실체를 율법교사에게 드러내셔서 궁극적으로는 그것을 철두철미하게 준수할 능력이 없음을 깨닫게 하셨다. 다시 말해서, 상대방이 전공으로 삼고 있는 율법을 사용해 죄에 물든 인간에게는 제 힘으로 구원에 이를 능력이 없다는 사실을 명쾌하게 선포하신 것이다. 결과적으로 예수님은 이렇게 말씀하신 셈이다.

"여보게, 나는 그대 이상으로 율법을 진지하게 받아들이고 있다네. 율법이 명령하는 걸 다 지켜 살 수 있다면 자네는 생명을 얻을 수 있을 걸세."

▶ 이웃이라면 사회적인 지위나 생활 수준이 비슷한 이들을 먼저 떠올린다. 하지만 예수님은 그런 사고방식을 용납하지 않으신다. ◀

율법교사가 겸비해지기를 주님은 원하셨다. 어째서일까? 하나님이 그의 율법에서 요구하시는 사랑을 우리가 진실로 깨달을 때, 예수님을 통해 값없이 구원을 베푸시는 복음 안에서 하나님이 주시는 사랑을 기꺼이 받을 수 있다. 사실상 예수님은 하나님의 은혜를 추구하도록 상대방을 자극하고 계신 것이다.

그리스도의 말씀을 들으면서 율법교사는 마음이 흔들렸다. 본문에 따르면 그는 "자기를 옳게 보이고 싶어"(눅 10:29) 했다. 물론, 주님은 그의 중심을 진즉에 간파하셨다. 하지만 첫 타격만으로는 제 힘으로 의로워지려는 생각을 완전히 단념시킬 수 없었다. 그는 예수님 말씀의 무게를 감지하기는 했지만 고집을 꺾지 않고 또 다른 구실을 찾았다. 그래서 되받아쳤다.

"그러면 내 이웃이 누구니이까?"

속내가 빤히 들여다보이는 질문이다. 지금 "아하, 그렇군요. 이웃을 사랑해야 한다는 건 알겠어요. 하지만 누구한테 뭘 어떻게 해야 한다는 얘기죠?"라고 묻고 있다. 율법교사는 예수님의 명령을 축소해서 쉽게 도달할 수 있는 목표로 만들고, 선행을 거듭하면 의로워질 수 있다는 인생관을 고수하고 싶었던 것이다.

"설마, 세상 모든 이들을 사랑하고 필요한 부분을 채워 주라는 뜻은 아니시겠죠?"

: 그냥 '모든 이들'이 우리의 이웃이다

예수님은 그 대답으로 선한 사마리아인의 이야기를 들려주신다. 어느 유대인이 멀리 떨어진 지방으로 내려가게 됐다. 하루는 산길을 지나다가 강도를 만나 심하게 얻어맞고 '거의 죽은 채로'(눅 10:30) 길가에 버려졌다. 처음에는 제사장이, 두번째로는 성직자들을 도와 성전 업무를 맡아보는 레위인이 곁을 지나쳤다. 둘 다 가던 길을 멈추고 도움을 주어야 마땅했다. 유대인이라면 신앙의 형제가 아닌가! 하지만 제사장과 레위인은 하나같이 "피하여 지나갔다." 아마도, 강도가 들끓는 외진 곳에서 미적거리며 시간을 지체하는 위험을 감수하고 싶지 않았을 것이다.

얼마쯤 시간이 흐른 뒤, 이번에는 사마리아인 하나가 같은 길을 지나게 됐다. 유대인과 사마리아인은 철천지원수지간이었다. 유대인들에게 사마리아인은 인종적으로 '잡종'이고 신앙적으로

'이단'이었다. 두 민족 사이의 반감은 이만저만 큰 게 아니었다. 그럼에도 불구하고, 길가에 아무렇게나 쓰러져 있는 유대인을 본 사마리아인은 불쌍한 마음을 주체할 수 없었다. 당장 멈춰 서서 응급처치를 한 다음 여관으로 데려갔다. 그리곤 주인에게 환자가 완전히 회복할 때까지 보살펴 주길 부탁하며 비용까지 치렀다. 모르긴 해도 적잖은 돈을 내놓았을 것이다.

예수님은 선한 사마리아인의 비유를 통해 무슨 말씀을 하고 계시는가? 이웃을 사랑한다는 건 무슨 의미인가? '사랑'이란 무얼 말하는가? 주님은 이런 질문들에 기막힌 대답을 내놓으셨다. 곤경에 빠진 상대의 물질적, 신체적, 경제적 필요를 온몸으로 채워 준 이의 이야기를 들려주심으로써 그 물음에 답하신 것이다. 그분이 보시기에, 물질적이고 경제적인 어려움을 덜어 주는 행동은 선택의 문제가 아니었다. 그래서 사랑하라는 명령의 참뜻을 제한하려 드는 율법교사의 입을 막으셨다. 그리고 사랑이란, 사마리아인이 목숨을 걸고 발길을 돌렸던 것처럼 연약한 이들의 삶에 희생적으로 개입하는 것이라고 설명하셨다.

예수님은 사랑하는 방법뿐만 아니라 사랑의 대상에도 제한을 두지 못하게 하신다. 흔히들 '이웃'이라면 사회적인 지위나 생활 수준이 비슷한 이들을 먼저 떠올린다(눅 14:12). 현대인은 본능적으로 영향을 주고받을 수 있는 이들로 대상을 한정짓는다. 이모

저모 비슷해서 좋아할 만한 사람들을 이웃으로 여긴다는 말이다. 하지만 주님은 그런 사고방식을 용납지 않으신다. 그리스도는 유대인을 돕는 사마리아인을 비유의 주인공으로 내세우셨다. 누가 됐든(인종, 정치적인 색깔, 계급, 종교와 상관없이) 곤궁한 처지에 빠진 이들이 바로 이웃이라는 메시지를 전달하기에 그만큼 강력하고 효과적인 방법은 없었을 것이다. '믿음 안에서 형제자매가 된 모든 사람들'이 아니라 그냥 '모든 이들'이 우리의 이웃이다.

: 조나단 에드워즈가 말하는 이웃 사랑

오랜 기간에 걸쳐 여러 차례 이 비유를 가지고 설교했는데, 늘 수많은 질문과 반대 의견이 쏟아져 나왔다. 십중팔구는 율법교사의 입에서 나왔음직한 얘기들이었다. 거기에 답하려 할 때마다 조나단 에드워즈(1729년부터 1751년까지 매사추세츠 주 노샘프턴에서 사역했던 회중교회 목사)의 말과 글이 큰 도움이 되었다. 긴 세월이 흘렀음에도 불구하고, 그가 받았던 질문과 거침없이 내놓았던 답변들은 요즘 상황들과 놀라우리만치 맞아떨어진다.

에드워즈는 당시 사역하는 지역의 빈곤 상태와 사회 계층화가 나날이 심각해져 가고 있음을 감지했다.[2] 여기에는 사회 경제학적인 원인이 있었다. 1730년대에 접어들자 쓸 만한 땅들은 대부분 임자가 정해졌고, 새로 밀려드는 이주민들이나 갓 가정을 이룬 청장년층은 경제적인 발판을 구축하기가 몹시 힘들어졌다. 채권자와 채무자, 토박이와 뜨내기, 노년층과 청년층의 반목이 하루하루 커져 갔다. 하지만 에드워즈는 영적인 문제들도 부유층과 빈민층 사이의 긴장을 부추기는 요인 가운데 하나라고 보았다. 그래서 1733년에 '가난한 이들에게 자비를 베풀어야 하는 의무'(The Duty of Charity to the Poor)라는 설교를 하기에 이른다.[3] 여기에는 '이웃'이란 단어가 무려 예순 번이나 등장하는데, 사상 유례가 없을 만큼 철저하게 선한 사마리아인의 비유를 크리스천 공동체에 적용하고 있다.[4] 에드워즈가 가난한 이들에게 돈과 물품을 나눠 주는 사랑의 실천을 거론할 때마다 일련의 반론들이 있었고, 이에 답변하는 내용이 메시지의 핵심을 이룬다. 이의를 제기하는 이들의 한결같은 목표는 이웃을 사랑하라는 성경의 명령에 일종의 제한을 두려는 것이었다.

더러는 "가난하기는 하지만 죽을 정도는 아니다(극빈층은 아니라는 의미)"라며 이의를 제기했다. 우리 교회 교인들 가운데도 이웃 사랑을 설교할 때마다 비슷한 반응을 보이는 이들이 있었다.

"돈이 똑 떨어졌다고 아우성을 치는 양반들도 집에 가 보면 근사한 텔레비전 한 때씩은 꼭 갖추고 삽디다. 아직 살 만하다는 얘기죠."

에드워즈는 그처럼 냉담한 마음은 '네 이웃을 네 몸처럼' 사랑하라는 성경의 명령에 부합되지 않는 태도라고 지적한다. 자기 문제라면 '벼랑 끝에' 이르기 훨씬 전부터 어떻게든 손을 쓰려고 하면서, 왜 이웃에게는 굶어죽을 지경이 돼야 도움을 주려고 하느냐는 것이다.[5] 뿐만 아니라 한 걸음 더 나아가서, 그런 소리를 하기에 앞서 자고로 크리스천이란 예수님이 우리를 사랑하신 것처럼 남들을 사랑해야 할 의무를 가진 존재임을 기억해야 한다고 못 박아 말한다. "크리스천의 심령은 어려운 처지에 몰린 이웃을 보는 순간 긍휼히 여기는 마음이 샘솟아야 한다 …… 그렇게 사랑하는 영혼을 품고 상대의 고통에 뛰어들어 똑같은 아픔을 체감해야 한다."[6]

▶ 자기 문제라면 '벼랑 끝에' 이르기 훨씬 전부터 어떻게든 손을 쓰려고 하면서, 왜 이웃에게는 굶어죽을 지경이 돼야 도움을 주려고 하느냐 _조나단 에드워즈◀

그리스도는 문자 그대로 인간의 입장이 되어 인류의 고난에 동참하셨다. 옴짝달싹 못할 만큼 궁핍해지기 전까지는 도움의 손길을 내밀지 않겠다는 주장은, 긍휼히 여길 줄 아는 수준까지 변화되지(복음서는 반드시 그래야 한다고 가르친다) 못했음을 고스란히 드러낼 따름이다.

반면에 "나누고 자시고 할 여력이 없다"며 반대하는 이들도 있다. 자기네 식구 먹고살기도 **빠듯**하다는 것이다. 하지만 진정한 사랑에는 모험과 희생이 따른다는 사실 역시 선한 사마리아인의 비유가 주는 중요한 교훈이다. 에드워즈는 "누굴 도울 힘이 없다"는 말은 "내 삶의 한 귀퉁이를 잘라 내는 부담을 지면서까지 누군가를 도와줄 자신이 없다"는 뜻이기 십상이라고 꼬집는다. 하지만 바로 그게 성경이 말하는 사랑의 조건이라는 것이다.

> 괴로움을 감수할 수밖에 없는 상황에서도 복음이 그렇게 가르치기 때문에 어쩔 수 없이 남들에게 베풀어야 하는 경우가 허다하다. …… 이웃의 어려움과 필요가 이편보다 훨씬 큰 데다가 거기서 빠져나오고자 하는 의지마저 박약해 보인다 하더라도 기꺼이 그들과 더불어 고난을 받으며 짐을 나누어 져야 한다. 그러지 않고서야 서로 짐을 지라는 명령에 순종할 수 있겠는가? 남이 진 무거운 짐에 대한 의무감 없이, 괴로움을 겪지 않고 감당할 만할 때만 나누려 한다면 어떻게 되겠는가? 아무런 부담을 지지 않고 이웃의 아픔을 공유하는 게 가능하겠는가?[7]

그밖에도 에드워즈가 자주 부딪혀야 했던 두 가지 반대 의견이 있다. 가난한 이들은 성질이 나빠서 '고마워할 줄' 모른다거나 '제 잘못으로' 궁핍해진 걸 어쩌겠느냐는 따위의 얘기이다. 둘 다 어려운 이들을 도우려 할 때마다 어김없이 나오는 소리다. 교회

곁에 사는 싱글맘에게 더 이상 도움을 주지 말자던 집사들의 논리 역시 이 두 가지 견해를 바닥에 깔고 있었다. 다들 마음이 유순하고 올바른 이들, 어리석지도 않고 스스로 잘못된 짓을 하지 않았는데 어쩌다 보니 형편이 어려워진 이들, 그리고 손을 내밀면 감사하고 기뻐하며 덥석 맞잡을 줄 아는 이들에게 도움을 주고 싶어 한다. 하지만 그런 경우는 거의 없다. 제2장에서 살펴본 바와 같이, 빈곤의 요인은 복잡하며 복합적이다. 에드워즈는 가난한 이들에 대한 지원이 정말 보탬이 되어야 하며 그들이 의존적이 되지 않도록 하는 게 중요하다는 점을 인정하면서도, 한편으로는 복음서의 메시지들을 무기로 그 두 가지 반대 논리를 간단히 제압했다.

우선, 빈곤층의 절대다수는 올바르고 도덕적인 품성을 갖추지 못했다는 주장에는, 그건 누구나 마찬가지이고 그리스도는 가리지 않고 보살펴 주신다고 맞섰다.

> 인간은 혐오스럽고, 속속들이 죄에 물든 기질을 가졌으며, 은혜를 입기에 가당찮은 존재이다. 그럼에도 불구하고 그리스도는 사랑을 거두지 않으시고 따뜻하게 맞아 주셨으며 기꺼이 구원해 주셨다. …… 그러므로 그럴 자격이 무한정 모자라 보이는 상대에게도 서슴없이 친절을 베풀어야 한다.[8]

에드워즈는 너그러움을 잃지 않고 절묘하게 균형을 지키면서, '어렵게 사는 이들은 다 그럴 만해서 가난해진 것'이라는 주장에 답한다. 먼저, '천성적으로 이재(理財)에 밝지 못할' 수도 있음을 지적한다. 다시 말해서 매사에 신중하지만 유독 돈이나 재물에 관해서는 번번이 그릇된 결정

▶ 지독한 나태와 방탕에 절어서 벗어나고자 하는 의지조차 없는 것, 그것이 이웃을 돕는 의무를 포기하는 핑계로 삼아서는 안 된다. 주님이 똑같은 상태에 빠진 우리를 찾아온 것을 기억하라. ◀

을 내리는 이들이 있다는 뜻이다. 에드워즈는 재물을 관리하는 재주가 부족한 건 태어나면서부터 앞을 보지 못하는 경우와 거의 비슷한 차원에서 생각해야 한다고 말한다.

> 그러한 능력은 하나님이 누구에게나 허락하시는 게 아니라 특정한 인물들에게 베푸시는 선물이다. 따라서 혼자만의 소유로 독점해서는 안 된다. …… 하나님의 섭리로 시력을 갖게 된 사람은 그러지 못한 이들을 자발적으로 도와야 하며, 제 몫의 시각을 갖지 못한 이들은 앞을 보는 이들이 누리는 혜택을 나눠 가질 권리가 있다.[9]

하지만 경제적인 곤경의 원인이 이기적이고, 게으르며, 폭력적인 행동의 결과들과 직접 연관되어 있다면 어떻게 해야 할까? 18세기의 언어로 표현하자면, "지독한 나태와 방탕에 절어

서 벗어나고자 하는 의지조차 없다면" 어찌할 것인가? 에드워즈는 "여전히 악행에 머무르지 않는 한, 그것을 이웃 돕는 의무를 포기하는 핑계로 삼아서는 안 된다"고 말한다. 이유는 간단하다. 그리스도도 똑같은 상태에 빠진 인간을 찾아오셨다는 것이다. 우리는 죄에 빠져 영적인 파탄에 이르렀지만 주님은 친히 다가오셔서 필요한 걸 공급해 주셨다.

> 복음의 원리는 용서하라고 가르친다. 그리스도가 몸소 인간을 사랑하시고 불쌍히 여기셨으며, 어리석고 사악한 우리가 자초한 가난과 비참한 상황에서 건져 내시기 위해 온 힘을 다하셨기 때문이다. 어리석고 마음이 비뚤어진 우리는, 평생 원 없이 누리고 영원토록 즐기며 살도록 주님이 허락하신 그 풍성함을 내팽개쳐 버렸다.[10]

예리한 독자라면 이쯤에서 허술한 구석을 찾아냈을지 모른다. 에드워즈는 상대가 여전히 사악한 마음을 버리려 들지 않고 똑같은 행동을 고집한다면 더 이상 도움을 주지 않아도 괜찮다고 한다. 그러면서 결정적인 한 방을 날린다. 그럼 나머지 식구들은 어떻게 하겠느냐는 것이다. 부모가 무책임하게 행동한다 할지라도 자녀들을 감안해서 그 가정을 꾸준히 뒷받침해야 한다고 종종 강조했다.

"한사코 가던 길에서 돌이키지 않으려 한다손 치더라도 ……
얼마쯤 상대의 뜻을 맞춰 주지 않고는 가족들마저 건져 낼 수 없
다면, 그 때문에 자비가 흘러가는 길을 끊어서는 안 된다."[11]

나는 에드워즈의 논리로 집사들을 설득해서 싱글맘을 계속
돕게 했다. 얼마쯤 시간이 흐르자, 그녀가 교회에서 제공한 돈으
로 번듯한 식당에 다니고 새로운 자전거를 사주는 데 허비했던 까
닭이 선명하게 드러났다. 그녀는 아이들에게까지 가난한 삶을 대
물림했다는 사실에 이루 말할 수 없는 죄의식을 느꼈던 것이다.

"아빠 없이 엄마 밑에서 자라는 아이들이 얼마나 힘들었겠어
요. 온 동네 친구들이 다 가지고 있는 것들을 저는 하나도 사주
지 못했어요."

교회에서 지원해 준 돈이 수중에 들어오자, 엄마는 자식들을
레스토랑에 데려가고 새 자전거를 사 주고 싶은 마음을 억누를
수가 없었다. 그렇게 해 주면, 정상적인 가정에서 살고 있다는
느낌을 줄 수 있을 것만 같았기 때문이다.

형편을 헤아리고 보기 시작하자 여인의 반응을 충분히 이해
할 수 있었을 뿐더러 다들 큰 감동을 받았다. 그 엄마의 행동이
이기적이기만 했던 건 아니었다. 그렇지만 약속을 어긴 것 역
시 엄연한 사실이어서 그 결정이 얼마나 근시안적이었는지 조곤
조곤 짚어 주었다. 공과금이나 집세, 병원비 따위의 시급한 빚

을 먼저 해결했어야 했다. 다음에는 기술을 배워서 조건이 좋은 일자리를 구하는 게 시급했다. 아이들에게 더 나은 삶을 선사하려면, 우선 전략을 짠 다음 하나하나 성취해 가는 훈련이 필요했다. 교회에서는 일정 기간 성실하게 일하는 모습을 보여 준다면, 장기적인 계획을 세울 수 있도록 돕자는 쪽으로 의견을 모았다. 하지만 집사들의 눈에 새로운 문제가 포착됐다. 아이들도 보살펴 주어야 할 부분이 많았다. 엄마를 향한 사랑을 지켜 주면서 존경하는 마음이 더 깊어지도록 이끌어 줄 형님이나 누나, 또는 교사 겸 멘토가 절실했다. 한마디로 그 가정에는 재정 지원 이상의 도움이 필요했던 것이다.

그 엄마는 집사들과 함께 노력해 보겠다고 했다. 그렇게 얼마쯤 세월이 흐르자 그 집안 식구들의 삶이 차츰 나아지기 시작했다. 선한 사마리아인 비유의 원리를 철저하고 사려 깊게 적용했던 조나단 에드워즈의 가르침이 없었더라면 우리 교회는 소중한 기회를 날려 버렸을 것이다. 기껏해야 서로 바라보며 웅얼거리는 게 고작이었을지 모른다.

"이웃을 사랑하라고 하는데, 그 싱글맘 같은 이들까지 포함되는 건 아니겠죠? 그렇지 않아요?"

: '선한'을 넘어 '위대한' 사마리아인

예수님이 비유에 심어 두신 가장 큰 '반전'은 여기에 등장하는 유대인의 역할이다. 주님이 이 이야기를 유대인, 그 가운데서도 율법교사에게 들려주셨음을 잊지 말라. 혹시 이렇게 말씀하셨더라면 어땠을지 생각해 보라.

> 어떤 사마리아 사람이 심하게 두드려 맞고 거의 죽게 된 채로 길가에 버려졌다. 그런데 유대인 하나가 길을 가다가 그를 보고 측은한 마음이 들어서 잘 돌보아 주었다.

율법교사를 비롯한 유대인들은 어떤 반응을 보였겠는가? 십중팔구 펄쩍 뛰었을 것이다.

"얼토당토않은 얘기올시다! 자존심이 있는 유대인이라면 죽었다 깨나도 그런 짓은 하지 않았을 겁니다. 나로서는 선생께서 비현실적이고 터무니없는 걸 요구하고 계신다는 느낌을 지울 수가 없습니다."

하지만 예수님은 길에서 봉변당하는 희생자 역할을 유대인에게 맡기셨다. 다시 말해서, 청중들에게 스스로 폭력의 피해자가 되어 보기를 권하신 것이다. 사마리아인이 발길을 멈추고 도와주지 않으면 죽을 수밖에 없는 처지였더라면 어떤 심정이었을까? 꼼짝없이 길바닥에 뒹굴고 있는 신세라면 상대방이 어떻게 해 주길 기대하겠는가? 인종과 종교의 장벽을 넘어 그저 이웃이 되어 주길 간절히 바라지 않겠는가? 당연히 그럴 것이다. 주님은 말씀하고 계신다.

> 유일한 희망이 누군가, 평소에 내가 도움을 주기는커녕 못 잡아먹어서 안달을 하던 상대의 보살핌을 받는 길밖에 없다면 어떻겠느냐? 그동안 맺어 온 관계를 생각하면 당장 짓밟힌다 해도 할 말이 없는 분에게서, 값없이 베풀어 주시는 은혜를 입는 것 말고는 달리 도리가 없다면 어찌하겠느냐?

예수님은 "네 생각에는 이 세 사람 중에 누가 강도 만난 자의 이웃이 되겠느냐?"(눅 10:36)는 질문으로 말씀을 마치셨다. 율법교사로서는 길바닥에 쓰러져 뒹굴고 있을 때 외면할 줄 알았던 이로부터 '이웃 사랑'을 제의받았다면 이것저것 가릴 새 없이 덥석 받아들일 거라는 점에 동의할 수밖에 없었다. 주님은 짧게 한마디 덧붙이셨다.

"가서 너도 이와 같이 하라."

얘기가 다 끝났지만, 율법교사는 단 한마디도 토를 달지 못했다. 어려운 상황에 빠진 모든 이들이 '이웃'이라는 게 분명해졌다.

하지만 율법교사는 오늘을 사는 크리스천들과 달리 핵심을 한눈에 꿰뚫어 볼 수 있는 입장이 아니었다. 성경 말씀에 따르면 모름지기 인간이라면 누구나 길에서 죽어 가고 있는 존재다. 영적으로 보자면 '허물로 죽은'(엡 2:5) 자들이다. 그러나 그리스도는 친히 이 위험천만한 세상에 오셨으며 인간의 길을 따르셨다. 너나없이 원수 노릇을 했음에도 불구하고, 주님은 그 인간들이 고통당하는 걸 보고 마음 아파하셨다. 그리고 스스로 세상에 오셔서 구원을 베푸셨다(롬 5:10). 사마리아 사람처럼 그저 위험을 감수하는 데 그치지 않고 자신의 생명을 값으로 지불하셨다. 제 힘으로는 아무도 갚을 수 없는 엄청난 빚을 십자가에서 단번에 청산하셨다. 예수님은 선한 사마리아인에 투사된 위대한 사마리아인이시다.

이웃 사랑을 베풀기 전에 우선 그 사랑을 받아야 한다. 내내 적대시했던 분을 통해 은혜로 구원받았다는 사실을 뼛속 깊이 깨달아야, 세상에 나가 상대를 가리지 않고 곤경에 처한 이들을 돕게 된다. 일단, 예수님이 부어 주시는 한없이 높고 깊은 이웃 사랑을 실감하면 성경이 가르치는 대로 누군가의 이웃이 되는 삶을 시작할 수 있다.

part two
사랑과 정의는 입 맞출 수 있는가

Generous Justice

만일 형제나 자매가 헐벗고 일용할 양식이 없는데 너희 중에 누구든지 그에게 이르되 평안히 가라, 덥게 하라, 배부르게 하라 하며 그 몸에 쓸 것을 주지 아니하면 무슨 유익이 있으리요. 이와 같이 행함이 없는 믿음은 그 자체가 죽은 것이라(약 2:15-17).

5

사랑과 정의가 입 맞출 때, 관대한 정의가 이루어진다
: 은혜 받은 사람만이 정의를 이룰 수 있다

1989년, 우리 가족은 맨해튼으로 이사해서 리디머 장로교회를 개척했다. 가장 세속적인 공간에 새로 문을 연 교회였던지라, 문을 두드리는 교인들 가운데 대다수는 신앙 배경이 전무하다시피 했다.

: 정의를 행하는 데는 동기가 필요하다

부유층에 속하는 한 여성은 새로 신앙을 갖게 되면서 인종과 계급에 관해 그동안 새카맣게 모르고 지냈던 여러 가지 사실들을 깨달아 갔다. 특히, 예전에는 사회적으로 비슷한 계층의 인사들과 공유하는 게 많았는데, 이제는 가난한 크리스천들과 공통으로 지닌 게 더 많아졌음을 실감한다고 고백했다. 그녀가 가만히 보니, 살림이 넉넉지 않은데도 하나님을 깊이 사랑하는 교인들이 수두룩했다. 자신보다 훨씬 지혜롭다는 생각이 들 때도 한두 번이 아니었다. 지난날 궁핍한 이들을 향해 품었던 일종의 우월감이나 온정주의적 동정심이 언제부터인지 서서히 사라지기 시작했다.

그녀에게 무슨 일이 벌어진 것일까? 예수님이 전하신 복음을 통해 은혜를 맛본 것이다. 그 경험이, 가난한 이들에게 베풀라는 윤리적 명령을 접하기도 전에 일찌감치 여인의 마음가짐과 동기를 바꿔 놓았다. 바로 그것이 제5장에 다루려는 가장 중요한 주제다.

오늘날 우리 사회의 문제는, 가진 걸 남들과 나누고 가난한 이들을 도와야 한다는 사실을 모르는 데서 비롯된 게 아니다. 이에 대해서는 재론의 여지가 없다. 대다수 현대인들은 그걸 잘 알고 있으며 군말 없이 동의한다. 정확하게 인식하고 있으면서도 실천하도록 동기를 부여하는 동력이 되지 못한다는 게 진짜 문제다. 그러므로 "어떻게 하면 사람들의 마음을 움직여서 끼니조차 제대로 챙기지 못하는 세상의 가난한 이들을 위해 마땅히 해야 할 일을 감당하게 만들 수 있을까?"라는 질문보다 더 중요한 이슈는 없다. 예일대 로스쿨 교수였던 아서 레프(Arthur Leff)는 이렇게 썼다.

세상을 두루 돌아보며 인류가 모두 형제라고 가정할 때, 지배적인 모델로는 아무래도 가인과 아벨을 꼽아야 할 듯하다. 이성도, 사랑도, 심지어 테러도 인간을 '선하게' 만들지 못한다. 더 치명적인 문제는, 아무것도 그렇게 만들지 못하는 까닭을 도무지 알 수 없다는 점이다.[1]

레프 교수는 올바른 행동이 무언지 모르는 게 아니라 그런 일을 하게 만드는 강력한 동기가 부족하다는 데서 고장의 원인을 찾는다. 박사는 한 에세이에서 상대적인 세계에 살고 있는 현대인에게 좋고 싫고를 떠나 반드시 따라야 할 절대적 윤리 기준을 납득시키는 건 현실적으로 불가능하다고 단언한다. 그래서 인간을 정의롭고 너그럽게 만들기 위해 사랑이나 실천이성에 호소한다는 것이다. 예를 들어, "인권을 존중하고, 환경을 보호하고, 궁핍한 이들에게 아낌없이 나눠 주고, 인종 종교 국적이 다른 이들과 평화롭게 어울려 지내는 건 두말할 것도 없이 옳은 일이다. 다들 그 길을 좇는다면 세상은 한결 살기 좋은 곳이 될 것이다"라고 주장한다 치자. 레프 박사는 그래 봐야 아무런 일도 일어나지 않는다고 결론짓는다.

개인적으로는 정확한 지적이라고 생각한다. 사랑과 자비에 호소한들 이성을 들먹이는 것만큼이나 소용이 없을 것이다. 그렇다면 철학자 리처드 로티(Richard Rorty)의 분석은 들어맞지 않는 걸로 봐야 한다. '인권, 이성, 감상(Human Rights, Rationality, and Sentimentality)'이라는 글에서 로티는 "현대인들은 윤리적인 절대기준을 입에 담을 권리를 용납하지 않는 상대주의적 시대에 살고 있다"는 레프의 견해에 동의하면서, 과거에는 "어째서 혈연관계가 없는 낯선 사람, 구역질나는 습관을 가진 이를 돌봐야 하는가?"라는 질문을 받으면 "도덕적 의무니까"라고 대답할 수 있었다고 했다. 하지만 현대사회에서는 더 이상 그런 식의 답변이 통하지 않는다는 것이다. 누가 감히 보편적으로 적용되는 도덕적 의무가 존재한다고 말할 수 있겠는가? 로티는 이렇게 말한다.

> 도리어 "고향에서 멀리 떨어져서 낯선 이들과 부대끼며 산다고 생각해 봐. 그 여인의 처지가 딱 그렇기 때문이야"라든가, "자네 며느리가 될지도 모르는 까닭이시"라든가, 또는 "그 아가씨의 엄마가 알면 얼마나 서럽겠어?" 따위의 말로 시작되는 서글프고 감상적이면서도 긴 이야기가 더 나은 대답이 될 수 있다. 오랜 세월에 걸쳐 되풀이되고 다양하게 변형된 그런 스토리들은, 넉넉하고 안전하며 능력 있는 계층으로 하여금 힘없는(언뜻 도덕적 정체감, 즉 인간으로서 허용할 수 있는 편차의 한계를 시험하는 것처럼 보이는 외모나 습관, 신앙을 가진) 이들을 용인하고 심지어 소중히 여기게 해 준다.[2]

레프의 입장에서는 동의할 수 없는 얘기인데, 거기엔 납득할 만한 이유가 있다. 남아프리카공화국의 아파르트헤이트나 미국 남부의 인종차별을 끝장낸 게 구슬프고 감상적인 이야기들이었는가, 아니면 대단히 직접적인 정치 행동이었는가? 서글프고 애잔한 사연이 보스니아계를 바라보는 세르비아 측의 시선을, 또는 그 반대의 시각을 바꿔 놓을 수 있는가?

성경은 공의를 행하는 데 필요한 도덕적 의무뿐만 아니라 그 원칙을 실천하도록 뒷받침하는 획기적이고 새로운 내면의 힘과 활력을 공급한다. 이제는 하나님의 말씀이 주는 소중하고도 막강한 자원들을 볼 능력을 갖게 된 것이다. 성경은 크리스천들에게 두 가지 기초적인 동기를 제공한다. 첫째는 하나님의 피조물에 담긴 선량함 앞에서 떨며 기뻐하는 것이고, 다른 하나는 대속의 역사 속에 나타난 주님의 은혜를 체험하는 일이다.

: 인간, 하나님의 형상대로 지음받은 피조물

공의를 행하는 성경적 동기를 찾아보기 위해서는 하나님의 말씀이 시작되는 시점, 즉 창조의 순간으로 돌아가 볼 필요가 있다. 창세기 기자는 "하나님이 자기 형상 곧 하나님의 형상대로 사람을 창조하시되"(창 1:27)라고 기록했다. '형상'이 된다는 건 무슨 뜻인가? 여기에는 예술가나 위대한 장인의 작품이 된다는 개념이 들어 있다. 인간은 '우연'의 산물이 아니라 '창조'의 소산이다. 창조를 믿지 않으면, 인간을 존엄성을 가진 존재로 대접할 만한 합리적인 이유가 전혀 없다는 결론에 도달한다. 대법관을 지낸 올리버 웬델 홈즈 주니어(Oliver Wendell Holmes, Jr.)는 어느 글에선가 이렇게 털어놓았다.

> 냉정하게 생각하면, 인간을 개코원숭이나 한 줌 흙과 본질적으로 다른 의미심장한 존재로 여길 이유를 도무지 찾지 못하겠다.[3]

반면에 C. S. 루이스는 그러한 사고방식을 성경적인 인간관, 즉 하나님 형상대로 창조되었으며 그분과 더불어 영원히 살도록 지음받았다는 시각과 비교하면서 다음과 같이 적었다.

> '평범한' 인간이란 없다. 여태 대화를 나누었던 이들 가운데 그렇고 그런 범부는 단 한 명도 없었다. 국가니, 문화니, 예술이니, 문명이니 하는 것들은 유한하며 인간에 비하면 그 생명이라는 것도 기껏해야 하루살이 목숨에 불과하다. 더불어 우스갯소리를 주고받고, 어울려 일하며, 결혼하고, 모욕하고, 이용했던 상대는 영원히 죽지 않는 존재들이다.[4]

'형상'이란 말은 또한 자식이 부모의 모습을 타고나듯 '닮았다는' 뜻이며, 거울이 대상을 비추듯 '보여 준다는' 의미기도 하다. 거울은 사물을 총체적으로 보여 주지는 못하지만 그 위에 비친 형상은 실체와 대단히 흡사하다. 하나님을 닮거나 비춰 보인다는 건 무슨 말인가? 아주 오랜 세월에 걸쳐 수많은 사상가들은 인간의 이성과 인성, 창의성을 들먹이고, 도덕성과 미적인 감각을 논했으며, 관계를 맺고 사랑을 주고받고자 하는 깊은 욕구와 그 능력을 거론했다. 그런데 하나하나 목록을 작성하지 않아서 그렇지, 하나님의 형상이 된다는 말에는 그 모든 개념이 다 들어 있다.

▸ C. S. 루이스는 "평범한' 인간이란 없다. 여태 대화를 나누었던 이들 가운데 그렇고 그런 범부는 단 한 명도 없었다"라고 말했다. 인간은 영원히 죽지 않는 소중한 존재들이다. ◂

인간에게는 어떤 식으로든 하나님의 거룩한 성품이 배어 있다고 성경은 가르친다. 그러므로 인생은 하나하나 다 신성하며 인간은 저마다 존엄성을 지녔다. 창조주의 형상대로 지음받는 순간, 측정할 수 없을 만큼 무한한 가치를 지닌 존재가 된 것이다. 창세기 9장 5-6절을 보면, 하나님이 살인을 극악무도한 범죄로 여기시는 까닭을 알 수 있다. "내가 반드시 너희의 피 곧 너희의 생명의 피를 찾으리니 …… 이는 하나님이 자기 형상대로 사람을 지으셨음이니라."

한편, 야고보서 기자는 아무 말이나 함부로 내뱉는 이들을 매섭게 책망했다(약 3:9). 살인에 비하면 훨씬 가벼운 잘못임에도 불구하고 일체의 언어폭력을 단호하게 금했다. 그런 짓은 곧 "하나님의 형상대로 지음을 받은 사람을 저주"하는 행위라는 이유에서였다. 하나님이 높은 가치를 부여하신, 더할 나위 없이 소중한 존재의 목숨을 빼앗는 건 물론 그 존재를 타당한 이유 없이 저주하는 것조차 용납하지 않았던 것이다.

성경의 가르침에 따르면, 인간이라면 누구에게나 이런 가치와 권리가 있다. 창세기와 야고보서가 한결같이 '의로운' 이들을 학대하는 행위를 무한정 제한하고 있음에 주목하라. 경력이나 성품에 상관없이, 모든 인간에게는 무엇으로도 깎아내릴 수 없는 영광과 의미가 내재되어 있다. 하나님은 진정으로 인류를 깊이 사랑하시며 '지으신 모든 피조물에게 긍휼을' 베푸시기 때문이다(시 145:9, 17). 심지어 주님은 등 돌리고 떠나간 이들까지 아끼신다(겔 33:11; 요 3:16).[5]

이러한 사실은 인간에게 가치를 부여한다. 니콜라스 월터스토프는 구체적인 예를 들어 그 원리를 설명한다. 미국 역사를 전혀 모르는 외국인이 마운트 버논(Mount Vernon, 조지 워싱턴의 옛 저택)**을 찾았다 치자. 국가가 평범한 주택을 기념물로 보존하며 엄청난 가치를 지닌 대상으로 여기는 걸 보고 어리둥절할 수도 있다. 지난날 버지니아 주의 농장주들이 소유했던 옛 저택이라면, 건축학적으로 훨씬 근사하고 멋진 건물들이 수두룩하지 않은가! 하지만 "여기는 미국의 기초를 놓은 조지 워싱턴의 집"이라고 이야기해 주면 모든 의문이 풀린다. 설명은 그것만으로 충분하다. 주택에 내재된 가치와 외적인 형질은 별개의 문제다. 소유주를 귀하게 여기기에 그 집을 높이 평가할 따름이다.[6] 임자가 소중히 여기던 주택인데 그 주인을 존경하다 보니 그 건물마저 귀중해진 것이다. 그러므로 한 사람 한 사람, 모든 인간을 고귀하게 대접하는 마음가짐이야말로 인류의 주인이신 창조주께 합당한 영광을 돌리는 길이기도 하다.

: 하나님의 형상과 시민권

이게 정말 중요하며 기막히게 훌륭한 개념이라는 걸 제대로 알고 있는지 모르겠다. 유명한 얘기지만, 아리스토텔레스는 노예가 될 운명을 가지고 태어난 이들이 있다고 했다. 왜 그렇게 생각했을까? 인간의 존엄성은 일정한 능력, 특히 이성적인 사고력에서 비롯된다는 게 그를 비롯한 그리스 철학자들의 생각이었기 때문이다. 그런 관점에서 보자면, 이성적인 인간은 존귀하며 존중받을 가치가 있지만, 인류 전체가 동일하게 이성적인 건 아니다. 아리스토텔레스는 이렇게 썼다.

> 이성적인 원칙을 이해하지만 그 원리를 소유하지 못한 인간은 태생적인 노예다. 반면에 저등동물은 이성적인 원칙을 납득조차 못하며 그저 본능을 좇을 뿐이다. 자연은 자유인과 노예의 신체를 구별하길 좋아해서, 한쪽은 노예 노동에 적합하도록 강인하게 하는 한편, 다른 쪽은 비록 그런 노역에는 쓸모없을지라도 전쟁과 평화를 다루는 정치적 삶에 유익하도록 고결하게 만든다. …… 명백한 사실은, 어떤 인간은 나면서부터 자유인이고 또 다른 한 무리는 태생적으로 노예라는 것이다. 후자에게는 노예 생활이 편안한 동시에 정당하다.[7]

아리스토텔레스의 이야기는 누구나 자연스럽게 갖게 되는 직관적인 인식을 반영하고 있다. 살아오면서 쌓은 인생 경험에 비추어 볼 때, 인간은 누구나 동등하며 똑같이 존엄하다는 얘길 믿을 수 있는가? 그렇지 않다. 인간의 마음에는 누군가에게 '야만인들'이란 딱지를 붙이고 싶어 하는 기질이 내장되어 있다. 요즘도 여전히 마찬가지지만, 특히 고대에는 고귀해서 존경을 받아 마땅한 부류가 있는가 하면, 전혀 그렇지 않은 쪽도 있다는 생각이 일종의 상식이었다.

하지만 "인간은 하나님의 형상대로 지음받은 존재"라는 교리는 그런 구분을 용납지 않는다. 리처드 웨인 윌스(Richard Wayne Wills)는 최근에 펴낸 「마틴 루터 킹 주니어 목사와 하나님의 형상」(*Martin Luther King, Jr., and the Image of God*)에서 바로 이 교리가 민권운동의 핵심이었다고 주장했다. '미국의 꿈'(The American Dream)이라는 설교를 하면서 킹 목사는 이렇게 말했다.

> 잘 아시겠지만, 우리나라의 토대를 놓은 선조들은 진실로 성경의 영향을 받은 이들이었습니다. '하나님의 형상'을 가리키는 라틴어 '이마고 데이'(imago dei)의 기본 개념은 모든 인간에게는 하나님이 주입해 주신 성질이 있다는 관념입니다. 하나님과 상당히 많은 공통점이 생긴다는 게 아니라 주님과 교제할 능력을 갖게 된다는 말입니다. 바로 그 능력이 인간을 독특하게 합니다. 인간을 가치 있게 합니다. 인간을 존엄하게 합니다. 하나님의 형상에는 색깔의 차이가 전혀 없습니다. 높은 소리를 내는 흰건반부터 낮은 소리를 내는 검은건반까지, 그분의 키보드에서는 모두 중요합니다. 인간은 하나같이 주님의 형상대로 지어졌기 때문입니다. 언젠가는 알게 될 겁니다. 하나님이 우리를, 형제처럼 어울려 지내고 저마다 지닌 위엄과 가치를 존중하며 살게 하셨다는 사실을 깨닫는 날이 반드시 올 것입니다. 비폭력적인 역량을 총동원해서 인종차별 정책과

싸워야 할 이유가 여기에 있습니다.⁸

하나님의 형상대로 지음받았다는 것은 공의가 흘러넘치는 삶을 살고, 궁핍한 이들을 섬기며, 형편이 어려운 이웃의 권리를 지키는 일을 하는 데 으뜸가는 동기다. 아울러 주님이 사랑으로 지으신 한 사람 한 사람 앞에서 겸손하게 만든다. C. S. 루이스는 이렇게 표현했다.

> 이웃의 영광을 위한 짐, 혹은 무게, 또는 부담을 날마다 짊어져야 한다. 이것은 너무 육중해서 겸손만이 져 나를 수 있으며 교만의 등을 부스러트린다. …… 시종일관 근엄해야 한다는 얘기가 아니다. 놀아야 한다. 하지만 우리의 신명은 처음부터 서로를 진지하게(경박하거나 거만하지 않고) 생각해 온 이들 사이에 존재하는 부류의 흥겨움이어야 한다(실은 그게 가장 신나는 유형이기도 하다). 아울러 자선은, 설령 죄인을 사랑할지라도 그 죄를 깊이 의식하며 희생을 감수하는 진실한 사랑(경박함이 흥겨움을 모방하듯 그저 사랑을 흉내 내는 인내나 관용이 아니라)이어야 한다.⁹

: 하나님이 주인이심을 인정하는 자세

창조의 교리는 또 다른 측면에서 크리스천들에게 동기를 부여해서 가난한 이들과 가진 걸 나누게 한다. 하나님이 창조주시며 역사의 주관자시라면 결국 인간이 가진 모든 게 주님의 소유라는 얘기가 된다.

창세기 1장에서, 하나님은 아담과 하와에게 온갖 피조물들을 '다스리는' 권한을 주셨다. 이것은 리더십 명령이자 청지기 명령이기도 하다. 주님은 두 사람에게 "손으로 만드신 것을

▶ 이웃의 영광을 위한 짐, 혹은 무게, 또는 부담을 날마다 짊어져야 한다. 이것은 너무 육중해서 겸손만이 져 나를 수 있으며 교만의 등을 부스러트린다. ◀

다스리게"(시 8:6) 하셨지만, "땅과 거기에 충만한 것과 세계와 그 가운데에 사는 자들은 다 여호와의 것"(시 24:1)이었다. 간단히 말해서, 하나님은 인간에게 세상 만물을 지배하는 권세를 주셨지만 소유권은 여전히 그분의 몫으로 남겨 두셨다. 고객의 돈을 받아 적절한 데 투자하는 펀드매니저라든지, 주인으로부터 책임을 넘겨받고 논밭을 관리하던 옛 마름과 비슷한 역할을 맡기신 것이다. 대갓집 청지기는 편안히 지내면서 노동의 열매를 만끽할 수 있었지만 언감생심, 관리하는 전답을 제 것으로 여길 수는 없었다. 어떻게든 재물을 잘 굴려서 주인을 기쁘게 하고 수하의 일꾼들을 공평하게 대하는 게 본연의 임무였다.

요즘 사람들에는 이런 개념이 잘 와 닿지 않을 수 있다. 성공하고 출세했다면 그건 본인이 열심히 노력한 덕이므로, 가진 돈을 원하는 데 마음껏 쓸 권리가 있다는 게 현대인의 보편적 의식이다. 하지만 성경은 부지런한 생활 태도가 성공과 실패를 가름하는 필수 요소라는 점을 인정하면서도(잠 6:9-11; 10:4) 그걸 핵심 요소로 꼽지는 않는다. 생각해 보라. 20세기 서방국가에서가 아니라 13세기 티베트고원 꼭대기에서 태어났다면 제아무리 열심히 일한다 해도 변변히 내놓을 게 없을 것이다. 돈이든, 권력이든, 지위든 지금 손에 쥔 것들은 십중팔구 출생 시기나 장소, 또는 천부적으로 받은 재주나 능력, 건강에 힘입었을 공산이 크다. 한마디로, 인간이 소유하는 모든 자원은 결국 하나님의 선물이라는 얘기다. 그래서 이스라엘을 통틀어 가장 부유했던 다윗은 이렇게 기도했다.

> 여호와여 위대하심과 권능과 영광과 승리와 위엄이 다 주께 속하였사오니 천지에 있는 것이 다 주의 것이로소이다. ……부와 귀가 주께로 말미암고 또 주는 만물의 주재가 되사 손에 권세와 능력이 있사오니 모든 사람을 크게 하심과 강하게 하심이 주의 손에 있나이다. …… 나와 내 백성이 무엇이기에 이처럼 즐거운 마음으로 드릴 힘이 있었나이까? 모든 것이 주께로 말미암았사오니 우리가 주

의 손에서 받은 것으로 주께 드렸을 뿐이니이다(대상 29:11-14).

모든 소유가 궁극적으로 하나님의 선물이라는 원리를 이해했기에 다윗은 무엇이든 제 몫으로 꼽지 않았다. 구약 학자 브루스 월키(Bruce Waltke)는 미쉬파트와 그 친척뻘인 짜데카(의로움)를 연구하고 나서 이런 결론을 내렸다.

> 의인(짜디크)은 개인적인 손실을 무릅쓰고 공동체의 유익을 추구하는 데 반해, 악인은 사사로운 이득을 위해 공동체에 손해를 입힌다.[10]

그러므로 정의로운 이들은 재물에 대해 자신을 둘러싼 인간 공동체 전체의 소유라고 보지만, 불의하고 부정한 이들은 동전 한 푼까지도 남이 아닌 제 것이라고 완고하게 고집한다. 스스로 애써서 벌었으니 소유할 자격이 있다는 것이다. 여태 살펴본 바와 같이, 그런 인생관은 모자라다 싶을 만큼 단순할 뿐만 아니라 성경 말씀과도 정면으로 충돌한다. 그런 뜻에서 신명기 24장은 이렇게 가르친다.

> 네가 밭에서 곡식을 벨 때에 그 한 뭇을 밭에 잊어버렸거든 다시

가서 가져오지 말고 나그네와 고아와 과부를 위하여 남겨 두라(신 24:19).

추수와 관련된 내용의 취지는 땅주인들에게 가난한 이들이 양식을 구할 수 있게 하라고 권면하는 데 있었다. 본문을 꼼꼼히 읽어 보면 지주의 수확물 가운데 일부는 이주민과 궁핍한 이들을 위한 것임을 알 수 있다. 하나님의 관점에서 보자면 아예 그들의 몫이었다.[11] 땅 자체가 빈민들의 재산이라는 뜻으로 오해하지 않도록 주의하라.

토지는 최종적으로는 하나님의 소유이며 지주들이 일시적으로 맡아 가지고 있는 자산이다. 하나님이 보시기에는, 가난한 이들에게 농부의 땅을 요구할 권리는 없었지만 적어도 거기서 난 생산물 중 얼마쯤을 가질 자격은 충분했다. 따라서 지주가 제 몫을 줄여 굶주리는 이웃들에게 밭에 나가 일해 먹고살 기회를 제공하지 않는다면, 그저 자비를 베풀 줄 모른다는 차원을 넘어 그들의 권리를 빼앗은 셈이 된다. 어째서 그럴까? 너그러운 마음이 부족하다는 건, 모든 재물이 인간이 아닌 하나님의 소유라는 사실을 외면하는 처사기 때문이다.

다른 예를 들어보자. 미국에만 하더라도 수백만 명에 이르는 어린이와 청소년들이 가난한 가정에서 성장하고 있다. 공부를 제대로 하지 못해 읽기와 쓰기조차 떼기 어려운 환경에서 생활하는 아이들이 수두룩하다. 십대 청소년이 된 뒤에도 문맹 상태를 벗어나지 못하기 일쑤인 탓에, 빈곤에서 헤어나지 못하거나 상태가 더 심각해진다. 범죄를 저지르고 감옥에 갇힌 죄수들 가운데 절대다수는 글을 읽지 못하는 걸로 추정된다. 이게 누구 탓일까?

보수 진영에서는 부모의 잘못이라고 주장할지 모른다. 도덕적인 품성을 기르지 못한 탓이라거나 가정이 무너진 까닭이라고 비난할 수도 있다. 반면에 진보 진영에서는 정부가 조직적인 인종차별을 뿌리 뽑지 못하고 잘못된 사회구조를 변화시키지 못했기 때문으로 본다. 하지만 어느 쪽에서도 아이들이 태어나 지금 살고 있는 곳을 문제 삼지 않는다. 그 어린 친구들은 일차적으로 우리 집 같은 가정에서 태어나지 못한 탓에 가난에 허덕이게 됐다. 단지 괜찮은 환경에서 삶을 시작했다는 이유만으로, 나의 세 아들은 사회에 나가 성공하고 행복하게 살 기회를 훨씬 많이 가졌다. 우리가 사는 세계에서 재화와 기회는 공평하게 배분되지 않는다. 그러므로 세상을 살아가면서 하나님으로부터 받은 재물을 다른 이들과 나누지 않는다면, 그건 '인색'이 아니라 '불의'다.

: 공의, 하나님의 은혜에 반응하는 행동 양식

공의를 행하는 핵심 동기로 창조 섭리만큼이나 자주 거론되는 것은 구속사역을 통해 하나님이 베풀어 주신 은혜다. 이건 신약시대에 시작된 얘기가 아니다. 신명기를 보면 모세가 백성에게 이렇게 말하는 장면이 나온다.

> 너희는 마음에 할례를 행하고 다시는 목을 곧게 하지 말라. 너희의 하나님 여호와는 신 가운데 신이시며 주 가운데 주시요 크고 능하시며 두려우신 하나님이시라. 사람을 외모로 보지 아니하시며 뇌물을 받지 아니하시고 고아와 과부를 위하여 정의를 행하시며 나그네를 사랑하여 그에게 떡과 옷을 주시나니 너희는 나그네를 사랑하라. 전에 너희도 애굽 땅에서 나그네 되었음이니라(신 10:16-19).

이집트에서 종살이하던 시절, 이스라엘 백성은 가난한 소수 민족 신세였다. 그랬던 이들이, 외부에서 흘러들어 와 궁핍하게 사는 인종적 아웃사이더들을 어떻게 냉랭하게 대할 수 있느냐고 모세는 묻고 있다. 하나님은 모세를 통해 말씀하셨다. "이스라엘 백성아, 너희를 해방시킨 건 바로 나다. 네 힘으로 성취한 게 아니라 내가 은혜를 베풀어 풀려나게 했다. 내가 너희들에게 한 것처럼 그들의 멍에를 깨트리고, 수갑을 풀어 주고, 먹이고 입히거라."[12]

본문에서 특히 흥미로운 대목은 "마음에 할례를 행하라"(16절)는 모세의 권면이다. 할례란 한 가정이 하나님과 언약 관계를 맺었다는 외적 표식이었다. 마음에 할례를 행한다는 것은, 하나님께 뜨겁게 헌신하려는 의지를 내면에 품는다는 뜻이다. 고아와 과부와 가난한 나그네들의 필요를 채워 준다는 건, 이스라엘 백성이 형식적이고 외면적으로뿐만 아니라 내면적으로도 하나님과 긴밀한 관계를 맺고 있음을 보여 주는 증표였다.

논리는 명쾌하다. 하나님의 은혜를 온 마음으로 절감한 이들은 공의를 행하게 마련이다. 정의롭게 살지 못한다면, 입술로는 그분의 은혜에 감사한다고 고백하지만 마음은 주님과 동떨어져 있는지도 모른다. 가난한 이들을 돌보지 않는 처사는, 좋게 얘기해야 스스로 얼마나 큰 은혜를 입었는지 모르고 있다는 뜻이며 최악의 경우에는 구원해 주시는 하나님의 사랑을 진심으로 깨닫지 못했다는 의미다. 은혜는 인간을 정의롭게 한다.

이사야서 58장 2절에서 그러한 사실을 뒷받침하는 또 다른 사례를 찾아볼 수 있다. 본문에서 하나님은 금식하는 이스라엘 백성에 주목하신다. 율법이 규정하는 금식일은 속죄일, 즉 욤 키푸르(Yom Kippur)뿐이다(레 23:26-32). 이스라엘 백성은 한 해 동안 줄곧 도덕적인 계율들을 성실히 지켜야 했다. 그러나 하나님은 누구도 그 조건을 흡족하게, 또는 충분히 만족시킬 수 없다는 사실을 잘 알고 계셨다. 죄는 인간과 하나님 사이를 가로막는다. 그래서 주님은 은혜로 대책을 세워 주셨다. 일 년에 한 차례, 대제사장으로 하여금 성막의 지성소에 들어가서 피의 제물을 바치고 백성의 죄를 대속하게 하신 것이다. 그런 점에서 속죄일은 하나님과 거룩한 백성이 맺은 관계의 토대가 은혜와 용서에 있음을 보여 주는 상징이었다. 금식이 욤 키푸르에 어울리는 행동 양식인 까닭이 거기에 있다. 즐거운 일, 그중에서도 음식 차려 먹는 걸 삼가는 행위를 통해 하나님 앞에서 겸비했다. 또한 욤 키푸르의 기본 정신, 즉 너나없이 은혜로 구원받은 죄인이라는 메시지를 마음으로 신뢰하고 있음을 표현했던 것이다.

▶ 이스라엘 백성은 겉으로는 은혜를 믿고 의지한다는 몸짓(금식)을 보였지만, 실제 삶에서는 눈곱만한 심령의 변화도 일어나지 않았음을 고스란히 드러냈다. ▶

그런데 하나님은 이스라엘 백성의 금식을 몹시 불쾌해하셨다.

> (너희들은 말한다) "우리가 금식하되 어찌하여 주께서 보지 아니하시오며 우리가 마음을 괴롭게 하되 어찌하여 주께서 알아주지 아니하시나이까?" 보라 너희가 금식하는 날에 오락을 구하며 온갖 일을 시키는도다. …… 이것이 어찌 내가 기뻐하는 금식이 되겠으

> 며 이것이 어찌 사람이 자기의 마음을 괴롭게 하는 날이 되겠느냐. 그의 머리를 갈대같이 숙이고 굵은 베와 재를 펴는 것을 어찌 금식이라 하겠으며 여호와께 열납될 날이라 하겠느냐(사 58:3-5).

하나님은 경제적으로 안락하게 생활하는 이들이 하루 이틀 음식을 끊고 견디면서, 다른 한편으로는 일꾼들 착취하는 짓을 스스로 삼가지 않는 걸 똑똑히 지켜보셨다. 이스라엘 백성은 겉으로는 은혜를 믿고 의지한다는 몸짓(금식)을 보였지만, 실제 삶에서는 눈곱만한 심령의 변화도 일어나지 않았음을 고스란히 드러냈다.

> 이것이 어찌 내가 기뻐하는 금식이 되겠으며 이것이 어찌 사람이 자기의 마음을 괴롭게 하는 날이 되겠느냐. …… 내가 기뻐하는 금식은 흉악의 결박을 풀어 주며 멍에의 줄을 끌러 주며 압제 당하는 자를 자유하게 하며 모든 멍에를 꺾는 것이 아니겠느냐. 또 주린 자에게 네 양식을 나누어 주며 유리하는 빈민을 집에 들이며 헐벗은 자를 보면 입히며 또 네 골육을 피하여 스스로 숨지 아니하는 것이 아니겠느냐(사 58:5-7).

금식은 변화의 기운이 삶의 전 영역에 속속들이 스며들었음을 보여 주는 상징이다. 따라서 은혜로 변화된 이들은 영원토록 금식을 하고 있는 셈이다. 방종과 물질주의를 내버리고 형편이 어려운 이들에게 아낌없이 베풀어야 한다. 이러한 희생적 삶으로 그 자리를 채워야 한다. 돈뿐만 아니라 정성을 쏟아야 한다(사 58:10).

영원한 금식은 구체적으로 무엇을 가리키는가? 불의에 맞서 싸우고, 허기진 노숙자들에게 음식과 옷, 잠자리를 주는 걸 말한다. 그런 행동이야말로 그리스도가 죄를 대속해 주셨음을 신뢰할 뿐만 아니라 그 사실 앞에서 겸비하여 하나님께 복종하는 삶을 살고 있으며, 새로운 인간으로 빚어지는 중임을 입증하는 생생한 증거다. 금식과 기도를 예식으로 알고 철저히 따르면서도 여전히 교만하고 건방진 시선으로 궁핍하고 궁지에 몰린 이들을 바라본다면, 겸손이 그 심령 구석구석까지 스며들지 못했음을 스스로 드러내는 꼴이다. 가난한 이웃을 깔보고 그 아픔을 쌀쌀맞게 외면한다면, 하나님의 은혜를 제대로 이해하거나 체험하지 못한 것이다.

여기서 예수님이 들려주신 탕자의 비유에 등장하는 맏이를 떠올리지 않을 수 없다. 첫째 아들처럼 주님을 고심하게 만드는 이들은, 하나같이 하나님이 제 마음처럼 움직여 주지 않는다고 불평하면서 늘 고분고분 거룩한 뜻에 순종해 온 자신들이야말로 칭찬과 지지를 받기에 합당하다고 자부한다.

하지만 사실 그건 겉으로 드러나는 형식적인 부분일 뿐이다. 속은 스스로 의롭다고 자부하는 독선으로 가득 차 있으며, 정말 주님을 섬기려는 게 아니라 그분을 제 뜻대로 좌지우지하려는 욕구에서 비롯된 순종일 따름이다. 하나님과 다른 사람들에게 자신을 '과시하는' 방편으로 열심히 종교의식을 따르는 것이다. 이렇게 심령이 사망 상태에 이르면, 사랑을 품고 이웃을 섬기는 마음 특히 가난한 이들을 따뜻하게 보살피려는 의지는 실종된다.

: 참된 믿음은 행위를 수반한다

신약의 논리는 구약과 다를까? 전혀 그렇지 않다. 믿음으로 의롭게 된다는 칭의의 교리는 사도바울의 글쓰기에 자주 등장하는 핵심 주제다. 다른 종교들은 마땅히 살아야 할 삶을 살면 절대자의 마음에 들어 축복받을 수 있다고 주장한다. 하지만 바울은 예수 그리스도를 통해 값없이 선물로 베풀어 주시는 하나님의 용서와 축복을 받았다면, 마땅히 살아야 할 삶을 살라고 가르친다.

종교개혁을 이끌었던 마틴 루터나 장 칼뱅 같은 개혁가들은 이 교리를 새롭게 찾아내서 선포했다. 인간은 죄에 빠져 하나님의 진노와 징계를 피할 수 없었지만, 예수 그리스도가 스스로 찾아오셔서 그 허물을 대신 지셨다. 마땅히 살아야 할 온전한 삶을 사셨으므로 완전한 인생에 합당한 구원의 은총을 누리셔야 했다. 그러나 결국 십자가에 달려 돌아가셨으며 불완전한 삶을 사는 우리가 감당해야 할 저주를 대신 받으셨다. 이제 회개하고 예수님을 믿으면, 주님은 우리 몫이었던 징계를 거두시고 은혜로 거듭나게 하시며 의롭게 살고 돌아가신 그리스도의 영광을 덧씌워 주신다. 마치 예수님이 행하셨던 그 위대한 일들이 우리의 공로라도 되는 것처럼 하나님의 사랑과 보살핌을 받게 된 것이다.[13] 마틴 루터는 갈라디아서 주석을 쓰면서 멋지고 대담한 필치로 이 진리를 설파했다.

> 바울이 '믿음으로 의롭게 된다'고 했던 의로움이 있다. 우리의 행실과 상관없이 하나님은 그 의로움을 우리에게 덧입히셨다 …… 도덕률에 비추어 볼 때 나는 본래부터 죄인임에 틀림없지만 …… 새로운 의로움에 힘입어 (이제) 내게는 죄도, 양심의 가책도, 사망의 공포도 없다. 하나님의 아들이신 그리스도가 주시는 또 다른 의로움, 삶 이상의 삶을 살게 된 것이다.[14]

그런데 야고보서를 읽노라면 언뜻 이런 견해와 충돌하는 것처럼 보이는 구절들과 마주친다. 바울은 "하나님의 은혜로 값없이 의롭다 하심을"(롬 3:24) 얻으며, "율법의 행위에 있지 않고 믿음으로 …… 일한 것이 없이 하나님께 의로 여기심을"(롬 3:28; 4:6) 받는다고 했다. 하지만 사도 야고보는 이렇게 말한다.

> 내 형제들아 만일 사람이 믿음이 있노라 하고 행함이 없으면 무슨 유익이 있으리요? 그 믿음이 능히 자기를 구원하겠느냐? …… 이와 같이 행함이 없는 믿음은 그 자체가 죽은 것이라(약 2:14, 17).

명명백백한 모순이다. 바울은 오직 믿음으로 죄인은 하나님과 관계를 회복할 수 있다고 주장하는 반면, 야고보는 참된 믿음에 반드시 따라오게 마련인 변화된 삶이야말로 구원에 이르게 하는 믿음을 소유했다는 결정적 증거라고 한다.[15] 바울과 야고보 사도의 가르침을 한데 묶는다면 이렇게 정리할 수 있을 것이다. "오직 믿음으로 구원을 받지만 그 이후에도 믿음만으로 충분한 건 아니다. 진정한 믿음은 늘 변화된 삶을 낳았다."

하지만 야고보 사도는 단순하게 참 믿음을 가지면 삶이 전반적으로 바뀔 것이라고 이야기하지 않는다. 죄에서 의롭게 하는 살아 있는 믿음에 수반되는 '행위'를 끊임없이 거론한다.

> 만일 형제나 자매가 헐벗고 일용할 양식이 없는데 너희 중에 누구든지 그에게 이르되 평안히 가라, 덥게 하라, 배부르게 하라 하며 그 몸에 쓸 것을 주지 아니하면 무슨 유익이 있으리요? 이와 같이 행함이 없는 믿음은 그 자체가 죽은 것이라(약 2:15-17).

야고보는 가진 게 없어서 쩔쩔매는 이를 보고도 아무런 조처를 취하지 않는다면 그 믿음은 '죽은 것'이라고 단정한다. 구원에 이르게 하는 믿음이 아니라는 것이다. 그렇다면 사도가 말하는 '행함'이란 무얼 말하는 것일까? 가난한 이들을 섬기는 데 아낌없이 쏟아 붓는 삶이야말로 진실하고 참되며, 복음적인 믿음에 반드시 뒤따르는 표적이라는 게 야고보의 설명이다. 은혜는 인간을 정의롭게 한다. 정의롭지 않다면 믿음으로 의롭다 하심을 받지 못한 게 아닌지 의심해 봐야 한다.

'칭의'란 당연히 받아야 할 벌을 하나님이 면제해 주셨다는 교리다. 그렇다면 칭의 교리와 그 체험이, 공의를 행하는 데 적극적으로 뛰어드는 결단과 이어지지 않는 까닭은 무엇일까?

: 하나님의 법이 세상에서 높임을 받게 하라

믿음으로 의롭게 되는 원리 외에 다른 길이 없는지 잠시 살펴

보자. 개중에는 하나님께 순종하려고 열심히 노력하면 구원받을 수 있다고 주장하는 이들도 있다. 하지만 그렇게 생각하는 건 하나님의 법을 지나치게 '낮은 기준'에서 판단하기 때문이다. 예수님은 마태복음 5장 21-22절에서 그 수준을 한없이 높여 놓으셨다. "옛 사람에게 말한 바 살인하지 말라 …… 하였다는 것을 너희가 들었으나 나는 너희에게 이르노니 형제에게 노하는 자마다 심판을 받게 되고 …… 미련한 놈이라 하는 자는 지옥 불에 들어가게 되리라." 하나님의 법이 요구하는 기준이 이처럼 높기에 오직 은혜로만 의롭게 될 수 있다. 어째서 도덕적인 노력만으로는 죽었다 깨나도 구원을 받을 수 없을까? 주님의 법은 한없이 광대하고, 의로우며, 부담이 커서 절대로 완전히 지킬 수가 없기 때문이다.

어떤 이들은 실제로 죄 때문에 하나님과 인간 사이가 멀어지지는 않았다고 믿는다. 그런 시각에서 본다면, 예수님이 십자가에 달려 돌아가신 사건은 그저 하나님이 인류를 얼마나 사랑하시는지 보여 주는 정도의 의미만 가질 뿐이다. 받아야 할 징계도 없고 감수해야 할 형벌도 없다. 가라앉혀야 할 '거룩한 진노'도 없다.

그러나 다시 말하거니와, 이 역시 하나님의 법을 지나치게 낮은 차원에서 바라보는 견해다. 예수님은 십자가를 지시고 인류가 율법에 진 빚을 대신 갚으셨다. 이것이 정통 기독교의 교리다. 하나님의 독생자조차 거룩한 법을 진지하게 받아들이셨다. 그래서 거기에 불순종한 죄를 무시해 버리지 않고 직접 오셔서 비참하게 죽는 길을 택하신 것이다. 그렇다면 우리 역시 그 법을 심각하게 의식해야 한다. 창조주가 세우신 법은 공평과 공의, 이웃 사랑을 요구한다. 오직 믿음으로 의롭게 된다는 칭의의 교리를 굳게 믿는 크리스천이라면 하나님의 법과 공의에 깊은 관심을 가질 수밖에 없다. 하나님의 정의가 세상에서 높이 존중받는 걸 보고 싶은 마음이 불처럼 타오를 것이다.

: 가난한 이들을 바라보는 새로운 자세

제5장 앞머리에서, 그리스도를 구주로 믿게 된 뒤 가난한 이들에 대한 우월의식을 말끔히 씻어 버린 어느 부유한 여성의 이야기를 했다. 여는 글에서는, 믿음으로 의롭게 된다는 진리를 깨닫고 눈이 열려서 은연중에 품고 있던 인종 편견을 인식하게 된 이슬리란 친구의 사연도 소개했다. 이게 모두 어떻게 된 일일까?

예수님은 "심령이 가난한 자는 복이 있나니"(마 5:3)라고 말씀하셨다. 하나님의 축복과 구원은 '영적으로 파산 상태임을 자각하는'[16] 이들에게 임하신다는 것에는 진즉부터 대다수 학자들이 의견을 같이하고 있다. 인간은 하나님께 속속들이 빚을 졌으며 스스로 청산할 엄두조차 낼 수 없음을 인식하는 건 대단히 중요하다. 창조주가 친히 엄청난 대가를 치르시면서 인류에게 값없이 베푸신 관용만이 구원에 이르는 유일한 통로다.

그런데 '심령이 가난하지 않다면' 어떻게 될까? 스스로 죄인이며 도덕적으로 파산 상태여서, 오직 거저 주시는 은혜 말고는 거기서 벗어날 가망이 전혀 없음을 인정하지 않는 이들도 얼마든지 있을 수 있다. 인류의 죄와 타락을 말하는 정통 기독교의 교리가 너무 혹독하다고 생각할지도 모른다. 도리어 주님이 무언가를 빚지고 있다고 믿는 이들도 있다. 기도하기가 무섭게 응답해 주고 착한 일을 할 때마다 거기에 상응하는 복을 주어야 할 의무가 하나님께 있다고 본다는 뜻이다. 성경에 나오는 용어는 아니지만, 그걸 '영적인 중산층'의 사고방식이라고 부르면 어떨까 싶다. 이런 의식을 가진 이들은 열심히 노력한 덕분에 하나님과의 관계에서 일정한 경지에 올랐다고 자부한다. 또 자신이 거둔 성공과 재산은 대부분 부지런히 열정적으로 일한 결과물이라고 확신한다.

그간의 목회 경험으로 미루어 볼 때, 영적인 중산층들은 궁핍한 처지에 몰린 이들에게 냉담한 편이다. 반면에 은혜의 복음을 정확히 받아들여서 영적으로 가난해진 크리스천들은, 물질적 어려움을 겪는 이웃들에게 저절로 마음이 끌리는 경향이 있다. 복음의 수중에서 다듬어진 정도에 따라 가난한 이들과 공감하는 폭이 달라진다. 누더기를 걸친 이를 보면서 '내 의로움이라는 것도 넝마처럼 허술하겠지? 하지만 그리스도께 붙어 있으면 의로움의 외투를 덧입혀 주신다'라고 생각하게 된다. 경제적으로 쪼들리는 이웃에게 "제 힘으로 일어서 보세요!"라고 말하지 못한다. 영적으로는 자신도 혼자 일어날 능력이 없기 때문이다. 예수님이 개입하시지 않았다면 그건 애당초 불가능한 일이었다. "댁이 잘못해서 난처한 처지가 됐으니 난 도와주고 싶지 않소!"라는 소리도 입에 담지 못한다. 우리 스스로의 실수로 영적인 곤경에 빠졌음에도 불구하고, 주님이 친히 세상에 오셔서 심령이 가난한 이들에게 찾아오셨고 도움의 손길을 내미셨기 때문이다. 한 마디로, 복음을 제대로 아는 크리스천은 가난한 이들을 볼 때마다 거울 앞에 선 느낌이 든다는 뜻이다. 우월감이나 쌀쌀함은 간데없이 사라지고 냉큼 마음을 주게 될 것이다.

사도 야고보는 교회에 편지하면서 가난한 크리스천에게 "자기의 처지가 높아짐을 자랑스럽게" 여기라고 권면하는 한편, 부유한 이들에게는 "낮아짐을 자랑스럽게 여기십시오. 부자는 풀의 꽃과 같이 사라질 것이기 때문입니다"(약 1:9-10, 새번역)라고 했다. 굉장한 역설이다. 크리스천은 누구나 죽어 마땅한 죄인인 동시에, 온전히 용서와 사랑을 받은 하나님의 양자들이다. 사회적 지위를 떠나서 크리스천이라면 누구나 마찬가지다. 그런데 야고보는 예수님을 믿는 부자들에게 큰 유익을 얻을 것이라고 한다. 특히 세상에서 늘 높임만 받다가 이제 하나님 앞에서 스스로 죄인임을 자각했으니 얼마나 축복이냐고 말한다. 반면에, 주님을 맞아들인 가난한 이들에게는 세상에서 하찮은 존재로 늘 무시만 당하다가 새로이 높은 영적 위상을 갖게 됐으니 또한 수지맞지 않았느냐고 한다.

사도 야고보는 편지 후반부에서, 가난한 이들에게 관심을 갖고 너그럽게 소유를 나누는 행동이야말로 은혜의 복음을 정확하게 이해했다는 결정적 증표라고 했다. 세상은 사회 계급으로 실질적인 정체성을 규정하려 한다. 사회적 지위와 통장 잔고가 그 사람을 대표하며 자존감의 토대를 이룬다. 하지만 복음 안에서 그것들은 지엽적인 요소들로 평가 절하된다. 최소한 점진적으로라도 성경이 가르치는 쪽으로 정체성이 변화되는 기미가 보이지 않으면, 복음의 진수를 제대로 파악했다는 증거가 없는 셈이다. 그래서 야고보는 가난한 이들을 존중하는 마음과 사랑, 실질적인 관심을 품지 않는 믿음은 죽은 믿음이라고 단언한 것이다. 그건 인간을 의롭게 하는 믿음, 복음적인 믿음이 아니다.

: 이신칭의가 죽은 교리라고? 천만의 말씀!

복음은 부유한 이들의 정체감을 변화시켜서 형편이 어려운 이들을 새로이 존중하고 사랑하게 만든다. 하지만 야고보 사도의 말에 따르면, 복음은 가난한 사람들의 자아상도 바꿔 놓는다. 크로아티아의 신학자 미로슬라프 볼프(Miroslav Volf)는 '가게 주인의 황금'(Shopkeeper's Gold)이라는 에세이에서 마크 고르닉 목사를 방문해 함께 샌드타운 거리를 산책했던 경험을 들려준다. 황폐해진 동네들을 보면서 볼프는 고국의 도시 부코바르(Vukovar)를 떠올렸다. 다른 점은 "전쟁이 아니라 인종 갈등과 범죄, 경제 파탄이 파괴자 노릇을 했다"[17]는 것이었다.

길을 걷던 고르닉은 '거의 지나가는 말투로' 속내를 털어놓았다. 그의 말을 듣고 있던 볼프는 화들짝 놀랐다. 낙후된 도심 빈민가의 우범 지역에 관해 설명하던 끝에 불쑥, 이곳에서의 치유 작업에 꼭 필요한 미개발 자원이 은혜로 의롭게 된다는 교리에 담겨 있다고 말했던 것이다. 볼프는 속으로 생각했다. '아, 제대로 알고 있구나!' 지난 수십 년 동안 샌드타운에 살며 사역해 온 고르닉은 한 집씩 서서히 변화가 일어나는 모습을 지속적으로 볼 수 있었던 것이다.

예일대에서 신학 교수로 일하면서 볼프는 수많은 교회들이 칭의의 교리를 완전히 포기해 버렸다는 사실에 큰 충격을 받았었다. "그들은 치유와 관련해서 '칭의'의 교리는 대체로 쓸모없거나 적어도 별 도움이 되지 않는, 심지어 빈곤에서 폭력으로 다시 절망으로 이어지는 순환 고리보다도 경미한 사회병리쯤으로 여겼다." 물론, 전통적인 신앙을 유지하며 치열하게 지켜 나가는 교회들도 있었다. 그러나 칭의의 교리를 고르닉처럼 적용한다는 얘기는 그 어디서도 들어본 적이 없었다. 볼프는 스스로 물었다. "어떻게 이 죽은 거리들이 죽은(듯 보이는) 교리에서 생명력을 공급받을 수 있다는 것일까?" 그리고 성찰에 성찰을 거듭한 끝에 문득 깨달았다.

> 빈곤과 폭력이 지배하는 세계에서, 일자리도 없고 돈도 없이 사회로부터 단절된 채 살고 있으며, 피부는 '부적절한' 색깔인데다가, 그 어느 것도 바뀔 가망성이 없다고 상상해 보라. 사방을 둘러봐도 '성취'라는 철칙이 지배하는 사회뿐이다. 그들이 만들어 낸 번쩍거리는 상품들이 텔레비전 화면을 통해 눈앞에 어른댄다. 세상은 오만 가지 방법을 동원해서 날이면 날마다 '아무것도 성취하지 못했으니 그대는 참으로 무능하다'고 속삭인다. '그대는 실패자다. 오늘 이루지 못한 걸 내일이라고 이뤄 낼 방도가 없으니 계속 낙오자 신세를 벗어날 수 없다.' 존엄성은 산산이 부서지고 영혼은 절망의 흑암에 갇혔다. 하지만 복음은, 겉으로 드러나는 권력으로 인간을

규정할 수 없다고 말한다. '그대는 그대일 뿐'이라고 한다. 그리고 한 발 더 나아가서, 무얼 성취했든 이루지 못했든 상관없이 무조건적이고 무한한 사랑을 받았다고 말한다. 이번에는 바로 그 복음이 선포되었을 뿐만 아니라 공동체에 구현되었다고 생각해 보라. 세상이 만고의 진리로 여기는 '성취'의 법칙에 따라 '불의'하다는 선고를 받은 이들이, 순전히 은혜로 의로워지기를 추구한다고 생각해 보라. 뿐만 아니라 그 공동체가 선포하고 구현해 내려는 메시지를, 정치 경제 제도를 포함하여 더 광범위한 문화 속에 주입하기로 작정한다고 생각해 보라. 이게 바로 은혜로 의로워지는 원리가 선포되고 실행되는 모습이다. 죽은 교리라고? 천만의 말씀이다.[18]

: "버튼을 누르세요!"

진실한 크리스천이 분명한데도 가난한 이들에게 깊은 관심을 보이지 않는 이들이 많다. 이걸 어떻게 설명해야 할까? 개인적으로는, 대다수 크리스천들이 궁핍한 이웃에게 관심을 가지고 있지만 마음속 깊은 곳에 잠들어 있어서 누군가 깨워 주길 기다린다고 믿고 싶다.

사실 주님의 가르침을 따르는 이들이 이 문제에 둔감해진 데는 나와 같은 목회자와 교회 지도자들의 책임이 크다. 일단, 세상과 똑같은 방법, 즉 죄책감을 자극하는 방식으로 사회의식을 불어넣으려 했던 게 실책이었다. 너무 많이 가졌다는 지적만 하고, 대다수 크리스천들이 가진 게 없는 이들과 소유를 나눠야 한다는 원칙을 이미 알고 있다는 점은 부각시키지 않았다. 그래서는 마음을 움직이지 못한다. 인간은

▶ 가난한 이들을 향한 정의를 죄책감이 아니라 은혜와 연결한다면, 크리스천들의 심령 깊이에 내장된 '단추를 누르고' 잠자던 감각을 일깨우는 사건이 될 것이다. ◀

지적받으면 자동적으로 방어하는 시스템을 갖추고 태어난다. 스스로 부유하다고 여기는 이는 거의 없다시피 하다. 부자들조차도 함께 살며 일하는 이들에 비해 형편이 더 낫다고 느끼지 않는다.

하지만 가난한 이들을 향한 정의를 죄책감이 아니라 은혜와 연결한다면, 크리스천들의 심령 깊이에 내장된 '단추를 누르고' 잠자던 감각을 일깨우는 사건이 될 것이다. 그런 논리로 접근해서 목표를 이룬 좋은 본보기가 있다. 다음은 19세기 초반에 활동했던 스코틀랜드의 어느 목회자가 선포한 '주는 것이 받는 것보다 복이 있다'(행 20:35)는 메시지의 한 대목이다.

사랑하는 성도들이여, 여러분은 참 포도나무의 가지가 되게 해 달라고 밤낮없이 기도합니다. 또한 모든 면에서 그리스도를 닮게 해 달라고 간구합니다. 그렇다면 베푸는 일에서도 주님을 닮아 가야

합니다. 주님은 '부요하신 이로서 너희를 위하여 가난하게' 되셨기 때문입니다.

우선, '내 돈은 내 것'이라며 반대할지도 모르겠습니다. 하지만 그리스도가 '내 피는 내 것이고 내 생명도 내 것'이라고 말씀하셨다면 우리가 어떻게 됐겠습니까?

둘째로, '가난한 이들은 도움을 받을 자격이 없다'고 말할 수도 있겠지요. 주님이 '내 목숨을 그처럼 사악한 반역자들을 위해 바칠 필요가 있을까? 차라리 착한 천사들에게 주는 편이 낫겠어'라고 판단하셨다면 어찌 됐을까요? 그분은 그러지 않으셨습니다. 양 아흔아홉 마리를 남겨두고 잃어버린 한 마리를 찾아 나서셨습니다. 가당찮은 인간을 위해 피를 흘리셨습니다.

셋째로, '고마운 줄 모르고 허투루 써버릴 거야'라고 생각할지도 모릅니다. 그리스도도 똑같이 말씀하실 수 있었습니다. 그편이 훨씬 사실에 가까웠으니까요. 주님은 허다한 사람들이 거룩한 보혈을 발로 짓뭉개고, 심하게 모욕하고, 그걸 핑계로 더 많은 죄를 지으리라는 사실을 잘 알고 계셨습니다. 하지만 그럼에도 불구하고 피를 내어 주셨습니다.

사랑하는 성도 여러분! 그리스도를 닮고 싶다면, 마음에 들지 않고

> 그리스도를 닮고 싶다면, 마음에 들지 않고 가난하고 감사할 줄 모르고 자격이 없는 사람들에게 많이 주십시오. 자주 주십시오. 거저 주십시오.

가난하고 감사할 줄 모르고 자격이 없는 이들에게 많이 주십시오. 자주 주십시오. 거저 주십시오. 그리스도는 영광과 기쁨을 얻으셨습니다. 여러분도 그럴 것입니다. 여러분이 큰돈을 버는 것보다 행복해지길 바랍니다. '주는 것이 받는 것보다 복이 있다'는 주님의 말씀을 잊지 마십시오.[19]

Generous Justice

내가 언제 가난한 자의 소원을 막았거나 과부의 눈으로 하여금 실망하게 하였던가. 나만 혼자 내 떡덩이를 먹고 고아에게 그 조각을 먹이지 아니하였던가. 실상은 내가 젊었을 때부터 고아 기르기를 그의 아비처럼 하였으며 내가 어렸을 때부터 과부를 인도하였노라. 만일 내가 사람이 의복이 없이 죽어 가는 것이나 가난한 자가 덮을 것이 없는 것을 못 본 체했다면, 만일 나의 양털로 그의 몸을 따뜻하게 입혀서 그의 허리가 나를 위하여 복을 빌게 하지 아니하였다면, 만일 나를 도와주는 자가 성문에 있음을 보고 내가 주먹을 들어 고아를 향해 휘둘렀다면 내 팔이 어깨뼈에서 떨어지고 내 팔 뼈가 그 자리에서 부스러지기를 바라노라(욥 31:16-22).

6

멍들어도 몸으로 살아 내라
: 공허한 말은 이제 그만!, 가난한 이들의 필요를 실제적으로 채우라

공의를 행하는 건 세상에서 크리스천으로 살아가는 데 있어서 대단히 중요한 부분이다. 개인적으로는 진즉에 그런 결론에 도달했다. 그리고 그 뒤로 줄곧, 어떻게 해야 현대사회에서 그 부르심에 구체적으로 응답할 수 있을지 고민해 왔다.

: 항상 정의에 주목하다

"내가 의를 옷으로 삼아 입었으며 나의 정의는 겉옷과 모자 같았느니라"(욥 29:14)는 욥의 고백은 마치 몸에 의복을 걸치듯 사회의식이 일상생활에 두루 스며들게 했다는 뜻이다.[1] 욥은 가난한 이들에게 재물과 음식을 나누었다. 앞을 보지 못하거나, 팔다리를 제대로 쓰지 못하거나, 남편을 잃고 홀로 어렵게 사는 여성

들을 보살폈다. 외지에서 들어온 이주민과 고아들을 법률적으로 지원하기도 했다.

이건 종합선물세트에 가깝다. 욥은 "의를 옷으로" 입었다고 했다. 늘 마음에 품고 실천할 길을 찾았다는 말이다. 시편 41편 1절은 "가난한 자를 보살피는 자에게 복이 있음이여"라고 노래한다. 여기서 '보살피다'로 번역된 히브리어는, 상대방에게 지속적인 관심을 가지고 지켜보다가 지혜롭고 성공적으로 행동에 옮기는 걸 의미하는 동사다. 하나님은 그분 백성이 형식적이고 기계적으로 돕는 게 아니라, 가난한 이들의 형편을 총체적으로 끌어올릴 방도를 오랫동안 열심히 탐색하기를 기대하신다.[2]

알고 지내는 크리스천 가운데, 자동차 영업소 지사를 운영하는 남성이 있다. 업계 관행에 따라, 고객들과 자동차 가격을 협상하는 권한을 세일즈맨들에게 위임하고 있었다. 그런데 딜러들을 대상으로 조사했더니, 남성들이 여성들보다 더 집요하게 협상을 벌이는 편이며 앵글로색슨계 백인들이 흑인들에 비해 자신의 뜻을 단호하게 밀어붙인다는 사실이 드러났다. 다시 말해서, 상대적으로 가난한 흑인 여성들은 더 넉넉하고 유복한 고객들보다 더 비싼 값에 자동차를 구입하고 있었다. 예전부터 내려온 뿌리 깊은 관행을 좇는 한, 돕고 보살펴야 할 계층 사람들을 오히려 이용하는 결과를 피할 수가 없었다. 물론, 그걸 '불법'이라고 규정할 수는 없다. '비도덕적'이라고 비난하는 이도 없을 것이다. 하지만 착취의 일종인 것만큼은 분명했다. 마침내 그는 CEO로서 결단을 내렸다. 회사의 정책을 바꿔서 정찰제를 실시한 것이다. 이제 가격표에 붙은 금액이 곧 거래 가격이 되었다. 세상 사람들이 다 이렇게 사는 건 아니다. 그러나 적어도 이 비즈니스맨은 가난한 이들을 '주의해서 보았으며', 공적인 삶과 사생활의 모든 영역에서 공의를 실현하기 위해 성실하게 노력했다.

"그래도 장사가 되겠느냐?"고 물었더니, 장기적으로 회사에 유익하기를 기대하지만 괄목할 만하거나 가시적인 수준은 아닐 거라고 했다. 한마디로 별 게 아니라는 말이다. 그럼에도 불구하고 경영 방침을 바꾼 까닭은 무엇일까? 이전의 낡은 관행은, 가진 게 없는 이들을 이용하는 제도였기 때문이다. 출애굽기 22장 22절은 "너는 과부나 고아를 해롭게 하지 말라"라고 말한다. 경영대학원에서 가르치는 윤리 과목들을 보면 기업가들과 직원들이 정직하고 정의롭게 비즈니스를 꾸려 가는 사례들을 무수히 가르친다. 하지만 동기에 관해서는 어떤 얘길 하는가? 전형적인 대답이 여기에 있다.

> 비윤리적인 방식으로 단기간의 유익을 거둘 수 있을지 몰라도 멀리 내다보면 결국 경제 기반을 약화시킨다.[3]

간단히 말해서, 윤리적으로 경영하면 장기적으로 자신과 기업 모두에 유익을 끼친다는 것이다. 성경은 "의인은 개인적인 손실을 무릅쓰고 공동체의 유익을 추구하는데 반해, 악인은 사사로운 이득을 위해 공동체에 손해를 입힌다"고 가르친다.[4] 그리스도의 가르침을 좇는 경영인이라면 공의를 행하기 위해서 영구적인 손실도 감수할 줄 알아야 한다.

정의를 실천하는 데는 한결같고 꾸준한 성찰과 세심한 주의가 반드시 필요하다. 크리스천으로서 성적으로 한눈팔지 않고 저속한 말을 쓰지 않으며 꼬박꼬박 주일예배에 참석할지라도, 삶의 구석구석에서 공의를 실현할 방도를 열심히 찾지 않는다면 정의롭고 바르게 생활하지 못하는 셈이다.[5]

: 약자들에게 줄 수 있는 도움의 단계

꼭 밖으로 나가야 공의를 행할 기회를 얻을 수 있는 건 아니다. 정의를 실천하려는 의지를 가진 교회와 크리스천들이라면 아주 가까운 데서도 가난한 가족과 이웃들을 만날 수 있다. 그런데 문제가 너무 거창해 보여서 무얼 어떻게 해야 좋을지 막막할 때가 많다. 어떻게 하면 도움의 길을 탐색할 엄두라도 낼까?

메리(Mary)는 나날이 분노와 중독의 늪 속으로 깊숙이 빨려

들어가고 있는 남편과 사는 여성이다. 빚은 눈덩이처럼 불어나서 도저히 갚을 수 없을 정도가 됐다. 직접 일을 해서 아이들을 먹여 살릴 힘도 잃어버린 지 오래다. 이렇다 할 기술도 없고, 개인신용 등급도 형편없고, 저금해 둔 돈도 없다. 친정 식구나 친척들은 멀리 떨어져 사는 데다가 다들 제 앞가림하기도 빠듯해서 재정적인 도움을 줄 형편이 아니다. 애당초 메리가 직장에 나가는 걸 극구 반대하던 남편은 결국 식구들도 완전히 나 몰라라 했다.

메리는 두렵고 떨리는 마음으로 리디머 장로교회의 문을 두드렸다. 경제적으로 취약하고 사회적 자본에 기대어 어려움을 딛고 일어서길 기대할 수도 없는 등, 여러 면에서 옛적 과부들과 비슷한 처지였다. 처음에는 남전도회와 여전도회 재정에서 기초 생활비를 지급했다. 그때부터 일자리를 찾고, 판사와 변호사들을 만나고, 적절한 아파트를 얻는 등 재정적으로 안정을 찾아가는 길고도 지루한 과정에 줄곧 함께해 주었다. 인격적인 위기 상황을 잘 극복하도록 상담을 주선했을 뿐만 아니라 사랑과 우정을 나누었다. 그 어떤 도움 못지않게 중요한 요소들이었다.[6]

메리의 경우는, 사회경제적 약자들에게 원조, 개발, 사회 개혁을 아우르는 다단계 지원이 중요하다는 사실을 단적으로 보여 준다. 원조(relief)는 신체적, 물질적, 경제적으로 시급한 필요를 직접 채워 주는 걸 말한다. 선한 사마리아인은 강도 만난 유대인에게 응급처치를 해 주고 회복 기간에 소요되는 경비를 부담하는 것과 같은 원조 활동을 폈다(눅 10:30-35). 노숙자들에게 임시로 숙소를 마련해 준다든지, 궁핍한 이들에게 음식과 의복을 나눠 준다든지, 최소 비용을 받거나 무료로 병을 고쳐 주고 상담해 주는 식의 서비스들은 주변에서 흔히 볼 수 있는 원조 사역이다. 일반 가정이나 시설에 머무는 위탁 아동 또는 노인, 장애인들을 돌보는 일 역시 원조에 속한다. 조금 더 적극적인 형태의 원조로는 '변호'를 꼽을 수 있다. 형편이 넉넉지 않은 이들이 법률, 주거, 다양한 형태의 가정 폭력 따위 문제들을 해결하는 데 도움을 주는 활동이다.

다음 단계는 개발(development)인데, 개인이나 가족 또는 공동체 전체에 적절한 자원을 제공하여 원조에 의존하는 데서 벗어나 경제적으로 자립할 수 있도록 후원하는 일을 가리킨다. 구약 성경을 보면, 종의 부채를 면제하고 해방시킬 때는 새로운 삶을 꾸려 나가는 데 필요한 경제적 자원들을 넉넉히 제공하라고 주인들에게 명령했다. 여기에는 식량과 생업에 소요되는 각종 도구들이 모두 포함된다. 성경학자 크리스토퍼 라이트(Christopher Wright)는 종의 해방, 이삭줍기, 희년에 관한 갖가지 율법 규정들이 우리 시대에 갖는 의미를 곱씹어 보아야 한다고 주장한다.

하나님의 법은 …… 공동체에서 가장 연약하고 가난한 이들에게 자립할 기회를 보장해 준다는 게 어떤 의미를 갖는지 정확하게 파악하길 요구하고 있다. '기회'라면 재정적인 자원이 먼저 떠오를지 모르지만, 교육이나 법률 지원, 일자리 창출 따위도 여기에 속한다. 이런 요소들은, 쓰고 남은 걸 넘겨주거나 선심 쓰듯 베푸는 차원을 넘어 권리의 문제이다.[7]

라이트는 궁핍한 가정이나 개인이 지속적인 의존 상태에서 벗어나도록 돕는 데 필요한 요소들을 정리해서 제시했다. 목록에는 집 마련을 돕는 작업뿐만 아니라 교육, 일자리 창출과 직업 훈련, 취업 정보, 재정 자문과 같은 항목들이 들어 있다. 물론, '개발'은 '원조'보다 시간이 훨씬 더 많이 소모되고 복잡하며 비용 부담이 크다.

: 가난한 지역 공동체의 필요를 채우는 작업

지금까지 개인이나 가족을 지원하는 방안들을 짚어 보았다. 하지만 특정 지역의 전반적인 자립을 도우려면 어떻게 해야 하는가? 최상의 답변을 내놓기 위해서는, 1930년대에 태어나 로스앤젤레스 안팎은 물론이고 미시시피 주의 여러 도시와 지방에서 다채로운 사업을 벌였던 존 퍼킨스(John M. Perkins)의 삶과 활동을 돌아보는 게 좋겠다. 열심히 복음을 전하면서 곳곳에 교회를 개척하는 건 물론, 탁아소, 보건소, 성인 교육 센터, 저소득층을 위한 주택 건설, 공부방, 직업 훈련, 청년 위탁 교육, 대학생들을 위한 장학 재단 운영 등 퍼킨스가 추진하고 이끌었던 사업들을 일일이 꼽자면 머리가 어지러울 지경이다.[8] 대단히 전통적이고 복음주의적인 신학과 인간을 온전히 세우고 빈곤 공동체를 재건한다는 총체적 비전을 결합시킨 퍼킨스의 접근 방식은, 당시로서는 그야말로 혁명적이었다.

버지니아 대학의 찰스 마시(Charles Marsh) 교수는 퍼킨스, 그리고 그가 벌인 운동은 마틴 루터 킹 주니어 목사가 가졌던 '소중한 공동체'(the beloved community)[9]의 비전을 계승한 것이라고 강력하게 주장했다. 킹 목사가 세상을 떠나자, 시민권 운동은 '하나가 되게 하는 영적 비전', 다시 말해서 지역 신앙 공동체의 민초들을 통해 개혁을 이룰 수 있다는 믿음을 잃어버렸다고 평가했다. 그러나 퍼킨스는 인종 통합이나 동등한 고용 기회, 복지 사업과 같은 공공 정책의 중요성을 인정하면서도 "정부가 주도하는 프로그램만으로는 흑인 공동체 안에 자리 잡은 절망의 더 깊은 근원을 처리하지 못한다"고 결론지었다.[10]

퍼킨스는 사회 개혁과 경제 개발, 그리고 열성적인 전도라는 요소들을 어떤 부대낌도 없이 매끄럽게 엮어 냄으로써, 세상에서 시민권 운동을 이끄는 진보적인 단체와 보수적인 교회 모두를 놀라게 했다. 양측 리더들은 퍼킨스를 어떻게 평가해야 할지 난감해했다. 젊은 크리스천 지도자들 가운데는 그의 노선에 공감하는 이들이 많았으며 1989년, 마침내 기독교공동체개발협회(Christian Community Development Association)를 결성하기에 이르렀다. 지금은 수백 여 교회와 지역 개발 단체들이 회원으로 가입되어 있다.

: 재배치와 재분배를 시도하라

존 퍼킨스는 사역 철학을 설명할 때마다 항상 세 가지를 기본 요소로 꼽았다. 첫째는 재배치(relocation, 공동체 식구 되기)다. 개인적인 후원이든 정부의 프로그램이든 가난한 이들에게 분명 도움이 된다. 하지만 외부에 사는 봉사자들은, 주민들의 어려움을 신속하게 파악하거나 적절하게 대응하기가 어려웠다.[11] 퍼킨스는 도움을 주는 이들은 그 안에 들어가 살아야 한다고 주장했다.

다음으로는 재분배(redistribution, 새판 짜기)를 내세운다. 존 퍼킨스는 조그만 마을 한쪽에 사는 궁핍한 이들의 손에 생계 보조금을 줘 봐야 결국 동네 반대편에 사는 넉넉한 은행가와 가게 주인의 주머니로 자본 이동이 일어날 뿐이라는 걸 잘 알고 있었다. 건강한 동네란 거리가 안전하고, 공공기관의 문턱이 낮고, 물리적으로 아름다우며, 학교들이 우수하고, 지역 경제가 괜찮은 편이고, 서로 어울려 여가를 즐길 기회가 많으며, 정치에 왕성하게 참여할 수 있는 공동체를 말한다.[12] '새판 짜기'의 목표는 이런 요소들을 두루 갖추는 데 있다. 금융 자본, 사회 자본, 영적인 자원을 지역 공동체에서 뽑아 가는 게 아니라 도리어 되돌려 보낼 수 있는 광범위한 수단들이 분명 존재할 것이다.

'금융 자본'을 확보하면, 다채로운 사업을 유치해서 소비자들에게 필요한 제품을 제공할 뿐만 아니라 부와 금융 자본을 공동체 안에 그대로 묶어 둘 능력을 갖추게 된다. 퇴락한 마을에는 일자리가 거의 없으며 그나마 남아 있는 기업들마저도(심지어 은행까지도) 지역 고객들이 소비한 자산을 끌어모아다가 다른 동네에 투자하기 일쑤다.[13] 가난한 동네에서 사업을 하는 고용주들(가령 병의원이나 정부 기관, 학교 등)은 보통 자신이 일하는 곳에 살지도 않고 거기서 돈을 쓰지도 않는 이들을 직원으로 채용한다. 이들로 인하여 금융 자본이 공동체 바깥으로 새어 나가는 흐름이 만들어지는 것이다.

'사회 자본'이란 지역의 리더들을 키워 내고 다시 훈련시키는 걸 말한다. 그러기 위해서는 지역에 기반을 둔 학교들을 강화하고 기업과 기관들 역시 공동체 식구들을 고용해야 한다. 그래야 개인의 기량이 점점 길러지고 존재 가치와 생산성이 점차 더 높아지기 때문이다. 쇠락한 동네일수록 학교 교육이 기대에 미치지 못하고 그 지역에 살지 않는 이들이 사업체와 기관을 움직이는 경우가 많다. 이들이 모여서 '사회 자본'이 공동체 바깥으로 새어 나가는 흐름을 만들어 내는 것이다.

'영적인 자원'은 지역사회에서 교회가 끼치는 정신적이고 도덕적인 영향을 가리킨다. 지역사회가 사회 경제적으로 주저앉는 사태는, 영적인 건강이 약해지는 현상과 단단히 맞물려 있다. 그런 지역들을 되짚어 보면 심지가 견고한 교회와 크리스천들이 다른 조직이나 기구들만큼, 아니 그 이상으로 빨리 사라지는 걸 볼 수 있다.

마크 고르닉은 공동체 개발을 이야기할 때 그 구성원들이 "행동의 주체가 되어야 한다"고 못 박아 말한다. 주민들이 "분석과 계획 수립의 중심축"이 되어야 하며 자신의 가정과 삶, 경제생활 전반에 영향을 몰고 올 변화의 형태와 속도를 통제할 권한을 가져야 한다는 것이다.[14] 그렇지 않은 '도움'은, 진정한 의미에서 사회 경제적 자본을 공동체에 끌어들이지 않기 때문에 주민들을 의존적으로 만들게 마련이다. 지역에 터를 잡은 기업의 경영주와 각종 기관의 수장들은, 공동체 식구들과 이웃이 되어 함께 살면서 거기서 돈을 쓰고, 부동산을 소유하며, 관계의 네트워크를 형성해야 한다. 그것이야말로 공동체를 다시 세우는 바른 길이다.

: 인종간의 화합을 이루라

가난한 공동체를 재건하기 위한 존 퍼킨스의 전략에서 세 번째 핵심 요소는 이른바 '인종 화합'이다. 미국의 경우, 개인적인 후원이든 정부 차원의 지원이든, 베푸는 이들의 상당수는 수혜자와 다른 인종이다.

퍼킨스는 개발의 주도권을 가난한 공동체의 구성원들 손에 맡겨야 한다면서도 한편으로는 "외부인(주로 백인)을 끌어들여서 토박이 리더들을 양육하는 막중한 역할을 맡겨야 한다"고 주장했다. 시민권 운동을 하는 단체들 가운데 "외부인들이 가난한 공동체 구성원들의 희생을 무릅쓰고 행동함으로써 그 역할이 과격하고 정치화되는 경우"[15]를 자주 보았지만, 퍼킨스는 뜻을 굽히지 않고 실천에 옮겼다.

가난한 공동체 주민들에게 스스로의 운명을 결정할 권한을 주는 동시에 외부인을 초청해서 일정한 역할을 맡기자는 제안은, 공동체 개발을 이끌어 가는 진영은 다민족으로 구성되어야 한다는 걸 의미한다. 보편적으로 리더십은 한 인종으로 통일되기 십상이다. 공동체의 토박이 일색이든지, 외부에서 들어온 전문가들이 그 자리를 전부 차지하든지 둘 중 하나였다. 그러나 퍼킨스는 사업을 제대로 힘차게 추진하려면 두 그룹을 조합하는 게 최선임을 꿰뚫어 보았다. 퍼킨스가 끼친 영향과 제기한 도전 가운데 가장 중요한 부분이 바로 이 대목이다. 가난한 이들의 공동체를 돕는 최상의 방안(인종과 사회적인 지위가 서로 다른 이들이 온정주의에 빠지지 않고 파트너가 되어 함께 일하는)은 복음을 통해 전달되는 소중한 선물이기도 하다.

하나님의 말씀은 인종간의 화해를 이루도록 에너지를 공급하는 원천이다. 특히 창조에 관한 설명은 인종 편견의 중추신경을 밑동에서부터 썩둑 잘라 버린다. 성경은 인류 전체가 '한 혈통'(행 17:26)이라고 말한다. 창조주가 아담을 지으시는 장면은 인종을 이해하는 데 결정적인 단서를 제공한다. 유대인 학자들이 편집한 성경의 주요 주석서로 첫손에 꼽히는 미슈나는 이렇게 가르친다.

"하나님이 인간을 하나만 만드신 까닭은 무엇인가? 그래야 아무도 '내 아버지가 그대의 아버지보다 낫다'는 소릴 할 수 없을 것 아니겠는가!"[16]

모든 인간은 하나님의 형상대로 지음받았으므로, 그 어떤 인종이나 민족도 다른 이들보다 태생적으로 우월하다고 주장할 수 없다.

인종차별은 어디서 비롯되었는가? 창세기 11장에 기록된 바벨탑 이야기에는 교만과 권력욕에 사로잡힌 인류의 모습이 등장한다. 하나님은 그 오만함을 벌하시기 위해 "언어를 혼잡하게" 하셨다. 서로 이해하거나 어울려 일하는 게 불가능해지자 인간은 온 땅에 흩어져 여러 나라와 민족을 이루었다. 인간의 교만과 권력욕으로 인해 인종과 국가가 여럿으로 분리되었고, 서로 갈등하고 미워하게 되었다는 창세기의 설명에는 심오한 메시지가 담겨 있다. 어느 학자는 이 대목을 "서로 다른 언어를 구사하는 수많은 인간 집단으로 쪼개지게 된 건 하나님께 불순종한 결과"[17]라는 말로 정리했다.

그러나 창세기 12장에서 하나님은 곧바로 아브라함에게 찾아오셔서 구원을 약속하시면서 "땅에 사는 모든 민족(mispahah)이 너로 말미암아 복을 받을 것"이라고 하셨다. 여기에 쓰인 '민족'이라는 말은 인간들의 집단이나 민족, 또는 인종을 의미한다. 주님은 인류라는 가족의 연대가 깨어진 걸 안타까워하시고, 인간의 죄와 교만이 빚어 낸 인종차별과 국수주의의 장벽을 허무시겠다는 뜻을 분명하게 선포하신 것이다.

: 복음 안에서는 인종의 벽이 허물어진다

신약성경은 이 주제에 대한 논의를 완결 짓는다. 사도행전 2장을 보면, 오순절을 맞아 한자리에 모여 있던 교회 위에 성령님이 강림하시자 또 다른 기적이 일어나는 걸 확인할 수 있다. 바벨탑에서는 같은 언어를 사용하던 이들이 서로의 뜻을 알아듣지 못했는데, 오순절에는 제각기 다른 말을 쓰고 있었음에도 불구하고 사도들이 선포하는 복음의 메시지를 빠짐없이 이해했다. 바벨의 저주를 뒤엎는 기념비적인 사건이었다. 예수님의 은혜가 인종차별의 상처를 치유하고도 남는다는 선언이기도 했다.

오순절에 복음을 선포하는 설교가 모든 언어로 전달됐다는 사실은, 어떤 문화도 '정통'을 주장할 수 없으며 성령님 안에서 민족과 언어, 문화적인 장벽을 넘어 일치를 이룰 수 있음을 분명하게 보여 준다. 에베소서 2장 11-22절에 따르면, 그 결과 인종과 민족이 '동일한 시민'으로 참여하는 공동체가 탄생했다. 베드로전서 2장 9절은 그런 점에서 크리스천은 '새로운 종족'이라고 말한다.

교회를 통해 인종의 벽을 뛰어넘는 파트너십과 우정을 이루는 것이야말로 복음 임재와 권능의 증표라고 할 수 있다. 민족적이고 문화적인 정체성이 쓸데없다는 얘기가 아니라 더 이상 그것이 예수님 안에서 자신을 이해하는 주요 잣대가 될 수 없다는 말이다. 그리스도를 사이에 두고 맺은 연합은, 같은 인종이나 민족 구성원들 간의 관계보다 강력하고도 견고하다. 복음은, 크리스천들을 익숙한 고향 문화를 등지고 한 번도 밟아 본 적 없고 그럴 일도 없는 땅으로 떠났던 아브라함처럼 만든다. 같은 맥락에서, 중국의 크리스천들은 다른 무엇을 위해서도 중국인의 정체성을 포기하지 않지만 오직 복음으로 말미암아 자신의 문화와 일정한 거리를 두고 그 우상을 비판할 수 있다.

▶ 복음은, 크리스천들을 익숙한 고향 문화를 등지고 한 번도 밟아 본 적 없고 그럴 일도 없는 땅으로 떠났던 아브라함처럼 만든다. 우리의 선입견과 편견을 뛰어넘게 한다. ◀

성경의 마지막 장은 "모든 종족과 언어와 백성과 민족"(계 5:9; 7:9; 11:9; 14:6)에서 나온 백성이 하나가 되는 장면을 그리고 있다. 예수님의 죽음과 부활이라는 세계사의 클라이맥스 앞에서 인종이나 민족 간의 구별과 증오는 완전한 종말을 맞게 될 것이다.

창세기 12장의 약속부터 요한계시록의 성취에 이르기까지, 성경은 인종차별을 맹렬하게 공격한다. 모세의 누이 미리암은 인종이 다르다는 이유로 동생이 아프리카 출신 여성을 아내로 맞아들이는 걸 반대했다가 하나님의 징계를 받았다(민 12장). 요나는 상대방의 영적인 필요가 아니라, 인종적인 편견과 정치적인 입장(경쟁국의 번영은 이스라엘에 위협이 된다고 보는)을 토대로 니

느웨를 판단했다가 주님의 꾸지람을 들었다. 사도 베드로는 환상을 보고 이방인 백부장 고넬료의 회심을 경험하고 나서 인종적, 민족적 편견이 죄악임을 절감했다(행 10:34).[18] "하나님께서는 사람을 외모로 가리지 않는 분이시고, 그분을 두려워하며 의를 행하는 사람은 그 사람이 어느 민족에 속해 있든지, 다 받아 주신다는"(행 10:34-35, 새번역) 사실을 깨달은 것이다.

그러나 이런 고백에도 불구하고 훗날 베드로는 이방인 크리스천들과 더불어 식사하기를 꺼렸다. 사도 바울은 그 모습을 보고 인종차별적인 태도를 통렬하게 꾸짖었다. 베드로를 향해 "복음의 진리를 따라 바르게 행하지"(갈 2:14) 않는다고 질타한 것이다. '복음의 진리를 따라 바르게' 행하기 위해서 '우리는 순전히 은혜로 구원받은 죄인일 뿐'이라는 진리를 항상 마음에 품고 지내야 한다.

인종적인 편견은, 인간은 너나없이 똑같은 죄인이며 오직 하나님의 은혜로만 용서받을 수 있다는 기본 원리를 부정한다는 점에서 명백한 잘못이다. 바울은 은혜의 복음을 제대로 받아들인다면 인종적인 편향은 무너지게 마련이라고 말한다. 어떤 크리스천 신학자는 이렇게 썼다.

일단 믿음을 가지면, 크리스천은 자유로워져서 편안한 옷처럼 문화를 입고 벗을 수 있다. 필요할 때마다 타문화의 옷으로 갈아입을 수 있다는 뜻이다. 바울이 고린도전서 9장 19-24절에서 설명한 바와 마찬가지로, 다른 문화를 통해 드러나는 그리스도의 다양한 모습을 존중하고 음미하게 될 것이다.[19]

인종차별에 대한 성경의 공세적 입장은 단호하고도 강력하다. 그동안 수많은 이상적인 크리스천들이 여기에 반응하여 '다문화 공동체'를 만드는 작업을 해 왔다. 그러나 이 일은 말보다 행동이 훨씬, 훨씬 어려운 게 사실이다. 문화의 영향을 완전히 벗어나서 철저하게 중립적인 방식으로 처리할 수 있는 일은 없다. 인종을 초월해서 이사회를 꾸린다고 가정해 보자. 어떻게 의사 결정을 내릴 것인가? 백인과 흑인, 히스패닉과 아시아인들은 상황 인식과 권위 의식, 정치적인 신념, 시간관념, 합의 사항을 추진하는 절차 따위에 대한 문화적 접근 방식이 서로 다르다. 그렇다면 어느 문화권의 결정 방식을 좇을 것인가? 어째서 그 길을 선택해야 하는가? 문화적인 영향에서 백퍼센트 자유로운 방법을 찾아낼 수 있다고 믿는다면 지나치게 순진한 생각이다.

이처럼 문화적인 차이가 존재함에도 불구하고, 성경은 그 장벽을 반드시 극복해야 하며 그럴 수 있다고 가르친다. 크리스천들의 공통점은 저마다의 차이점에 우선한다. 복음은 인종적인 가치관과 시각에서 벗어나 비판적인 입장에서 거리를 둘 수 있는 힘을 준다. 따라서 크리스천이라면 문화적 배경이 다른 이들에게 기꺼이 다가가 함께 일할 수 있다. 상대방이 기독교 신앙을 가졌든 그렇지 않든, 문제가 되지 않는다. 은혜와 인종에 대한 이런 신학이 크리스천과 교회 공동체에 깊숙이 스며들 때, 비로소 모두가 하나 되는 관계의 연합이 이뤄진다. 그 연합은 공동체의 식구가 되어 새 판을 짜는 수단인 동시에, 세상에 복음의 실체를 드러내 보이는 증거가 될 것이다.[20]

: 개혁과 변화는 시스템으로 되어야 한다

가난한 이들을 위해 공의를 행하고 도움을 베푸는 데 세 단계가 있음은 앞에서 이미 이야기한 바 있다. 원조와 개발(개인적이든 공동체적이든) 외에도 사회 개혁이 여기에 포함된다. 사회 개혁은 긴급하고 절박한 필요를 지원하는 원조의 차원을 넘어 의존적인 성향을 불러일으키거나 악화시키는 환경과 사회구조를 겨냥한다. 선한 사마리아인 이야기의 속편을 상상해 보자. 허구한 날 예루살렘에서 여리고로 내려갈 때마다, 강도한테 얻어맞고 가진 걸 다 털린 이를 만난다 치자. 사마리아인은 혼자 중얼거릴 것이다. "어떻게 해야 이런 사고를 뿌리 뽑을 수 있을까?"

일종의 사회 개혁이 이 질문에 대한 대답이 될 수 있다. 사회적인 합의를 토대로 불합리한 여건을 바꿔서, 희생자가 꼬리를 무는 사태를 막아 보자는 것이다. 때로는 거리에 더 많은 경찰관을 배치하는 것만으로도 사회 개혁의 효과를 보기도 한다. 하지만 보스턴의 한 목회자가 1990년 즈음에, 인근에서 빈번하게 벌어지는 조직폭력배들의 살인 행위를 종식시키기 위해 조직한 '텐 포인트 연대'(TenPoint Coalition) 같은 노력 역시 목적을 달성하는 또 다른 방법이 될 수 있다. 텐 포인트 연대는 그때까지 협력할 줄 모르거나 심지어 서로 으르렁거리던 기관들 사이에 다리를 놓았다. 가정과 지역 교회, 보스턴 경찰국, 지방검찰청 등이 파트너가 되어 폭력 조직 사이의 갈등에 개입해서 중재하는 한편, 전과자들의 사회 적응을 돕는 등 다채로운 활동을 펼친 것이다.[21] 이런 접근 방식은 단지 개인을 돕는 차원에 머물지 않고 사회적 합의와 사회 조직을 바꾸는 작업까지 포괄한다. 경우에 따라서는 법률 개정까지도 의미할 수 있다.

모세율법에 실린 사회적 규정들을 우리 시대에 적용할 때는 조심에 조심을 거듭해야 한다고 이미 여러 차례 되풀이 말했었다. 하지만 성경에는 민족 국가 이스라엘을 벗어난 자리에서 열성적으로 사회정의를 추구했던 이들의 사례가 수없이 나오는 것 또한 사실이다.

대표적인 인물로 앞에서 살펴본 욥을 꼽을 수 있다.[22] 욥은 헐벗은 이들에게 옷을 입혀 주었을 뿐만 아니라 "악을 행하는 자들의 턱뼈를 으스러뜨리고, 그들에게 희생당하는 사람들을 빼내어 주었다"(욥 29:17, 새번역)고 고백했다. 다니엘은 이방 정권의 부름을 받고 나가서, 가난한 백성에게 자비를 베풀지 않는 것을 지적했다(단 4:27). 이들은 이른바 '교정정의'의 본보기들이다. 지금도 눈길을 돌리는 곳곳마다 이런 정의가 절실함을 볼 수 있다. 일부 지방자치 단체들은 중산층이나 부유층에 비해 빈민층에 상대적으로 관심을 덜 갖고 예산을 적게 투입한다. 여전히 뇌물을 받는 재판관이 있고, 특정 이익 집단이 주는 돈에 '팔려 다니는' 의회 의원들이 있다. 지역을 차별하는 금융 정책이 있고, 지주와 부동산 업자들의 손아귀에서 놀아나는 감독관청의 직원들이 있으며, 법률을 집행하는 시스템 내부에도 부패한 구석이 있다. 이런 관행과 씨름하고 바로잡는 게 바로 사회 개혁이다.

적지 않은 크리스천들은 사회 시스템과 직접 맞닥뜨린다는 개념에 거부감을 느낀다. "한 심령 한 심령이 변하다 보면 언젠가 사회도 변할 것"이라는 식의 사고방식을 더 편하게 받아들이는 까닭에, 오로지 복음을 전하고 개인적으로 사회 활동을 하는 데 집중한다. 이는 모자랄 만큼 순진해 빠진 생각이다. 도시 빈민 사역을 하는 목회자 로버트 린치쿰(Robert Linthicum)이 들려준

이야기는, 그처럼 천진무구한 사고방식이 초래한 가장 가슴 아픈 사례에 속한다.

중고등부를 맡아 사역하던 전도사 시절, 린치쿰은 주로 정부 임대주택에 사는 흑인 청소년들을 대상으로 사역했다. 언제부터인가 에바(Eva)라는 열네 살짜리 소녀가 성경공부 모임에 참석하기 시작했다. 하루는 에바가 몹시 불안한 표정으로 찾아와 말했다.

"목사님, 겁이 나서 미치겠어요. 뭘 어떻게 해야 할지 모르겠어요. 임대주택 단지를 주름잡는 조직폭력배들이 요즘 여자애들을 찾아다니고 있거든요. 부촌에 사는 백인들에게 몸을 팔 성매매 여성을 구하는 거죠. 그런데 걔네들이 절 협박하고 있어요."

린치쿰은 절대 협박에 넘어가지 말고 성경공부 모임에 꼬박꼬박 나오라고 일러 주고는 여름휴가를 받아 고향으로 돌아갔다.

"석 달 뒤에 사역지로 돌아왔는데, 어디서도 에바의 흔적을 찾을 수 없었다. 가깝게 지내던 친구 아이에게 물어보니 내가 떠난 지 한 달 뒤쯤부터 모임에 나오지 않았다고 했다. 당장 에바네 아파트로 달려갔다. 아이는 나를 보자마자 눈물을 펑펑 쏟았다. '걔들이 저를 끌고 갔어요.' 나는 냉랭하게 쏘아붙였다. '어떻게 그렇게 쉽게 넘어갈 수가 있니! 죽기 살기로 싸웠어야지!' 아이는 처참한 사연을 털어놓았다. '처음에는 말을 듣지 않으면 아버지를 반쯤 죽여 놓겠다고 했어요. 그리곤 얼마 뒤에 진짜로 아빠를 곤죽이 되도록 두들겨 팼어요. 저로서는 달리 방도가 없었어요. 포기할 수밖에요.' 아이에게 말했다. '하지만 얘야, 도와줄 만한 이들을 찾아보지 그랬니? 경찰서에라도 갔어야 하는 거 아닐까?' 에바가 물었다. '목사님은 정말 경찰관이 절 도와주었을 거라고 생각하세요?'"[23]

린치쿰은 그때까지만 해도 오로지 개인적인 차원에서만 '죄'의 본질을 생각했었노라고 고백한다. 그러나 그 일을 계기로 자신이 살고 있는 세계의 법률적이고 정치적인 구조 가운데 상당 부분이, 가난한 이들의 희생을 토대로 하여 돈과 권력을 가진 이들 위주로 짜여 있다는 사실을 깨닫기 시작했다. 그런 시스템에 굴종하지 않는 한, 에바와 같은 처지에 빠진 이들이 살아남을 길은 전혀 없었다.[24]

린치쿰의 이야기도 끔찍하지만, 세상 곳곳에는 그보다 더 끔찍한 형태의 압박과 불의가 도사리고 있다. 리스트를 작성하자면, 어린이를 대상으로 한 노동 착취, 성매매, 국가가 지원하는 종교적 박해, 심리와 기소 절차가 생략된 구금, 적법한 절차와 보상이 따르지 않는 사유지 몰수, 강제 이주, 소수 민족에 대한 조직적 폭력, 정부군이나 반군 또는 무장 조직의 테러, 당국의 묵인 아래 자행되는 고문 따위의 항목들이 먼저 올라가야 할 것이다.[25]

그러나 이 목록에도 문제가 있다. 너무 명백하고 노골적인 항목들뿐이라는 점이다. 예로부터 지금까지 구조적인 악은 더 평범하고 교묘하게 행해져 왔다. 오히려 궁핍한 이들을 정규 교육과 경찰력의 보호로부터 소외시키는 식의 구조 악이 훨씬 더 보편적이다. 부당하게 무시하는 모습을 띠는 경우도 허다하다. 현대사회의 정치 경제 시스템은, 재력을 비롯하여 다양한 형태의 사회적 권력을 갖지 못한 이들의 목소리에 귀를 기울이지 않는다. 형편이 열악한 지역의 주민들에게는 민간 자본과 공적 자원을 공동체로 끌어들일 만한 영향력도 기술도 없다. 그들에게는 도움이 필요하다. 하지만 단순히 원조나 개발 형태의 지원만이 능사는 아니다. 누군가는 법률적이고, 정치적이고, 사회적인 구조에 저항하고 변화를 일으켜야 한다.

: 가난한 지역에서의 교회의 역할

가난한 이들이 모여 사는 지역에 공의를 행하기 위해서는 직접적인 원조, 개인과 공동체의 개발, 인종 간의 화해와 사회 개혁이 필요하다. 개인적으로는 '정의 구현'의 이 모든 측면들이 조화를 이룬 멋진 모델로, 메릴랜드 주 볼티모어 인근의 샌드타운에 자리 잡은 뉴 송 교회 사역을 첫손에 꼽는다(여기에 대해서는 이미 여러 차례 언급한 바 있다). 마크 고르닉과 그의 친구 일가(앨런 티벨과 수전 티벨, 그리고 어린 두 딸)가 궁핍한 흑인들이 모여 사는 빈민가로 이사했을 때, 평생 샌드타운의 주민으로 지냈던 라번 스토크스(LaVerne Stokes)는 이렇게 썼다.

> 그때까지 살면서 백인들이 이사 오는 걸 처음 봤다. 도대체 뭘 바라고 그러는지 알 수 없었다. 빈집을 수리해서 살림을 차리더니, 거리를 어슬렁거리고, 마을 회의에 참석하고, 우리 애들을 비롯한 샌드타운 어린이들과 함께 시간을 보냈다. …… 마크 목사님과 티벨 가족이 마을의 몇 가정과 더불어 교회를 시작했다. 아이들은 한 번 가 보자고 졸랐고 난 못 이기는 척 따라나섰다. 교회 식구들은 공동체, 바로 내 공동체를 향한 깊은 사랑을 보여 주었으며 내 이웃이 되어 주었다. 우리는 힘을 모아 마을을 사랑하고 다시 세워서 코흘리개 시절에 경험했던 건강하고 활기찬 공동체를 회복하는 일에 나섰다. 일자리 창출, 경제 개발, 기술 훈련은 물론이고 주택 건설, 교육, 보건 프로그램을 만드는 작업까지, 대대적인 사업이었다.[26]

뿐만 아니라, 이들이 만든 교회는 크리스천 공동체를 기반으로 한 지역사회 개발 조합의 역할도 했다. 현재 뉴 송 도시선교연합회(New Song Urban Ministries)에는 여든 명이 넘는 직원들이 있고, 이들은 서부 볼티모어 샌드타운-윈체스터 지역에서 활발하게 활동 중이다. 이들은 북중부 50블록을 개발하는 데 총력을 기울이고 있다.

> 교회는 거리로 내몰릴 위기에 처한 젊은이들에게는 문자 그대로 구원의 전당이 되어야 한다. 가정 폭력을 받는 여성들에게는 폭풍우를 위한 쉼터가 되어야 한다.

산하에 여러 기관들이 있는데, 샌드타운 해비타트(Sandtown Habitat for Humanity)는 1980년대 중반부터 2백여 채의 가옥을 완공했고, 2천여 명의 시민에게 일자리를 제공한 에덴직업안내소(Eden Jobs)는 앞으로도 매년 백 명을 취업시킬 계획이다. 그밖에도 가족 건강 센터, 유치원, 방과후 학교, 마을 학습 센터, 장학재단, NSI(New School Initiative)를 통해 K-8학년까지의 공립학교를 지원하는 뉴 송 아카데미 등 다채로운 조직들이 들어와 있다.

전반적으로 정의의 여러 측면들이 한데 어우러진 구조를 만들고 싶어 하는 고르닉은, 빈민 공동체에서 교회가 감당해야 할 몫으로 세 가지를 꼽는다.

우선, 교회는 가난한 이들이 모여 사는 지역에서 치유 공동체의 역할을 해야 한다고 역설한다. 고르닉은 사회학적인 차원에서 해석한 글귀를 인용하며 교인들에게 이렇게 설명했다. "저마다 직면한 경제적인 어려움과 질병, 가정불화를 해결하는 데 도움이 될 만한 길들을 제시해야 한다."²⁷ 쉽게 말해서 "교회는 거리로 내몰릴 위기에 처한 젊은이들에게는 문자 그대로 구원의 전당이 되어야 한다. 가정 폭력의 짐을 짊어지고 있는 여성들에게는 폭풍우를 피할 쉼터가 되어야 한다. 회복 중인 이들에게는 뒤를 봐주는 지원군이 되어야 한다." 한마디로 치유와 은혜의 공간이 되어야 한다는 뜻이다.

둘째, 고르닉은 크리스천들이 힘을 모아 조직을 만들면 얼마든지 공동체의 치유자로 나설 수 있다고 주장한다. 흔히 말하는 '개발'이란 바로 그걸 가리킨다는 것이다. "신용협동조합과 마을금고를 운영할 수 있다. 일자리를 만들어 내고 직업 훈련을 시키며 일감을 따올 수도 있다. 무주택 가정과 노인들에게 집을 지어 줄 수 있다. 신앙에 토대를 둔 공부방이나 학교를 만들어서 아이들을 가르칠 수도 있다. 경제력이 없거나 자격이 부족해서 건강보험에조차 가입하지 못하는 이들에게는 예방 조치나 일차 진료를 제공할 수도 있다."

마지막으로, 교회는 식구들을 격려해서 공의를 추구하는 공동체를 세우게 해야 한다. 이것이 교회가 사회구조에 도전하고 변화를 이끌어 내는 길이다. 여기에는 구성원들에게 동기를 부여해서 '아동 교육에 필요한 학교'를 만들고 '공동체를 유지할 공익 사업'을 창출하는 일도 포함된다.²⁸

: 지역사회에서 교회의 할 일

허다한 교회들이 지역사회 개발에 퍼킨스 모델을 사용한다. 이루 헤아릴 수 없이 수많은 교회들이 낙후된 도시 공동체를 무대로 어지러우리만치 다채로운 '종합' 사역을 펼치고 있다. 그러나 여전히 "대다수 크리스천들은 빈민가에 살지 않으며 거기서 사역하는 교회는 지극히 일부에 불과한데, 그럼, 나머지는 어떻게 할 것인가?"라고 묻고 싶은 이들이 많을 것이다. 가난한 이웃들과 더불어 살아야 하고 더 빈한한 동네에 더 많은 교회가 세워져야 한다는 사실을 인정하는 것만으로는 그 질문에 답이 되지 않는다. 궁핍한 처지에 몰려 직접적인 지원이 절실한 이들이 주로 사는 지역에 살지 않는 크리스천이나 외부의 교회들은 무얼 어떻게 해야 하는가?

현재 소속되어 있는 지역사회의 필요를 파악하는 데서부터 시작하는 게 중요하다. 주변에 사회적인 혜택을 받지 못하고(폭행에 시달리거나, 방치되거나, 신체적 정신적 장애를 가졌거나, 학교에 다니지 못하는) 도움의 손길을 기다리는 어린이는 없는가? 독거노인, 장애인, 편부모 가정, 만성질환을 가진 환자, 외국에서 새로 들어온 이주민처럼 원조가 시급한 이들은 없는가? 외부에 잘 알려지지 않은 빈곤 가정은 없는가? 주민들의 절박한 처지를 신속하게 파악하려면 교회와 크리스천들이 평소보다 귀를 더 쫑긋 세우고 지역사회 지도자들의 이야기를 꾸준히 경청해야 한다.

리디머 장로교회는 맨해튼 빈민가의 건물을 사들인 뒤에 그곳을 지역구로 삼고 있는 여성 시의원 사무실과 주민자치회를 찾아갔다. 그리고 꼬치꼬치 캐어물었다.

◢ 말로만 사랑하는 건 사랑이 아니다. 실제적이고 물질적인 결핍을 채워 주려는 노력 없이 복음을 전하고 제자화하는 활동만으로 이웃을 사랑할 수는 없다. ◢

"동네 사람들이 가장 고질적이고 심각한 걸림돌로 여기는 문제는 무엇입니까? 살기 좋은 마을로 만들기 위해서 무얼 해야 한다고 보십니까?"

글을 쓰고 있는 지금 이 시점은 대답을 듣기 시작하는 단계에 지나지 않지만, 반응은 지극히 만족스럽다. 백이면 백, 교회에서 찾아와 그런 질문을 던진다는 사실 자체를 놀라워했다. 교회를 포함한 종교 단체들은 대부분 지역사회에 뭐가 필요한지 잘 안다는 자세를 보이기 일쑤였기 때문이다.

더 가난한 지역이나 국가에 상주하며 영향을 미치고 있는 교회나 선교단체들과 연대하는 일도 긴요한 작업이다. 무얼 도와주면 좋을지 물으라. 자원봉사자를 파견해 달라든지, 각 영역에서 무료로 지원 활동을 펼칠 전문가들을 보내 달라든지, 재정을 후원해 달라든지, 심지어 교회에서 손꼽히는 일꾼을 파견해서

붙박이로 활동하며 지역사회의 필요를 채워 달라는 따위의 요청이 쏟아질 것이다.[29] 가능성을 따지기 전에 일단 이야기를 들어 보라.

: 가난한 이들의 필요를 채우는 활동

교회의 사명은 공의를 행하는 게 아니라 말씀을 선포하고, 복음을 전하며, 건전하게 양육하는 일이라고 믿는다. 그러나 가난한 이들에게 공의와 사랑을 베푸는 일이야말로 믿음으로 의롭게 되었음을 보여 주는 증거다. 이것이 사실이라면, 교회가 한 몸이 되어 그 의무를 진지하게 고민하는 걸 어떻게 부정할 수 있다는 말인가! 뿐만 아니라, 복음을 전하든 신령한 말씀으로 양육하든 누군가의 삶에 개입하게 되면 자연히 상대방의 현실적인 필요들이 눈에 들어오게 되어 있다. 말로만 사랑하는 건 사랑이 아니다(요한복음 3장 16-17절을 보라). 실제적이고 물질적인 결핍을 채워 주려는 노력 없이 복음을 전하고 제자화 하는 활동만으로 이웃을 사랑할 수는 없다.

앞에서 이미 살펴보았지만, 초대교회는 교회의 재정과 물질을 공동체의 가난한 구성원들과 나누는 일을 공정하게 처리하기 위해 집사라는 특별한 일꾼들을 세웠다. 고린도후서 8장 13-14

절과 갈라디아서 2장 10절은, 공동체의 바람직한 디아코니아(diakonia)를 보여 주는 구체적인 사례를 제시한다. 크리스천 공동체는 가난한 이들을 구제하기 위해 헌금을 드렸고 교회의 위임을 받은 지도자들이 집행을 맡았다.

그러나 교회가 총체적인 사역에 뛰어드는 순간, 감당하기 어려울 만큼 많은 현실적이고 정책적인 과제들에 맞닥뜨리게 된다. 정의를 바라보는 기본적인 관점은 공유하지만, 거기에 따르는 문제들을 풀어 나가는 구체적인 방안을 두고서는 의견이 갈리는 경우가 허다하다.

사역을 시작하려는 교회나 크리스천 그룹은 반드시 시간을 두고 다음 질문에 대해 일치된 답을 내놓아야 한다.

얼마나 깊이 도와야 하는가?

가난한 이들을 물질적으로 돕는 일에 뛰어드는 교회나 크리스천은 예외 없이 값비싼 대가를 치러야 한다는 사실을 깨닫는다. 결국은 다른 사역과 비교해서 정확히 얼마나 높은 우선순위에 두어야 하는지 자문하기에 이른다. 교회가 커지고 자립할 때까지 기다렸다가 가난한 이웃들에게 손을 내밀어야 하는가? 요구는 끝없이 이어지는데, 교회가 가진 에너지와 재정의 몇 퍼센트 정도를 투입하는 게 타당한가?

누구를 도와야 하는가?

찾아와 지원을 부탁하는 이들을 도울 것인가? 아니면 이편에서 주도적으로, 어려움을 겪고 있는 특정한 계층을 지정해서 뒷받침할 것인가? 상태가 얼마나 '열악한' 이들을 후원할 것인가? 여기에 관해서는 제4장에서 조나단 에드워즈가 제시하는 지혜로운 지침들을 살펴본 바 있다. 그는 이웃이 극심한 궁핍에 처할 때까지 기다려서는 안 된다고 했다. 하지만 '그 한계가 어디인지' 파악한다는 건 여전히 까다로운 숙제다. 따라서 이 사역에 참여하는 교회나 기독교 단체들은 경직되고 기계적인 자세를 버리고 합의된 가이드라인을 도출해 내야 한다. 그렇지 않으면 시시비비를 가리는 씨름을 끝없이 이어 갈 수밖에 없다.

지원을 시작하거나 중단하는 조건은 무엇인가?

수혜자는 반드시 지원하는 교회에 출석해야 하는가? 그밖에 어떤 자격을 갖추어야 하는가? 갈라디아서 6장 10절을 비롯한 여러 본문들이 암시하는 것처럼, 가난한 교인들에게 우선권을 주고 나서 그 외의 다른 이들에게까지 범위를 넓혀야 하는가? 어떤 이들은 디모데전서 5장 1-10절에 나오는, 교회가 남편 없이 홀로 사는 이들을 도우면서 적용했던 지침을 지적하면서 그 기준을 엄격하게 적용해서 지원 대상을 결정해야 한다고 주장한다.[30] 하지만 사도행전 4장을 보면, 크리스천들이 재산을 처분해 교회에 바치고 그렇게 조성된 공동 재정으로 가난한 교인들의 현실적인 필요를 차별 없이 채워 주는 방식으로 소유를 나누었다(행 4:34-35).

어떤 방식으로 도울 것인가?

실천적인 사역은 원조, 개발, 사회 개혁의 3단계로 구성된다고 진즉에 이야기했다. 그렇다면 원조 형태의 지원만을 고수할 것인가? 아니면 더 광범위하고 복잡한 사역에까지 반경을 넓힐 것인가? 형편이 어려운 개인이나 가정으로 대상을 한정할 것인가? 아니면 거동이 불편해서 집에 묶여 사는 노인들이나 개인 지도가 필요한 청소년, 또는 수감자나 전과자처럼 특정한 계층에게까지 손을 내밀 것인가?

어디서부터 시작해야 하는가?

도움을 주려는 지역으로 들어가야 하는가? 아니면 지금 사는 곳에 그대로 머물면서 현지에 있는 교회나 기관, 단체들과 파트너가 되어 함께 일해야 하는가? 섣불리 이사했다가 결국 빈민촌과 어울리지 않는 고급 주택 단지를 만드는 꼴이 되지는 않겠는가?

크리스천들끼리 모여서 이런 질문들을 검토할 때는 언제나 지나치다 싶을 정도로 너그러워야 한다. 아울러 유연성을 잃지 않도록 늘 조심하면서 스스로 정한 범주에서 벗어난 경우에 대해서도 열린 자세를 가져야 한다.

: 공의를 행하고 복음을 선포하며

정의로운 삶을 사는 크리스천은 중대한 현실 문제에 직면하게 된다. 공의를 실천하는 일과 주님의 제자로서 마땅히 감당해야 할 다른 의무들을 어떻게 연결시킬 것인가 하는 문제다. 특히, 가난한 이웃을 도우라는 부르심과 복음을 전하라는 성경의 계명 사이에는 어떤 연관이 있는가?

개중에는 공의를 행하는 건 오직 선교의 수단으로서만 의미가 있다고 단언하는 이들이 있다. 사랑을 베풀고 정의를 구현하려고 노력하는 까닭은, 그게 그리스도를 믿게 하는 데 도움이 되기 때문이라는 얘기다.[31] 하지만 그런 주장은 예수님의 비유에 잘 들어맞지 않는 것처럼 보인다. 선한 사마리아인은 궁지에 몰린 이웃을 위해 기꺼이 부담을 졌으며 되돌려 받겠다는 생각은 조금도 없었다. 예수님은 재정적으로 되갚을 능력이 충분한 이들을 염두에 두셨지만, 기본 원칙은 고맙다는 인사 받기를 기대하지 말고 베풀라는 것이다(눅 6:32-35). 복음을 듣고 반응을 보이는 상대만 지원한다면, 유익을 얻기 위해, 다시 말해서 숫자를 불리는 데 보탬이 되길 바라는 마음에서 돕는다는 의심을 받을 게 분명하다.

반면에 공의를 행하는 일 자체가 복음을 전파하는 활동이며 그게 바로 선교라고 주장하는 이들도 적지 않다. 정의를 실현하려는 몸부림은, 사람들의 마음을 열어 은혜의 복음에 담긴 메시지에 귀 기울이게 만든다고 말한다. 하지만 전도하기 좋은 토양을 만들 요량으로 사랑과 공의를 떠올리는 건 돌이킬 수 없는 혼란을 부를 뿐이라는 것이다. 개인적으로는 선교와 사회정의를 이해하는 제3의 길을 제안하고 싶다. 그 둘을 비대칭적이며 떼려야 뗄 수 없는 관계로 보자는 말이다.

선교는 인간에게 주어진 가장 기본적이고 중요한 사명이다. 영적인 영역이 육적인 측면보다 더 중요해서가 아니라 순간보다 영원이 더 소중한 까닭이다. 고린도후서 4장 16-18절에서 바울은 육신의 성정을 지닌 '겉사람'이 노쇠해질수록 '속사람'은 날로 강해지는 게 얼마나 중요한지 역설한다. 하나님이 살아 계시다면, 그리고 구원받고 관계를 회복해야 주님과 더불어 영원히 살 수 있다면, 인간이 이웃에게 줄 수 있는 가장 큰 사랑은 그분을 믿고 새 생명을 얻도록 돕는 일이다.

그러나 앞에서 살펴본 바와 마찬가지로, 공의를 행하는 건 은혜를 선포하는 일과 하나로 연결되어 있다. 복음은 가난한 이들에 대해 관심을 갖게 한다는 점에서, 그리고 정의로운 행동은 복음을 선포하는 데 필요한 신뢰성을 높여 준다는 점에서 그렇다. 다시 말해서, 믿음으로 의롭게 되면 자연히 공의를 행하고, 정의로운 길을 걷다 보면 다른 많은 사람들을 믿음으로 의롭게 만들 수 있다.

사도행전은 그 둘 사이의 상호역학 관계를 선명하게 보여 주는 사례들을 제시한다. 사도행전 2장을 보면, 성령님이 강림하시고 제자들이 하나님을 만나게 되면서 어려움을 겪는 이들에게 소유물을 나눠 주는 운동이 불일 듯 일어났다(44-45절). 교회가 "온 백성에게 칭송을"(47절) 받은 까닭이 거기에 있었다. 구원을 경험한 크리스천들은 가난한 이들에게 관용을 베풀었고, 그걸 지켜보는 이들은 구원의 메시지에 마음을 활짝 열었다. 사도행전 4장에서도 비슷한 장면을 볼 수 있다. 교회 울타리 안에 있는 크리스천들이 경제적으로 서로 돕고 나누는 모습은, 교회 바깥에 있는 이들에게 부활의 소식을 선포하는 데 큰 힘이 되었다(행 4:32-25). 마지막으로, 누가는 사도행전 6장에서 디아코니아 사역이 확고하게 터를 잡았음을 보고한 뒤에 이렇게 덧붙였다. "하나님의 말씀이 점점 왕성하여 예루살렘에 있는 제자의 수가 더 심히 많아지고"(눅 6:7). '점점 왕성하여'의 어미 '-여'는 인과관계를 암시한다.

내다 팔 만한 재산을 가진 부자들과 가난한 이들이 신분과 계층을 뛰어넘어 소유를 나누는 사건은, 최소한 그리스-로마 세계에서는 대단히 보기 드문 일이었다. 따라서 궁핍한 이웃들을 실질적으로 보살피는 크리스천들의 행동은 주위에 커다란 충격이 되었으며 마음을 열고 복음의 메시지를 받아들이게 하는 요인으로 작용했다. 로마 제국의 율리아누스 황제는 기독교 신앙을 멸시했지만, 크리스천들이 가난한 이들에게 보이는 너그러운 마음 씀씀이가 너무 매력적인 까닭에 기독교로 개종하는 이들이 나날이 늘어 간다는 사실만큼은 부정하지 못했다.

> 크리스천들의 미신이 퍼져 나가는 데 나그네들을 따뜻하게 보살피는 것만큼 크게 기여한 요인은 없을 것이다. 불경스럽기 짝이 없는 그 갈릴리 사람들은 제 족속뿐 아니라 우리 민족의 가난한 자들까지 돌보아 준다.[32]

균형 잡힌 시각을 가지려고 노력할 필요가 있다. 선교와 사회 정의를 혼동하면 세상을 섬길 수 있는 크리스천만의 독특한 길을 놓쳐 버린다. 굶주리는 이들에게 음식을 나눠 주는 정도는 굳이 크리스천이 아니더라도 얼마든지 할 수 있다. 하지만 거듭나서 영원한 삶을 소망하게 만드는 예수님의 복음을 소유하는 건 오로지 크리스천들뿐이다. 주님의 제자가 아니라면 그 누구도 영원한 세계로 초대할 능력이나 권한이 없다. 한편 선교에 깊은 관심을 가진 이들 가운데는, 공의 베푸는 일을 복음 전파의 사명을 망각한 크리스천들의 부수 활동쯤으로 보는 이들이 종종 있다. 분명히 말하거니와 그 또한 치명적인 오류다.

주일마다 화려한 언변으로 감동적인 메시지를 전하는 목회자가 있다고 생각해 보자. 그런데 그렇게 말씀을 잘 전하는 양반이 날이면 날마다 아내를 두들겨 패고 욕설을 퍼붓는다는 사실을 어느 여 집사가 알게 됐다. 당연한 얘기지만 그날 이후로 설교가 도무지 은혜롭지 않다. 왜 그럴까? 말과 행동이 따로 노는 탓에 더 이상 신뢰가 가지 않기 때문이다. 그러다가 새로운 목사가 부임했는데, 대중들 앞에서 이야기하는 능력이 영 시원찮다. 하지만 인품이 훌륭하고 지혜로우며 겸손한 데다가 사랑이 넘치는 목회자라는 게 널리 알려졌다고 해 보자. 교인들은 삶에 드러난 성품에 매료돼서 메시지 한 마디 한 마디에 귀를 기울일 것이다.

교회가 자기 공동체와 그 구성원들만 챙긴다는 느낌을 주면, 제아무리 멋진 말씀을 전한다 해도 주위 사람들의 마음을 움직이지 못한다. 그러나 교인들이 깜짝 놀랄 만큼 자신을 희생해서 긍휼을 베풀고 이웃 사랑을 실천하는 걸 보인다면 그 교회에서 선포되는 메시지에 더 마음을 열게 마련이다. 그저 선교적인 목표를 달성하기 위한 수단으로서가 아니라 사랑의 표현으로서 자비와 공의를 베풀어야 한다. 정의로운 일을 하는 것만큼 확실하게 선교의 기초를 닦을 수 있는 방법은 다시없다.[33]

사역을 하면서 말과 행동을 분리하는 건 불가능한 일이다. 인간은 영과 육이 통합된 존재인 까닭이다. 그러므로 "육신의 필요를 채워 주는 건 선교 목적에서 벗어난 처사"라고 말하는 크리스천이 있다면, 넉넉하게 잘 사는 이들에게 복음 전하는 것만을 전도로 여기는 꼴이다. LCM(London City Mission)은 2백 년 가까이 런던 안팎의 도시 빈민들을 전도하는 데 주력해 온 단체다. 선교를 핵심 목표로 삼지만 관계와 심방, 우정을 통해 말씀을 전한다. "동일한 사람이 동일한 대상에게 꾸준히 찾아가서 예수님의 이름으로 친구가" 되는 걸 부르심으로 간직한다. 이런 소명 의식을 가졌으므로, LCM 선교사들은 대규모 선교 프로그램이나 사회 활동을 추구하지 않는다. '말씀'과 '행동'을 사역 속에 조화롭게 통합시킬 따름이다. 아이들의 교육적인 필요를 채워 주거나, 일자리를 마련해 주거나, 다른 언어권 출신들에게 영어를 가르치거나, 마주앉아서 말로 복음을 전하는 식으로 가난한 이웃을 돕는다. 머릿속으로는 "크리스천으로서 선교와 사회정의 가운데 어느 쪽을 선택해야 할까?"라고 물을 수 있을지 모른다. 하지만

실생활에서 그 두 가지는 늘 함께 붙어 다니는 법이다.[34]

　복음을 전하기 위해 가난한 이들의 공동체 속에 들어가 살고 일하는 이들은, 시시각각 친구와 이웃들의 목을 죄어 오는 경제 사회적 필요를 해결해 주는 작업에 반드시 뛰어들게 된다. 그렇게 하지 않는다면 사랑이 부족하다고 볼 수밖에 없다. 한편으로는 지극히 비현실적이기도 하다. 궁핍한 처지에 몰린 이들과 신앙을 나누고 싶어 하면서 상대방을 가두고 있는 고통스러운 조건들을 외면하고 손가락 하나 까딱하지 않는다면 그리스도의 선하심을 어떻게 보여 줄 수 있겠는가! 선교와 정의를 구현하는 행동을 혼동해서는 안 되지만 그 둘을 따로 떼어 놓아도 안 된다.

: 정의를 행하기 위한 실제적 원리

　크리스천이 정의를 실천하는 방안을 생각할 때, 반드시 짚고 넘어가야 할 더 실제적인 사항이 있다. 개인적으로 세상에 나가 일할 것인가, 아니면 지역 교회를 통해 활동할 것인가 하는 문제다. 공의를 행하는 이슈와 관련해서 교회는 정확하게 어떤 역할을 감당해야 하는가?

　교회는 그 구성원들이 삶의 모든 영역에 복음을 적용하도록 도와야 한다. 조나단 에드워즈는 교인들에게 어떻게 살아야 할지 가르치면서 끊임없이 '복음의 원리'를 강조했다. 하나님이 예수님을 통해 세상을 구원하신 원리를 적용하라는 것이다.

"그대가 은혜로 구원받은 죄인이라면, 그 사실이 시민 생활에 어떤 영향을 미쳐야 마땅하겠는가? 가난한 이들에 대한 자세는 어떻게 달라지겠는가?"

교회는 소속된 식구들에게 똑같은 질문을 던져야 한다.

▶ 불의와 착취라는 세력에 맞설 갖가지 무기로 가득한 창고를 그리스도의 복음을 통해 통째로 넘겨받았다. 하지만 그 무기는 총과 검이 아니다. 크리스천의 싸움은 종류가 다르다. ▶

그러나 구성원들이 공의를 행할 수 있도록 교회가 나서서 완벽한 준비를 갖춰야 한다는 뜻은 아니다. 쉽게 말해서, 영화 제작에 관여하는 교인들을 훈련시켜서 복음의 영향력이 담긴 작품을 만들게 해야 하지만 스스로 영화 찍는 회사를 세워야 하는 건 아니라는 말이다. 세상 모든 일을 다 잘 처리할 수 있는 기관이나 조직은 세상에 없으며 교회도 예외가 아니다.

그런 점에서는 아브라함 카이퍼(Abraham Kuyper)의 '영역주권'(sphere sovereighnty)이란 개념을 참고할 만하다. 카이퍼는 목회자인 동시에 20세기 초 네덜란드의 수상이기도 했다. 신학자요 정치가였던 그는 교회와 국가, 그리고 임의단체가 저마다 어떤 역할을 해야 할지 깊이 성찰했다. 그리고 교회라는 기관의 사명은,

복음을 전하고 기독교 공동체에 속한 이들을 양육하는 데 있다는 결론을 내렸다. 그럴 때 교회는 그리스도를 믿고 따르는 제자로서 세상과 구별된 방식으로 예술, 과학, 교육, 언론, 영화, 비즈니스를 이끌어 가는 크리스천을 낳게 된다는 것이다. 이런 시각에서 보면, 교회는 사회를 변화시키는 개인을 길러 내지만 지역 교회가 자체적으로 특정한 사업에 뛰어들지는 않는다. 카이퍼는 기관으로서의 교회(리더들의 인도 아래 교인들이 모이는)와 개인적으로 또는 다양한 조직과 임의단체를 통해 움직이는 크리스천들 전체를 아우르는 '유기체로서의' 교회를 구별했다.[35]

나는 카이퍼의 견해에 전반적으로 동의한다. 앞에서 가난한 이들을 위한 사역의 단계(원조, 개발, 사회 개혁)를 이야기했다. 이미 지적한 바 있지만, 교회는 리더들의 인도에 따라 공동체 내부는 물론 이웃과 뿌리를 두고 있는 도시에서 구호와 개발 사역을 감당해야 한다. 그런 활동은 하나님의 성품을 세상에 드러내며, 복음을 듣고 제자로 성장하는 이들에게 사랑을 보여 줄 수 있는 자연스럽고도 결정적인 방법이다. 하지만 카이퍼의 논지를 적용해서 사회를 개혁하고 구조적 문제를 해결하는 거대한 과제에 도전하려면, 지역 교회가 아니라 기관이나 단체들을 통해 움직이는 게 타당하다. 기관으로서의 교회는 공동체 안팎의 식구들을 구호하는 한편, 유기체로서의 교회는 개발과 사회 개혁 활동

을 펴야 한다.³⁶

이건 단순한 신학 원리가 아니라 대단히 현실적인 문제다. 존 퍼킨스의 사역 모델을 실행하는 교회들 가운데 상당수는 별도의 연대 조직을 만들어서 공동체 개발 프로그램을 운용하고 있다. 공의를 행하는 데 필수적인 중요한 사역들의 리더십을 다양한 분야의 평신도 전문가들에게 맡기고, 목회자들은 자유로이 전도와 제자화를 통해 지역 교회를 세우는 일에 전념하는 것이다. 카이퍼의 제안을 무시하고 공의를 베푸는 사역의 세 단계 전체를 떠안으려 애쓰는 교회들은, 공동체를 회복시키고 사회정의를 실현하는 사업 때문에 복음을 선포하고 가르치며 회중을 양육하는 사역을 뒷전으로 미루기 일쑤다.³⁷

공의를 행하는 데는 극도로 정밀한 균형 감각이 필요하다. 지역 교회와 전 세계에 흩어져 있는 일꾼들을 통해 말씀과 행동, 양면에 걸쳐 움직여야 한다는 뜻이다. 구호와 개발, 사회 개혁에 뛰어들어야 한다는 말이기도 하다. 크리스천은 빈곤의 원인이 복잡하다는 사실을 성경에서 배웠다. 게다가 불의와 착취라는 세력에 맞설 갖가지 무기로 가득한 창고를 그리스도의 복음을 통해 통째로 넘겨받았기 때문이다. 하지만 그 무기는 총과 검이 아니다. 크리스천의 싸움은 종류가 다르다.

Generous Justice

선행을 배우며 정의를 구하며 학대받는 자를 도와주며 고아를 위하여 신원하며 과부를 위하여 변호하라 하셨느니라(사 1:17).

7

'우리'만의 세상에서 벗어나라
: 비그리스도인과도 협력하라

　복음을 전하는 크리스천들은 동료 크리스천들의 지원과 이해를 받을 수 있다. 그러나 공의를 행하기 위해 세상에 나가 분투하는 경우에는, 신앙과 종교가 다른 이들과 더불어 일할 수밖에 없으며 또 그 편이 바람직하기도 하다. 특정한 이웃들 틈에 들어가 공의를 행하는 데(낙후된 변두리 학교의 환경을 개선한다든지, 세계 곳곳에서 벌어지는 인종 '청소'를 종식시킨다든지, 빈민촌에서 벌어지는 저임금 노동 착취를 뿌리 뽑는 일에 참여하는 따위의 사회 개혁 활동을 펼치는 일에) 관심을 기울이는 크리스천들은 적잖은 이들이 그 대열에 합류하고 싶어 한다는 사실을 금방 알게 된다.[1]

　크리스천은 세상에 정의를 실현하기 위해 다른 종교를 가졌거나 아예 신앙이 없는 이들과 손을 잡아야 하는가? 그래야 한다면 어떤 방식으로 연대해야 할 것인가? 이런 질문에 답하려면 먼저 '정의'의 개념을 둘러싼 논의가 완전히 허물어지다시피 한 후기 현대사회라는 마당을 살펴보아야 한다.

: 정의를 시행하기 위해 넌크리스천과 손잡아도 되는가

언젠가 비영리단체 직원들끼리 누가 그 기관을 대표해서 중요한 집회에 참가할 것인지를 두고 입씨름하는 걸 본 적이 있다. 더러는 연공서열이 가장 높은 여직원이 가야 한다고 주장했다. 반면에 조직에 들어온 지는 몇 년 안 되지만 대중 앞에 나서서 발표하는 능력이 탁월한 젊은 직원을 보내야 한다는 축도 있었다. 이런저런 이야기들이 오가면서 여성 대표를 미는 쪽 스태프들의 감정이 점점 격해졌다. 마침내 한 친구가 더는 못 참겠다는 듯 버럭 소리를 질렀다.

"미안하지만, 이건 정의의 문제라고!"

갑자기 어색한 침묵이 흘렀다. 잠시 후, 고참 여직원을 파견하는 쪽으로 정리되기는 했지만, 젊은 남성 직원을 밀었던 이들은 강압적인 분위기에 밀려 주장을 꺾었다는 자괴감을 떨쳐 내지 못하는 듯 보였다. 왜 그럴까? 현대사회에서 '정의의 문제'라는 말은 일종의 트럼프 카드와 비슷한 역할을 하기 때문이다. 논쟁을 벌이던 상대가 갑자기 자신의 입장이 정의를 대변한다고 우기고 나서면 달리 할 말이 없어진다. 끝까지 맞서 고집을 꺾지 않으면 불의한 인간이 되는 셈인데, 누가 그런 오명을 뒤집어쓰고 싶어 하겠는가?

그러나 이런 식의 의사 결정은 커다란 문제점을 내포하고 있다. 젊은 남자 직원을 지지하던 식구들에겐 찜찜한 구석이 남았다. 여직원의 능력에 관해서는 토를 달지 않았지만 토론을 통해 두 후보의 장단점을 평가하는 대신, 생각이 다른 이들에게 '불의'라는 딱지를 붙이는 식으로 상황을 정리했기 때문이다. 여성 대표를 밀었던 이들은 주장을 관철시키는 데 성공했지만 상대편의 마음에 억울하고 분한 감정을 심었다.

"정의롭지 못해!"라고 외치는 것만으로는 누구도 설득할 수 없다. 현대사회의 정의관이 심각하게 분열되어 있기 때문이다. 현대인들은 너나없이 스스로 정의의 편에 서 있다고 믿는다. 낙태를 반대하는 이들이든 찬성하는 이들이든, 하나같이 자신들의 입장이 정의롭다고 주장한다. 소수계 우대 정책을 지지하는 쪽이나 폐지를 요구하는 쪽 모두 제 방식이 정당하며 상대편은 부당한 짓을 하고 있다고 강변한다. 그러나 이런 비방의 밑바닥에는 어김없이 "정의란 무엇인가?"를 둘러싼 첨예한 견해 차이가 존재한다.

미국의 경우, 민주당은 정의를 집단적인 개념으로 파악한다. 세율을 낮추면 가난하고 소외된 계층이 장기간에 걸친 차별을 극복하는 데 필요한 도움을 줄 수 없으므로 불공정하다고 보는 것이다. 반면에 공화당은 개인적인 차원에서 정의를 생각한다. 높은 세율은 상대적으로 큰 위험을 감수하며 더 열심히 일해서 더 많은 수입을 올린 이들이 마땅히 누려야 할 혜택을 강탈하는 처사이므로 부당하다고 항변한다.

분명한 사실은, 현대 문화 속에서 '정의'라는 단어가 누구나 동의하는 하나의 의미를 갖고 있지 못하다는 것이다. 그래서 다들 도깨비방망이처럼 이 단어를 휘두른다. 저마다 독선적인 사고에 사로잡혀 상대방도 스스로 불의를 저지르는 걸 알고 있을 거라 믿는다. 정작 당사자들은 전혀 다른 생각을 하고 있는데도 말이다.

: 정의의 본질에 합의하는 것은 쉽지 않다

여기서 "잠깐!"을 외치고 싶을지 모른다. "정의는 상식의 문제가 아니던가요? 만민의 평등과 개인의 자유를 존중하면 되는 게 아닐까요?" 하지만 현대사회에서 자유니 평등이니 하는 어휘들은 정의의 본질을 규정하는 데 별 도움이 안 된다.

하버드 로스쿨의 마이클 클래먼(Michael J. Klarman) 교수는 말한다. "'평등'도 그렇지만 '자유'는 공허한 개념이다. …… 자유를 들먹이는 이들의 실질적인 동기가 그 말의 선악을 가름하기 때문이다."[2] 같은 학교의 법학교수 피터 웨스텐(Peter Westen)도 〈하버드 로 리뷰〉에 발표한 '평등이라는 공허한 사상'(The Empty Idea of Equality)이라는 유명한 논문에서 비슷한 주장을 펼쳤다.[3] 이들은 무슨 얘길 하고 있는가?

자유를 부르짖을 때는 일반적으로 다른 이들의 자유를 해치거나 손상시키지 않는 한, 누구나 스스로 선택한 그대로 살아갈 수 있어야 한다는 의미를 머릿속에 떠올린다.[4] 언뜻 단순 명료해 보이는 사상이지만, 여기에는 무엇이 해로운가에 관한 합의가 이뤄졌다고 가정한다는 문제점이 있다. 흔히 드는 예지만, 외설죄를 엄격하게 규정하는 법률은 표현의 자유를 침해하므로 부당하다고 주장할 수 있다. 누구도 야한 책을 읽고 영화를 보라고 강요하지 않는다. 제각기 자발적으로 구매해서 즐길 뿐이다. "그런 사사로운 행동이 누구한테 해가 되나요?"라는 말로 방패막이를 삼는다. 그런 시각으로 보면, 음란물 제작을 제한하는 게 도리어 불의(不義)가 된다. 아무에게도 해를 입히지 않기 때문이다.

하지만 이는 사회학적으로 순진하기 짝이 없는 관점이라는 주장도 얼마든지 가능하다. 무엇보다도 사사로이 하는 행동에 따라 됨됨이가 결정된다는 점에서 그렇다. 평소에 즐기는 영화와 책은, 말과 행동은 물론이고 남들과 관계를 맺어 가는 방식에도 영향을 미친다. 인간은 너나없이 공동체와 상호작용을 하기 때문에, 개인적으로 하는 일이라 할지라도 다른 구성원들에게 일정한 영향을 미친다. 뿐만 아니라 음란물을 구입하면 자연히 그 시장이 형성된다. 아이들에게 그런 물건들을 절대로 보여 주고 싶지 않은 시민들의 자녀들까지도 쉽게 손댈 수 있게 된다는 뜻이다. 따라서 음란물을 구입해서 감상하는 행위는, 다른 사람들로 하여금 식구들이 결코 빠지지 말았으면 하고 바라는 환경에서 살아가도록 강요하는 결과를 불러온다. 한편에서 '자유'라고 생각하는 상황이 다른 한쪽에는 무거운 부담이 되는 셈이다.[5]

이런 예는 얼마든지 들 수 있다. 누군가 회사를 차려서 경쟁사보다 품질이 월등하게 우수한 상품을 파격적으로 싸게 공급한다고 생각해 보라. 다른 기업들은 곧 파산하고 말 것이다. 무너진 회사들의 입장에서는 새로 진입한 상대로부터 심각한 피해를 입었다고 주장하지 않겠는가? 그런 소리를 들었다고 해서 곧 폐업을 할 수 있겠는가? 현대 자본주의 사회에서는 그처럼 시장을 독점한 기업이 해를 끼쳤다고 평가하지 않는다. 자유 시장 경제 체제가 결과적으로 인류의 번영에 유리하다고 보기 때문이다.

그러나 입장을 달리하는 문화권들도 적지 않다. 그러므로 클래먼 교수가 지적한 것처럼, 이른바 '자유'라는 건 '공허한' 개념이다. 자유를 들먹이게 하는 원인은 늘 개인적인 신념, 즉 인간 본성과 행복과 옳고 그름을 바라보는(이는 신앙적인 차원의 문제다) 관점에 뿌리를 두는 까닭이다. 누군가의 자유가 다른 이들에게 해를 준다면 제한해 마땅하다는 데 다들 이견이 없지만, 무엇이 해로운 것이냐에 대해서는 의견이 엇갈리게 마련이다. 건강하고 풍요로운 인생에 대한 시각이 저마다 다르니 그럴 수밖에 없는 것이다.[6]

그러므로 고참 여직원을 지지하는 이들이 "부당해!"라고 부르짖은 건 도움이 되는 행동이 아니었다. 클래먼의 말마따나, 정의라고 규정할 만한 장점들에 관해 의견을 나누었어야 한다. 하지만 직원들 사이에서 그런 얘기는 단 한마디도 오가지 않았다. 이것이 오늘날 우리 사회의 자화상이다.

: 정의론에는 종교적 가정이 깔려있다

철학자 알래스데어 매킨타이어(Alasdair MacIntyre)는 「누구의 정의? 어떤 합리적 근거로?」(*Whose Justice? Which Rationality?*)[7]라는 책을 썼다. 글쓴이는 아리스토텔레스, 아퀴나스, 흄 같은 사상가들로 거슬러 올라가서 서로 경쟁하는 현대사회의 비전들을 탐색한다. 이처럼 경쟁적인 관점들이 어떻게 작용하는지 선명하게 드러낸 탁월한 책으로는, 하버드대학의 법학교수 마이클 샌델(Machael Sandel)이 쓴 「정의란 무엇인가」(*Justice : What's the Right Thing to Do?*)[8]가 있다. 지은이는 현대사회의 정의관을 구성하는 세 가지 요소로 '행복의 극대화'와 '자유 존중', '미덕 증진'을 꼽는다.[9] 첫 번째 요소의 틀에 맞추어 생각하면, 가장 많은 구성원에게 최상의 이익을 주는 조치가 가장 정의로운 행동이다. 두 번째 틀을 기준으로 삼는다면, 각자 선택한 삶을 살아갈 개인의 자유와 권리를 최대한 보장하는 게 정의로운 일이다. 마지막 요소를 중심으로 한 관점에서 보자면, 도덕과 미덕을 좇아 마땅히 해야 할 바를 다할 때 비로소 정의가 실현된다. 이런 시각은 그때그때 정의를 어떻게 규정하느냐에 따라 전혀 다른 결론에 이르게 만든다.[10]

▶ 마이클. 샌델은 「정의란 무엇인가」라는 자신의 책에서 현대사회의 정의관을 구성하는 세 가지 요소로, 행복의 극대화, 자유 존중, 미덕 증진을 꼽았다. ◀

현대사회에서 정의에 관한 논의가 그토록 정체 상태에 빠지게 된 이유는 무엇인가? 정의와 연관된 관념들의 밑바닥에는 본질적으로 종교적인 추론이 깔려 있는데, 그 존재조차 인식하지 못하고 지나가는 경우가 허다하기 때문이다. 법학교수 스티븐 스미스(Steven D. Smith)는 주목할 만한 저서 「세속적인 담론에 대한 자각」(*The Disenchantment of Secular Discourse*)에서 통속적인 세계, 특히 정부와 정계, 학계를 지배하는 어떤 토론 규칙 같은 게 있어서 아무도 공적인 논의에 신앙적인 신념을 끌어들이지 못한다는 사실을 지적한다. 도덕적 정당성이라든지 윤리적 악(惡)에 관해 이야기하는 건 일종의 금기 사항이다. 그랬다가는 어떤 종교적 신념이 진리인가를 두고 끝없는 입씨름이 벌어질 게 뻔하기 때문이다. 그래서 모두들 자유와 평등에 관해 서로 동의할 수 있는 용어들만 가지고 정의를 말한다. 하지만 그렇게 해서는 이야기가 통하지 않는다. 이미 살펴본 바와 마찬가지로, 인간의 정의관은 인생관, 즉 실증할 길이 없는 신앙적 가정에 뿌리를 두고 있는 탓이다. 스미스는 이렇게 썼다.

> 오늘날 공적인 담론에 쓰이는 세속적인 어휘들은 규범적인 신념과 원칙을 온전히 전달하기에 불충분하다. 하지만 현대인들은 어떤 식으로든 규범적인 사안들을 논의하려 든다. 공식적으로 인정받을 수 없는 관념들을 슬쩍 끌어들이는 방식을 통해서뿐만 아니라 …… 똑 부러지게 표현할 길이 없는, 그래서 자신조차도 설득하지 못하기 십상인 원칙들을 …… 은근히 끌어들이다 보니 담론은 툭하면 벽에 부딪치고, 후련하지 않고, 피상적이 될 수밖에 없다.[11]

간단한 예를 들어 보자. 체벌은 아동의 권리와 품위를 침해하므로 불법이라는 이야기가 자주 나온다. 하지만 스미스는 인간은 존엄하다든가, 인류는 소중하고 신성한 권리를 가졌다는 관념을 뒷받침할 만한 세속적이고 과학적인 근거는 없다고 단언한다.

역사학자 칼 베커(Carl L. Becker)가 남긴 유명한 말에 따르자면, 과학적인 잣대를 엄밀하게 들이대고 살펴본 인간은 "철을 녹슬게 하고 옥수수를 익게 만드는 것과 동일한 물리력에 밀려 빙하기와 빙하기 사이에 아무렇게나 지표면에 팽개쳐진 우연의 산물"에 지나지 않는다. 과학자 스티븐 호킹(Stephen Hawking)은 "인류는 어중간한 크기의 행성에 떨어진 화학 폐기물"이라고 했으며, 얼마 전 하버드대학의 심리학 교수 스티븐 핑커(Stephen Pinker) 역시 '존엄을 논하는 아둔함'(Stupidity of Dignity)이라는 에세이를 썼다. LSE(London School of Economics)에서 학생들을 가르치는 저명한 철학자 존 그레이(John Gray)는 『하찮은 인간, 호모 라피엔스』(Straw Dogs : Thoughts on Humans and Other Animals)라는 책에서, 과학적 사고를 수용하면서도 여전히 인간의 존엄성이나 권리 따위에 집착하는 진보적 휴머니즘을 버리지 못하는 이들의 자가당착을 꼬집는 글을 썼다.[12]

그래서 스미스는 "체벌이 어린이의 존엄성과 인권을 침해한다"고 말하는 게 "아동 체벌은 도덕적인 모욕이다"라고 말하는 것보다 더 객관적인 것처럼 보이지만, 그런 결론에 도달하는 과정을 보여 주는 데는 도리어 후자가 더 솔직한 표현이라고 결론 짓는다.[13] 세속적인 담론의 규칙은, 저마다의 도덕적 가치 판단을 상대방은 물론 자신에게조차 설득시키지 못한 채 논의에 끌어들이게 만든다. 따라서 차이의 핵심에 관한 더 깊은 토론은 아예 시도조차 못하는 것이다.

샌델은 논란의 여지가 훨씬 더 큰 사례를 제시한다. 낙태의 권리를 외치는 자유주의자들의 낯익은 외침으로, "도덕적이고 신앙적인 논의를 배제하고 중립과 선택의 자유를 바탕으로 문제를 해결하자"[14]는 주장이다. 임신중절 합법화를 지지하는 이들은, 반대자들을 손가락질하며 특정한 도덕적 종교적 가치관을 사회에 강요한다고 목소리를 높인다. 자신들은 그저 선택의 자유를 요구할 따름이라는 것이다. 샌델은 이렇게 반박했다.

> 그러나 이런 논지에는 설득력이 없다. 성장하고 있는 태아가 윤리적으로 아이와 매한가지라면 낙태는 도덕적으로 영아 살해에 해당하기 때문이다. 정부는 뒷짐 지고 서서, 부모가 자식을 죽일지 말지 알아서 결정하도록 방치해야 한다는 의견을 고집할 사람은 거의 없을 것이다. 그러므로 낙태와 관련된 논쟁에서 '임신중절 합법화'에 찬성하는 입장 역시 도덕적 신학적 배경에서 완전히 자유로운 건 아니어서, 묵시적으로 태아의 지위에 대한 가톨릭교회의 가

르침이 오류라고 가정하는 것이나 진배없다.[15]

    샌델의 논지는 노예 문제에서 한결 선명하게 드러난다. 노예를 소유하거나 그러지 않을 자유를 허용하지 않는 이유는 무엇일까? 인종을 초월해서 우리 사회의 모든 구성원이 그 자체로 온전한 인간이라는 도덕적 결정을 내린 까닭이다. 마찬가지로, 여성들에게 낙태의 자유를 허용하지 않는다면 그 역시 윤리적 결정을 했기 때문인 것이다. 샌델은 이렇게 결론짓는다.

    "법은 도덕적 신앙적 문제들에 관해 중립을 지켜야 한다고 말하는 것만으로는 충분치 않다. 낙태를 허용하는 건 금지하는 경우보다 눈곱만큼도 중립적이지 않다. 양쪽 입장 모두 근원적인 윤리 및 신앙적 논란에 대한 해답을 상정하고 있다."[16]

    경건한 크리스천도 아니고 임신중절 합법화에 찬성하는 샌델은, 공의는 늘 '판단'[17]의 문제일 수밖에 없다고 못 박아 말한다. 공개적으로 인정하거나 토의하는 게 허용되지 않아서 그렇지, 정의에 관한 모든 설명의 이면에는 어김없이 종교적인 가정들이 깔려 있다. 현대사회에서 이러한 이슈들에 대한 논란이 교착 상태에 빠질 수밖에 없는 까닭이 여기에 있다. 마음속 깊은 곳에 있는 신념을 곧이곧대로 털어놓지 못하는 한, 정의의 본질에 대한 합의를 이룰 길은 없다.

: 겸손한 태도로 협력하라

이런 환경에서 크리스천은 어떻게 공의를 베푸는 작업을 계속해 나갈 것인가? 정의를 실현하려는 크리스천의 노력에는 겸손한 협력과 품위를 잃지 않는 도전이 드러나야 한다고 생각한다.

크리스천들은 겸손한 태도를 잃어버리거나 다른 이들과 협력하지 않으려는 자세를 갖기 쉽다. 성경을 통해, 의롭고 공정한 삶에 대한 기준을 나름대로 충분히 갖게 되었기 때문이다. 세상 사람들이 크리스천들의 믿음을 무시해 버리는 것처럼, 예수를 믿지 않는 이들이 정의에 관해 왈가왈부하는 걸 쓸데없는 소리로 치부하려는 유혹을 받는 것이다.

하지만 크리스천의 신학은 반드시 샌델 교수가 설명했던 현대사회의 다채로운 정의관을 인정하고 존중하는 태도로 연결되어야 한다. 성경을 제대로 읽었다면 잘 알겠지만, 그런 견해들에도 부분적으로 바르고 정당한 내용이 들어 있기 때문이다.

▶ 경건한 크리스천도 아니고 임신중절 합법화에 찬성하는 마이클 샌델은, 공의는 늘 '판단'의 문제일 수밖에 없다고 못 박아 말한다. ▶

공리주의자들은 공공복리에 관심을 갖는다. 잠언 역시, 정의롭게 사는 이들은 재물을 혼자만의 것이 아니라 주변 공동체와의 공동 소유물로 여긴다고 가르친다. 자유주의자들은 주로 개인의 권리에 신경을 쓴다. 그런데 앞에서 살펴본 것처럼, 하나님의 말씀은 권리 개념을 뒷받침하는 데 더할 나위 없이 강력한 토대를 제공한다. 성경은 누구나 자신의 주장을 이야기할 수 있고, 힘을 가진 이들은 그렇지 않은 이들의 행복을 지켜주는 방향으로 처신해야 하며, 괴롭히거나 착취하거나 납치해서는 안 된다고 말한다. 어째서 그런가? 창세기 9장 6절에 명시되어 있다시피, 하나님의 형상대로 지음받았으므로 저마다 아무도 침해할 수 없는 고유한 가치와 존엄성을 가졌기 때문이다.

마지막으로 보수주의자들은, 자격을 갖춘 이들에게 합당한 대가를 지불하며 장점과 덕성을 높이는 게 바로 공의라고 믿는다. 그러나 샌델을 비롯한 여러 학자들이 보여 주는 바와 마찬가지로, 공리주의의 '해로운' 원칙들은 물론이고 평등권을 강조하는 자유주의도 공의를 행하기에 충분치 않다. 자유와 평등을 가름하는 판단의 밑바닥에는 늘 일련의 도덕적 직관과 가치 판단이 깔려 있다. 크리스천이라면 이 말에 전폭적으로 동의할 것이다. 그리스도를 좇는 이들에게는, 샌델이 제기하는 여러 문제들에 관한 입장을 정하는 데 성경의 지침들이 중요한 근거가 된다. 따라서 이번에는 이런 학설을, 다음에는 저런 견해를 지지할 수밖에 없다.[18] 성경 말씀에 따르자면 도덕성과 권리, 공익이 모두 정의의 결정적인 측면들이기 때문이다.

크리스천들이 동일한 목표를 위해 종교가 다른 이들과 함께 힘을 모아 움직일 수 있는 까닭은 무엇인가? 사도 바울은 성경을 읽어 보지도 않고 심지어 알지도 못하는 이들에게는 "그 양심이 증거가 되어 그 생각들이 서로 혹은 고발하며 혹은 변명하여 그 마음에 새긴 율법의 행위를"(롬 2:15) 나타낸다고 했다. 신학자들은 성경이라는 '특별계시'와 구별해서 이를 '일반계시'라고 부른다. 하나님은 이른바 '직관'[19]을 통해 거룩하신 뜻을 인간의 양심에 계시하신다. 예를 들어, 창조주가 그분의 형상대로 인류를 지으셨다는 말씀을 믿지 않는 이들조차도 성경의 가르침을 믿느냐와 상관없이 직관적으로 인간의 신성한 존엄성을 인지할 수 있다.

크리스천들은, 이런 일반계시의 결과로 어떤 문화에는 '일반은총'이 존재하게 되었다고 믿는다. 야고보서 1장 17절은 하나님이 신앙을 초월해 뭇 민족에게 지혜와 선, 정의와 아름다움 따위의 선물들을 고루 베푸셨다는 의미를 담고 있다.[20] 크리스천은 과학을 비롯한 학문, 기술, 정치, 예술, 법률 등 온갖 능력들이 창조주에서 비롯되었다고 본다.[21]

이러한 은혜는 그리스도 안에서 구원의 길을 찾는 이들뿐만 아니라 누구에게나 무차별적으로 주셨다는 점에서 '일반'이라는 표현이 붙는다. 하지만 신학자 리처드 마우(Richard Mouw)가 지적한 대로 이 은총은 "크리스천들로 하여금 예수를 믿지 않는 이들과 협력하고 그들에게서 배울 근거가"[22] 된다.

성경은, 하나님 말씀을 믿는 이들만 공의에 관심을 쏟는다거나 자신을 희생해서 정의를 실현할 각오가 되어 있다고 속단하지 말 것을 경고한다. 어느 신학자는 이렇게 정리했다.

"자기희생적인 친절한 행위는 모든 민족과 계층들에서 볼 수 있다. 단지 인간의 본성에 선과 악이 뒤섞여 있어서가 아니라 하나님이 철저히 거역하는 마음을 억누르시고 거룩한 영광과 선하심을 보여 주시는 덕분이다."[23]

그러므로 크리스천들은 주님을 모르는 이들 가운데도 성경이 가르치는 '공의'를 부분적으로나마 깨달아 아는 이들이 있음을 인지해야 한다. 공개적으로 의견을 밝힐 때는, 오직 그리스도를 좇는 이들만 마땅히 해야 할 일을 알고 있는 게 아님을 늘 의식하면서 조심스럽게, 은혜롭게 해야 한다. 성경 말씀만을 인용해서 설득해서는 안 된다. 켄 마이어스(Ken Myers)라는 작가의 말마따나 "크리스천은 문화적인 가치관을 설명할 때, 믿지 않는 이들도 받아들일 만한 이야기를 해야 한다. '다원주의'를 으뜸으로 여겨서 상대방의 기분을 상하게 하지 않으려는 게 아니라, (일반 은총을 감안하면) 사실상 공통적인 가치관을 설명하는 셈이기 때문이다."[24]

크리스천들은 정의를 추구하는 한편, 함께 일하는 이들 모두를 환영하며 동등하게 대우해야 한다. 복음이 얼마나 큰 동기요

동력이 되는지 동료들에게 알려 주어야 하지만, 마이어스의 말처럼 가능한 한 공통적으로 지닌 가치관에 호소할 필요가 있다.

여기서 중요한 건 균형이다. 한편에는 성경의 논리만을 고집하고, 신앙을 공유하지 않는 이들을 공격적으로 몰아붙여 가면서 사회 개혁을 부르짖는 이들이 있다. 다른 한편에는 사회정의를 추구하려고 노력하다가는 결국 세상과 더 가까워지고 말 것이라면서 그런 일에 뛰어들지 말라고 충고하는 이들이 있다. 크리스천이라면 예수님을 믿는 신앙을 전파하고 교회를 세우는 데 전력해야 한다는 것이다.

전자는 문화를 바꾸고 사회 개혁하는 일을 지나치게 낙관하는 승리주의자들인 반면, 후자는 지나치게 비관적인 그룹이다. 신학자 D. A. 카슨은 일단 '구속받은 문화'를 만들어 내는 낙원의 꿈을 퍼트리면, 결국 역사를 바라보며 '사회 구조를 개선하고 심지어 변화시키는 게' 가능하다는 사실을 깨닫게 된다고 주장한다.

> 질병이 물러간다. 성매매가 상당히 감소한다. 어느 한 지역에서 노예 제도가 폐기되기도 한다. 때로는 한층 공평한 법률이 나와서 정의를 진작시키고 부패를 줄이기도 한다. …… 이런 것들 말고도 이루 헤아릴 수 없을 만큼 많은 영역에서 문화적인 변화가 가능하다. 더 중요한 사실은 시민들에게 선을 행하는 일, 더 나아가 모든 이

들에게 선을 행하는 일(비록 믿음의 권속들에 대해 더 특별한 책임을 갖는다 할지라도)은 구원받은 하나님의 백성으로서 마땅히 져야 할 짐 가운데 하나라는 점이다.[25]

크리스천은 '일반은총', 즉 하나님을 믿지 않는 이들과 공유하는 선, 진리, 정의 따위에 대한 공통된 의식을 인정해야 한다는 이야기를 했다. 그처럼 서로 일치하는 가치관에 기대어 이웃들과 더불어서 이 세상에 정의를 확산시키는 일을 해야 한다. 성경의 가르침에 따른다면, 우리 사회에 존재하는 다채로운 정의관이 저마다 일정 부분 타당성을 가지고 있다는 사실을 부정할 수 없을 것이다.

하지만 그러한 정의 개념들이 저마다 어느 정도 오류를 포함하고 있는 것 또한 엄연한 사실이다. 샌델이 정리해서 보여 주는 이론들은 도덕성, 권리, 공동선 따위의 요소 가운데 한 가지에 상대적으로 월등한 가치를 부여한다. 그러나 성경이 가르치는 공의는 어느 특정한 요소가 아니라 하나님 자신의 성품과 존재에 뿌리를 두고 있다. 그런 의미에서 현존하는 어떠한 정치 구조도 성경의 포괄적인 정의관을 온전히 담아낼 수 없다. 그러므로 크리스천들은 특정 정당이나 철학에 지나치게 기울지 않도록 주의해야 한다.

개중에는 정부의 역할과 기능을 광범위하게 보는 진보적인 시각에서 정치 현안을 다루는 교회들이 있다. 반면에 어떤 교회들은 보수적인 관점에서 접근하는 쪽을 선택한다. 최소한 미국의 경우, 빈곤 문제는 불공정한 법률과 인종 편견의 결과가 아니라 가족 붕괴에 따른 현상일 뿐이라고 주장한다. 이미 살펴본 것처럼, 성경은 어느 쪽에 대입해도 딱 들어맞을 만큼 오묘하며 완벽한 균형을 유지하고 있다. 아울러 하나님 말씀을 특정한 경제 체제나 정책에 지나치리만큼 밀접하게 결부시킨다면, 그 시스템에 거룩한 권위를 부여하는 셈이 된다. 따라서 크리스천들은 지향성이 같은 동지들과 겸손하게 협력하면서도, 한편으로는 품위를 지켜 가며 상대방의 정의 모델이 환원적이고 불완전하다고 도전하는 자세를 가져야 한다.

: 정의를 행하는 기초가 성경임을 침묵하지 말라

굳이 그래야 하는 이유는 무엇인가? 실용적으로 접근하는 게 최선이 아닐까? 사회에 대해 기본적으로 동일한 관심을 가진 이들에게 신앙이나 신념의 차이를 얘기하기보다 잠자코 함께 일이나 잘해 나가는 편이 낫지 않을까? 단기적으로는 그편이 덜 신경 쓰이겠지만, 장기적으로는 사회에 결코 좋은 영향을 주지 못한다.

우선, 크리스천들의 남다른 정의관의 뿌리가 되는 근원적인 믿음을 사회가 이해하지 못하게 된다. 현대사회는 논의 과정에서 도덕적이고 종교적인 신념에 관해 이야기하는 걸 기피하는 까닭에, 무언가를 바르다고 판단하는 이유를 설명할 길이 없다. 샌델은 지난 수십 년 동안 현대 법률과 법학을 지배해 온 '자유주의적 중립'이라는 이상, 즉 "공개적으로 정의와 권리를 논할 때는 도덕적 종교적 신념을 끌어들이지 말아야 한다"[26]는 의식은 실현 불가능한 사고라는 점을 밝히 드러내 보여 준다.

> 정의는 어쩔 수 없이 판단의 문제가 될 수밖에 없다. 긴급 재정 지원 …… 대리모, 동성 결혼, 소수 집단 차별 철폐 정책 …… 최고경영자에게 지급되는 급여 따위에 관해 무슨 이야기가 오가든, 정의는 영예와 도덕성, 자부심과 인정 따위를 두고 서로 상충되는 다양한 개념과 긴밀하게 연결된다. 정의는 단지 올바른 분배 방식에 얽힌 사안에 그치지 않는다. 바른 가치 평가 방식의 문제이기도 한 것이다.[27]

그런데 '가치 평가'는 늘 삶의 목적이라든가 인간 본성, 옳고 그름(모두 도덕적 종교적인 요소들이다) 따위에 관한 믿음에 토대를 두게 마련이다.

고대 그리스 철학자들은 초월적인 힘을 가진 존재가 저마다 고유한 목적, 즉 텔로스(telos)를 염두에 두고 세상 만물을 고안했기 때문에, 그 목적인(目的因)을 언급하지 않고서는 어떻게 살아야 할지 판단하는 것 자체가 불가능하다고 믿었다. 예를 들어, 산간벽지에 살다 온 친구가 있는데 여태 휴대폰을 단 한 번도 본 적이 없다고 치자. 누군가 휴대폰을 선물했더니 땅에 말뚝을 두드려 박는 데 사용했다. 당연히 기계는 박살이 났다. 그러자 그 친구가 도리어 툴툴거린다. "이거 아주 형편없는 물건이로군!" 선물을 주었던 이는, 휴대폰이 무언가를 두들기라고 만든 물건이 아니라 멀리 떨어져 있는 이와 연락하는 데 쓰는 도구라고 열심히 설명할 것이다. 이처럼 사물의 텔로스, 즉 정확한 용도를 모르는 한 좋고 나쁨을 제대로 판단할 수 없다.

인간의 선한 행동과 악행을 어떻게 가릴 수 있는가? 아리스토텔레스와 그 제자들은 이렇게 답할 것이다. "인간이 어떤 이유로 지상에 태어나게 됐는지 파악하지 못한다면 그 질문에도 대답할 수 없다."[28]

인권 개념은 아리스토텔레스의 주장을 가장 확실하게 뒷받침하는 본보기에 속한다. 인권 사상이 홉스나 로크와 같은 계몽주의 사상가들로부터 비롯되었다고 믿는 이들이 아직도 수두룩하다. 하지만 코넬대학의 브라이언 티어니(Brian Tierney)는 통념과 달리 인권 개념, 특히 인간은 누구나 하나님의 형상대로 지음받았으므로 태어날 때부터 존엄성을 지닌다는 기독교 교리에 뿌리를 둔 인권 사상이 태동한 모태는 12-13세기 기독교 법률학이었음을 입증해 보였다.[29]

인간이라면 누구든 성별, 인종, 나이, 능력과 상관없이 태생적인 가치를 갖는다는 견해를 입증할 만한 중립적이고 과학적인 근거가 없다고 주장하는 스티븐 호킹과 스티븐 핑커, 존 그레이 같은 학자들의 견해는 앞에서 살펴보았다. 심지어 무신론자나 영지주의자들조차도 인권 개념에는 신앙적인 차원이 요구된다는 점을 인정한다. 레이몬드 가이타(Raimond Gaita)는, 인권 사상이야말로 신앙적인 전통에 토대를 둔 '인간의 신성한 가치'라는 개념에서 비롯된 것이므로, '빼앗을 수 없는 권리'에 대해 이야기하는 세상의 사상가들은 "어떻게 해서든 최후까지 승복할 수 없는 이유를 찾아내려고 안간힘을 쓰는"[30] 셈이라고 했다. 심지어 철학자 자끄 데리다(Jacques Derrida)마저도 여기에 동의한다.

> 오늘날 국제법의 주춧돌 노릇을 하는 건 신성성, 즉 인류에게는 아무도 침해할 수 없는 가치가 있다는 사실이다. 인간을 죽여서는 안 된다. 신성함, 즉 하나님이 만드신 또는 그분으로부터 지음받은 인간으로서 이웃이 가진 고귀함에 거스르는 범죄에 연루되어서는 안

된다. 그런 점에서, 반인륜적 범죄라는 개념은 크리스천의 사고방식이며 기독교의 유산, 아브라함의 유산, 성경의 유산을 제외하면 오늘날 그 어떤 법률에서도 유례를 찾아볼 수 없다.[31]

마르크시스트 문예비평가 테리 이글턴(Terry Eagleton) 또한, 인류 사회에 공의가 사라지지 않고 유지되는 데 신앙이 미친 영향을 평가절하하려는 리처드 도킨스(Richard Dawkins)나 크리스토퍼 히친스같은 학자들의 노력에 반기를 들었다. 이글턴은 "과학과 신학의 차이는 세상을 선물로 보느냐 아니냐의 여부에 달려 있다"[32]고 했다. 인간을 신성한 피조물이요 하나님의 선물이 아니라 우연의 산물로 파악한다면 세상을 살아가는 방법이 엄청나게 달라질 것이라는 말이다.

그렇다고 신앙을 갖지 않은 이들이 인간의 존엄이나 인권을 믿지 않는다는 이야기는 결코 아니다. 수많은 무신론자들 역시 그 가치를 믿을 수 있고 또 실제로도 믿고 있다.[33] 하지만 그런 믿음 자체가 본질적으로 신앙적일 수밖에 없다는 사실은 누구도 부인할 수 없을 만큼 분명하다.

샌델과 스미스를 비롯해 수많은 학자들은, 도덕과 종교적인 믿음을 공개적인 논의의 장으로 끌어낼 필요가 있다고 말한다. 그러나 세속적인 공개 담론 규칙은 그런 문제를 거론하는 걸 용납하지 않는다. 신앙적인 신념에 관계된 토론은 대중 사이에서 끝없는 의견 다툼을 불러일으킬지 모른다는 두려움에 사로잡혀 있기 때문이다. 하지만 현대인은 도덕적 종교적 중립성을 확보할 수 있으리라는 환상에 사로잡혀 있는 탓에 이미 충돌에 휘말린 상태다. 게다가 진정한 차이점이 무엇인지 대놓고 토론하지 못하다 보니, 상반된 입장을 가진 이들을 설득하는 대신 무력화시켜서 벼랑 끝으로 몰아가는 권력 투쟁을 벌이기 일쑤다. 이런 담론 규칙과 분위기를 바꿔야 한다. "정의롭지 못해!"라고 버럭 고함을 지르는 양상에서 서로 대화하며 공의를 추구하는 분위기로 반전시키는 데 크리스천이 중요한 몫을 감당할 수 있다.

여기에 전폭적으로 동의할 것처럼 보이는 유명 인사로 미국 대통령을 꼽을 수 있지 않을까 싶다. 버락 오바마(Barack Obama)는 이렇게 말했다.

> 종교를 갖지 않은 이들이 신앙인들에게 공적인 자리에 들어오기에 앞서 문간에 신앙을 내려놓으라고 요구하는 건 문제가 있습니다. 프레더릭 더글러스, 아브라함 링컨, 윌리엄 제닝스 브라이언, 도로시 데이, 마틴 루터 킹을 포함해서 미합중국 역사를 장식했던 위대한 개혁가들 가운데 대다수는 신앙에 기대어 일어났을 뿐만 아니라, 신앙적인 언어를 반복적으로 구사해 가며 저마다의 주장을 펼

쳤습니다. 그러므로 공공 정책을 다루는 토론에 '개인의 도덕성'을 주입해서는 안 된다고 말하는 건 사실상 모순입니다. 우리의 법은 두말할 것도 없이 도덕을 체계화한 결과물이며, 그 상당 부분은 유대-기독교의 전통에 토대를 두고 있습니다.[34]

크리스천들은 공적인 자리에서 신앙을 거론하지 말아야 한다고 강변하는 목소리들이 아직 많이 남아 있다. 하지만 이는 '중립적이고 세속적인 사고'를 근거로 공의를 주장하는 게 가능하다고 믿는 이들의 음성에 불과하다. 그런 시각은 점차 시들어 가고 있는지도 모른다.

사회에서 공의를 추구하는 작업은 도덕적으로 중립적인 일이 결코 아니며, 본질적으로 신앙적이라는 현실 인식에 기초하고 있다. 크리스천은 공격적이거나 비난하는 언사를 사용해서는 안 되지만, 그렇다고 정의를 실현하고자 하는 열정의 근원이 되는 성경적 뿌리에 관해서까지 침묵해서는 안 될 것이다.

Generous Justice

너희는 내가 사로잡혀 가게 한 그 성읍의 평안을 구하고 그를 위하여 여호와께 기도하라. 이는 그 성읍이 평안함으로 너희도 평안할 것임이라(렘 29:7).

8

모두의 샬롬을 위해 낮은 자리로 가라
: 하나님이 꿈꾸시는 세상을 향한 첫걸음을 내딛으라

성경의 정의 개념은 포괄적이며 실제적이지만 또한 고상하고 놀랍다. 공의는 역사 속에서 하나님이 행하고 계신 일들의 핵심이다. 하나님은 인류를 그분 자신과 화목하게 하시며, 그 위대한 사역의 결과로 세상 모든 피조물이 주님과 화평하게 된다. 천지만물을 그리스도 안에서 하나가 되게 하시는 것이다(골 1:20; 엡 1:10). 이게 무슨 말일까?

: 하나님의 예술 작품

유대인의 성경은 세상의 시작을 그야말로 독특하게 설명한다. 대다수 고대 설화들은 우주의 세력들이 싸우거나 다투는 과정에서 일어난 사건이 창조라고 한다.[1]

중국 설화는, 태고 적에 어마어마하게 큰 알에서 반고라는 거인이 태어났는데 그가 죽고 나서 그 몸이 변해 세상이 생겼다고 이야기한다. 눈은 해와 달이, 몸은 산과 산맥들이, 피는 물이, 힘줄은 땅이, 수염은 숲이 되었다는 것이다. 아프리카에는 병에 걸린 거인이 해와 달, 별들을 차례차례 토해 내고 마침내 산천초목과 인간까지 뱉어 냈다는 신화가 있다. 영지주의자들은 높으신 하나님은 알 수 없는 분이며 그분의 뜻을 따르지 않는 수준 낮은 신, 즉 물질계의 창조자가 흠투성이인 세상을 만들었다고 가르친다. 노르웨이 신화에서는 오딘(Odin)이라는 신이 거인 유미르(Yumir)를 죽이고 그 몸뚱이로 세상과 뭇 민족을 만들었다고 한다. 바빌로니아의 서사시 에누마 엘리쉬(Enuma Elish)에도 비슷한 이야기가 나오는데, 마르두크(Marduk)가 바다의 여신 티아마(Tiamat)를 물리치고 그 몸으로 세상을 만들었다고 되어 있다.

이처럼 대다수 고대 신화에서는, 서로 대립하는 강대한 세력들이 갈등을 빚은 결과로 물질계가 생겨난다. 하지만 성경의 창조론은 전혀 다르다. 성경학자 게르하르트 폰 라트(Gerhard von Rad)는, 주변 민족들과 달리 이스라엘은 스스로 섬기는 주님에 필적할 만한 그 어떤 신적 세력도 상정하지 않았다고 말한다.[2] 따라서 창조는 경쟁자 없이 하나님이 독점적으로 이루신 역사일 수밖에 없다. 참호를 파서 진지를 구축하는 용사가 아니라, 그림을 그리고 조각품을 만드는 예술가로서 천지를 지으신 것이다. 하나님은 장인이며 예술가시다.

: 집을 짓고 옷감을 짜듯이

성경은 더러 건축적인 이미지를 빌려다가 창조를 설명한다. 하나님은 욥에게 "내가 땅의 기초를 놓을 때에 네가 어디 있었느냐. …… 누가 그것의 도량법을 정하였는지"(욥 38:4-6)라고 말씀하셨다. 태초에 하나님은 세상을 인간들의 둥지에 그치지 않고 그분의 거룩한 처소가 되도록 지으셨다(사 66:1). 시편을 보면, 창조주가 집을 짓듯이 세상을 세우시면서 '의와 공의'라는 기초를 놓으셨음을 알 수 있다.

유대인 학자 모세 바인펠트(Moshe Weinfeld)에 따르면, "이는 우주에서 파괴와 혼돈의 힘을 제거하고 평등과 질서, 조화를 부여하는 걸 가리킨다."[3] 건설업자들이 이런저런 원재료들을 잔뜩 가져다가 적절히 섞어서 집을 짓는 것처럼, 하나님은 혼돈을 없애시고 질서를 심으셨다.

성경은 세상이 창조되는 역사를 집 짓는 일뿐만 아니라 옷감 짜는 작업으로도 설명한다. 하나님은 카오스를 코스모스로 바꾸셨으며 뒤죽박죽 엉킨 실타래를 옷감으로 만드셨다. 옛날에 옷감 짜는 일은 시간을 많이 잡아먹는 중요한 작업이었으므로, 물질세계의 속성과 그 경이로움을 빗대기에 알맞은 소재였다. 성경은 바다(시 104:6)와 구름(욥 38:9), 하늘의 빛(시 104:2), 그리고 모든 자연의 힘(시 102:26)을 주님이 손수 짜서 두르신 옷감이라고 표현했다.

▶ 우주나 직물을 형성하는 것과 마찬가지로, 올바른 관계를 맺고 있는 인간들은 공동체를 구성하게 된다. 성경은 그렇게 서로 얽힌 관계를 샬롬, 또는 화평이라고 부른다. ◀

결과적으로 세상은, 시도 때도 없이 강력한 화염을 뿜어내는 화산 분화구보다는 오히려 직물과 비슷하다. 수많은 씨줄과 날줄이 서로 얽혀 한 폭의 천이 나온다. 그런 점에서 관계의 중요성을 전달하는 데는 옷감의 비유가 건축물 이미지보다 한 수 위라고 할 만하다. 수천 가닥의 실을 테이블 위에 던져 놓기만 하면 저절로 직물이 되는 게 아니다. 씨줄과 날줄을 이루 헤아릴 수 없을 만큼 다양한 방식으로 교차시키면서 제대로, 그리고 촘촘하게 얽어야 한다. 한 가닥의 실을 다른 실들의 위아래로, 주변으로, 사이사이로 엇갈려 보내야 한다. 그렇게 해야만 사물을 덮거나, 사람의 몸을 보호하거나, 비바람을 가리거나, 즐거움을 주는 아름답고도 질긴 천을 얻을 수 있다.

하나님은 만물을 지으시면서 아름답게, 조화롭게, 그물처럼 연결되어 서로 의지하는 관계를 맺게 하셨다. 물리적인 요소들이 제대로 연관되면서 우주나 직물을 형성하는 것과 꼭 마찬가지로, 올바른 관계를 맺고 있는 인간들은 공동체를 구성하게 된다. 성경은 그렇게 서로 얽힌 관계를 샬롬(shalom), 또는 화평이라고 부른다.

: 샬롬을 이루다

'샬롬'은 보통 '평화'로 번역되지만 원어는 그보다 훨씬 심오한 의미를 담고 있다. 이 말은 모든 관계가 올바르고 완벽하며 기쁨으로 가득해서, 물리적, 정서적, 사회적, 영적인 차원을 통틀어 한 점 부족함 없이 완전하게 조화를 이룬 상태를 가리킨다.[4]

몸이 건강할 때, 특히 젊어서는 힘과 활기가 넘치고 눈부시게 아름답다. 신체의 각 부분이 한 덩어리가 돼서 잘 돌아가기 때문이다. 그러나 어디 한 구석이라도 손상을 입으면 그 자리는 다른 부위와 조화를 이루지 못한다. 암세포는 다른 생체 구조에 동화되지 않고 도리어 시스템을 거스른다. 육신의 일부가 서로 조화를 이루면서 움직이지 않으면 신체적인 샬롬, 또는 안녕을 잃어버린다. 그러다 죽음을 맞으면 문자 그대로 해체되는 것이다.

정신적으로 평온한 상태를 유지하고 있다면, 그건 감정적인 욕구들이 양심이나 이성과 충돌하지 않고 원만하게 어울리는 덕분이다. 내면의 기능들이 잘 맞물려 돌아가는 것이다. 그러나 이성이 헛것이라고 가르치는 무언가를 마음 깊이 갈망한다든지, 양심이 잘못이라고 지적하는 일을 멈추지 않거나 도리어 추구할 때가 있다. 그렇게 되면 내면에서 심리적인 샬롬이 해체되는 경험을 한다. 흔히들 죄책감이 든다거나, 갈등을 느낀다거나, 걱정스럽다고 표현하는 상태다.

한편, 사회적인 샬롬도 있다. 프랑크 카프라(Frank Capra) 감독의 영화 〈멋진 인생〉(It's a Wonderful Life)을 보면, 뉴욕 베드포드 폴스(Bedford Falls)라는 조그만 마을에서 신용대출 회사를 꾸려 가는 조지 베일리(George Bailey)가 나온다. 조지의 회사는 오랜 세월 동안 수많은 가정에 공정하고도 합리적인 이율로 주택 자금을 융자해 주었고, 대출금이 제때 회수되지 않아도 주민들의 형편을 감안해서 끈질기게 참아 주었다. 조지는 CEO로서 이윤을 극대화시키는 게 아니라 공동체와 고객들이 성공하고 성장하도록 돕는 걸 경영 원칙으로 삼았다. 그러니 돈에 쪼들리기 일쑤였다. 결국 그는 자살을 시도하기에 이른다. 하지만 막 목숨을 끊으려는 순간, 조지가 그토록 바라던 대로 "그가 세상에 태어나지 않았더라면" 베드포드 폴스가 어떻게 됐을지 실감하게 해 주는 환상을 본다.

그것은 가난하고 엉망진창인 동네에 부잣집 몇 채가 들어앉은 모습이었다. 따뜻하고 친절한 이웃들은 사라지고 왈패들과 이기적인 욕심에 사로잡힌 패거리들이 서로 으르렁거릴 따름이었다. 조지 베일리의 노력이 없었더라면 마을 전체가 사회적인 샬롬을 잃어버렸을 게 뻔했다.

사회가 해체되고 범죄와 빈곤, 가족 붕괴가 일어나면 샬롬은 사라진다. 하지만 구성원들이 자원을 서로 나누고 협력하며, 공공서비스가 제대로 이뤄지고, 환경이 안전하고 아름답게 보전되고, 학교 교육이 정상적으로 진행되고, 기업이 번창하면, 사회적인 샬롬을 경험한다. 큰 수입을 얻은 이들이, 그걸 가진 게 거의 없는 식구들에게 투자한다면, 공동체는 함께 번영을 누리며 사회적 샬롬을 맛볼 것이다.

: 샬롬을 잃어버린 세상

하지만 전반적으로 세상에는 샬롬이 넘치지 않는다. 어쩌다 이렇게 됐을까? 창세기는 초반부에서, 사람이 하나님과 더불어 에덴동산을 거닐며 주님을 섬기는 모습을 그리고 있다. 창조주의 통치와 권위 아래 있는 동산은 그야말로 낙원이었다. 현대인의 일상에서도 그런 사례들을 볼 수 있다. 탁월한 경영자들은 수익을 내지 못하는 기업이나 도산한 프랜차이즈 회사를 인수한 후 리더십 기법을 동원해 상황을 반전시킨다. 능력 있는 새 리더가 조직을 이끌면서 사기가 높아지고, 갈등이 정리되며, 팀워크가 단단해지고, 저마다 비전을 보고, 너나없이 열심을 낸다. 이런 사례들은 살아계신 참 하나님의 절대적인 지배를 받을 때 어떤 일이 벌어질지 어렴풋이 보여 준다. 하나님의 지배를 받으면, 세상 만물에 내재된 잠재력이 충분히 발휘되고 번성해서 완벽한 조화를 이룬다.

▶ 공의를 행한다는 말은, 샬롬의 옷감이 찢어진 자리, 사회적인 약자들이 추락하는 자리로 가서 구멍을 메우는 걸 뜻한다. 이리저리 꿰매고 묶고 밀어 넣는 희생을 들여야 한다.◀

그러나 인간이 하나님 나라와 그분의 통치를 거부하고 창조주에게 등을 돌리는 바람에 총체적인 파국을 맞았다. 창세기 3장은 그 결과를 상당히 구체적으로 기술한다. 죄가 세상에 들어와 세상에 존재하는 모든 피조물을 훼손하고 망가뜨렸다. 하나님과 소원해진 탓에 진정한 자아는 물론 다른 이들과도 멀어졌다. 원초적인 이기심은 전쟁, 범죄, 가족 붕괴, 억압, 불의를 비롯한 엄청난 사회악을 불러왔다. 주님과의 관계가 단절되는 순간, 온 세상이 '제대로 돌아가지' 않게 됐다. 사방 천지에 기근과 질병, 노화와 신체적인 죽음이 흘러넘치기에 이르렀다. 하나님과의 관계가 무너진 까닭에 영적으로, 정신적으로, 사회적으로, 신체적으로 샬롬이 실종되고 만 것이다.

: 샬롬을 이루기 위한 정의

이제 성경이 말하는 공의가 무얼 의미하는지 더 명확하게 알 수 있게 됐다. 일반적으로 '공의'를 행한다는 말은, 인간이 행복해지는 강력한 공동체를 이루는 방식으로 살아가는 걸 가리킨다. 좀 더 구체적으로 말하자면, 샬롬의 옷감이 찢어진 자리, 사회적인 약자들이 추락하는 자리로 가서 구멍을 메우는 걸 뜻한다.[5] 그러려면 가난한 이들에게 초점을 맞추고 그 필요를 채워 주어야 한다.

그렇다면 어떻게 해야 할까? 찢어진 부분을 다시 연결하고 덧대려면 스스로 씨줄과 날줄이 되어 그 속으로 들어가야 한다. 인간은 모두 다 테이블에 놓인 실타래들이다. 돈과 시간, 능력을 이웃들의 삶에 투입하지 않고 자신만을 위해 간직한다면 사회적으로, 관계적으로, 정서적으로 옷감 속에 녹아들어 갈 수 없다. 다시 샬롬을 직조해 내는 일은 곧 시간과 재물, 능력과 자원들을 가지고 가난한 이웃들의 삶을 이리저리 꿰매고 묶고 밀어 넣는 작업이다.

예일대학 교수 노라 엘렌 그로스(Nora Ellen Groce)는 「여기서는 누구나 수화로 말한다」(*Everyone Here Spoke Sign Language*)라는 책에서 공동체 전체가 공의를 행하고 샬롬을 추구하는 흥미로운 사례를 소개한다.[6]

1980년 어간에 그로스는 유전적으로 청각 장애를 가진 마서즈 빈야드(Martha's Vineyard) 섬 주민들을 조사했다. 17세기에 이곳에 처음 정착한 유럽인들은 모두 영국 켄트 주에서 건너온 이 주민들이었다. 유전적 청각 장애의 발생 빈도가 높은 이른바 윌드(Weald) 출신이었던 것이다. 고립된 지역인 데다가 근친결혼마저 흔했던 탓에, 섬 전체를 통틀어 청각 장애자의 비율이 높았다. 19세기, 칠마크(Chilmark)에서는 주민 스물다섯 명 가운데 한 명이 청각장애인이었으며 작은 마을들에서는 소리를 듣지 못하는 이들의 비율이 25퍼센트에 육박했다.[7] 인구 이동이 증가하고 다른 섬 주민들과의 결혼이 빈번해진 요즘에는 유전적인 청각 장애가 완전히 사라졌다. 태어나면서부터 말을 하지 못했던 그 마을의 마지막 주민은 1952년에 세상을 떠났다.

대다수 사회에서는 신체장애를 가진 이들에게 건강한 이들의 생활 방식에 적응하기를 강요하는데, 빈야드 섬에서는 그런 사태가 벌어지지 않았다. 어느 날 그로스는 나이 지긋한 주민을 인터뷰하면서, 정상적으로 소리를 듣는 이들은 청각 장애인을 어떻게 생각하느냐고 물었다. 노인은 서슴없이 대답했다.

"생각 자체를 해 본 적이 없어요. 듣거나 듣지 못하거나 다 마찬가지 아닌가요?"

그로스가 의사소통을 위해서 다들 글 쓰는 법을 배우는 게 좋겠다고 하자, 노인은 놀라운 반응을 보였다.

"아녜요. 보다시피 여기서는 다들 수화로 이야기해요."

교수는 혹시 청각 장애인들의 가족을 얘기하는 거냐고 재우쳐 물었다. 노인은 고개를 저었다.

"아니죠. 마을 주민 전체가 그런다니까요. 나도 여태 수화를 했고 내 어머니도 그러셨어요. 여기선 다 그래요."

곁에 있던 주민이 거들었다.

"그분들은 장애인이 아니에요. 그냥 소리를 듣지 못할 뿐이죠."[8]

또 다른 사람이 말했다.

"그 양반들(청각 장애인)도 우리하고 똑같아요. 그래서 특별히 친절하게 대해 주는 법도 없고, 저편에서도 그에 대해 민감하게 굴지도 않죠. 다른 이들을 대하듯 똑같이 대우하면 그뿐이거든요."[9]

공동체 식구들은 모두 한마음이 되어 수적으로 적은 주민들을 위해 스스로 불편을 감수했다. 듣지 못하는 소수가 입술의 움직임을 읽어 내는 법을 배우는 대신, 다수 쪽에서 수화를 배웠다.[10] 듣고 말하는 기능에 이상이 없는 주민들이 두 가지 언어를 배운 덕에 청각 장애인들도 사회 활동 전반에 참여할 수 있었다. 공의를 행한(불편과 손해를 감수하고) 결과 다수의 주민들이 샬롬을 체험한 것이다. 다른 세상 같으면 뚫린 구멍 사이로 추락했을 게 뻔한 이들이, 사회라는 직물 속에 씨줄과 날줄로 녹아들었던 것이다.

> "그분들은 장애인이 아니에요." 듣지 못하는 소수가 입술의 움직임을 읽어 내는 법을 배우는 대신, 다수 쪽에서 수화를 배웠다. 불편을 감수했지만, 다수의 주민들이 샬롬을 체험했다.

"놀랍게도, 칠마크에서는 사회 활동을 비롯해서 무얼 하든지 모두가 함께 어울렸고 청각 장애인들도 여느 사람들처럼 즐거워했다. …… 그이들 역시 군중의 일부였고 다들 기꺼이 받아주었다. 듣지 못하는 이들은 어부였고, 농부였고, 또 다른 일을 하는 사회인이었다. …… 듣는 이들보다 청각 장애인이 더 많은 자리에서는 으레 수화를 사용했다."[11] 듣지 못하는 게 장애라는 인식은 발붙일 자리가 없었다.

그로스의 연구 가운데 가장 재미있는 측면은 정상적인 청력을 가진 이들이 의사소통 능력을 한층 더 키워 가는 대목일지 모른다. 이들은 청각 장애인들과 커뮤니케이션하는 일 말고도 수화를 활용할 수 있는 여러 가지 방법들을 찾아냈다. 꼬맹이들은 교회의 설교 시간에, 또는 학교 수업을 받는 도중에 교사의 등 뒤에서 수화로 대화를 나누었다. 밭일을 할 때도 수화를 써서 멀리 떨어져 일하는 동료와 이야기를 주고받았다. 작은 망원경을 동원하면 아주 먼 거리에 있는 이들과도 커뮤니케이션할 수 있었다. 한 여성은 자신의 아버지가 바람이 몰아치는 벼랑 끝에 서서 아래쪽 바다에 떠 있는 어부들에게 수화로 정보를 전달했던 경험을 들려주었다. 말을 하지 못하는 환자가 수화로 위급한 상황을 알렸던 사연도 있었다.[12]

다시 말해서, 정상적인 청력을 가진 주민들에게 '손해'일 거라고 생각했던 상황은 도리어 '이익'이 되었다. 새로운 능력 덕분에 삶이 더 편리하고 생산적으로 변했다. 섬사람들은 불이익을 당할 수 있는 소수를 끌어들이기 위해 문화를 바꾸었으며 그 과정에서 주민들과 사회 전체가 더 풍요로워졌다.

마사즈 빈야드 섬은 특수한 경우다. 하지만 여기에는 강자는 약자를 위해, 다수는 소수를 위해 손해를 감수하지 않으면 공동체는 약화되고 사회라는 옷감은 찢어지게 마련이라는, 시대와 문화를 초월한 원리가 담겨 있다.

: 하나님의 아름다움은 공의를 낳는다

하버드대학 영문과 교수 일레인 스캐리(Elaine Scarry)는 20세기 후반을 주름잡은 시각, 즉 특권층의 노예인 아름다움과 매력은 정치 권력의 이익을 은폐한다는 논지의 글을 썼다. 반면에, 핵심 주제를 반영한 제목을 붙였다고 자평했던 「아름다움과 정의로움에 대하여」(*On Beauty and Being Just*)라는 글에서는 아름다움이 인간을 더 공의로운 삶으로 이끌어 준다고도 했다. 앞의 이야기는, 아름다움을 관찰하는 이는 반드시 그 감동을 누군가와 나누고 싶은 열망을 갖게 된다는 것이다. 이는 어떤 상태로 들어가는 도입부(아마도 첫 경험) 구실을 한다.[13] 스캐리에 따르면, 아름다움은 설령 지적으로는 그 말이 가리키는 '형이상학적 대상'을 찾을 수 없다 할지라도, 인생이 우연의 산물이 아니며 선악이 존재한다는 확신을 갖게 한다. 인간은 그 경험을 남들과 나누길 바라며 다 같이 그 아름다움을 찬양하고 즐기기를 원한다.[14]

두 번째 주장은, 아름다움은 기본적으로 자아를 철저하게 '분산시켜서' 관심을 자신으로부터 바깥으로 돌리게 만든다는 것이다. 스캐리는 철학자요 소설가인 아이리스 머독(Iris Murdoch)의 유명한 작품(The Sovereignty of Good over Other Concepts)을 인용했다. 그 글에서 작가는 걱정과 자기 연민에 빠진 사람이 창밖을 응시하다가 상승기류를 타고 하늘로 치솟는 새를 보게 되는 장면을 그린다.

> 인간은 걱정 근심에 시달리는 동물이다. 마음은 쉴 새 없이 날뛰며 근심과 선입견, 세상의 한 쪽을 가려 버리는 거짓 장막들을 만들어 낸다. …… 체면을 구겼던 일들을 곱씹으며 걱정과 원망이 가득한

심정으로 창밖을 내다본다. 그때 어디선가 황조롱이 한 마리가 불쑥 나타나 허공을 맴도는 모습이 눈에 들어온다. 순간, 모든 게 달라졌다. 흠집 난 자만심을 끌어안고 전전긍긍하던 자아는 홀연히 사라졌다. …… 돌이켜 다른 문제들을 생각하려 하자, 만사가 다 시시해 보인다.[15]

스캐리는 머독의 경험담에서 "예전에는 자신을 보호하고, 방어하며, 내세우는 데 쓰이던 공간 전체"에 아름다움을 발견하는 새로운 시각이 가득 들어차는 걸 관찰했다. 아름다움의 실재 속에서, 인간은 스스로 주인공이 되어 자기 이야기를 이끌어 가려는 발버둥질을 중단한다. 더 이상 그게 삶의 전부라고 생각하며 살지 않기로 결단한다. "모든 사람과의 상호관계 사이에서 균형을 잡게"[16] 되는 것이다.

신학자 조나단 에드워즈는 『참다운 미덕의 본질』(*The Nature of True Virtue*)이라는 책에서, 하나님을 가장 아름다운 분으로 여길 때 비로소 인간은 자신에게서 벗어나 다른 이들을 섬기는 일을 할 수 있다고 했다.[17] 예를 들어 보자. 남들한테 교양 있는 사람으로 보이고 싶어서 바흐의 작품을 듣는다면, 음악은 본래의 의도와 전혀 다른 목표, 즉 좋은 평판을 얻는 데 동원된 수단에 불과하다. 그러나 어떤 쓸모에 의해서가 아니라 그저 아름다워서 바흐의 곡을 연주한다면, 그 자체에 만족하면서 귀를 기울일 것이다.

에드워즈는 하나님의 은혜를 체험하고 주님의 아름다움을 깨달은 크리스천은, 칭찬을 받기 위해서, 좋은 평판을 얻을 속셈에서, 사업에 도움이 될 것 같아서, 심지어 식구들에게 더 살기 좋은 환경을 만들어 주기 위해서 마땅히 치러야 할 대가라는 마음으로 가난한 이들을 섬기지 않는다고 했다. 하나님께 영광을 돌리고 기쁨을 드리는 일이기에 기꺼이 나설 뿐이며, 주님을 영화롭게 하고 흡족하게 한다는 사실 자체로 행복감을 느낀다는 것이다.

스캐리와 머독이, 에드워즈처럼 하나님의 아름다움을 공의로운 삶의 토대로 생각했던 것 같지는 않다. 하지만, 인간의 본성에는 교육이나 토론, 설득으로 제거할 수 없는 장애물이 있어서 공의를 행하지 못하게 만든다는 사실만큼은 두 사람 다 정확하게 인식했다. 자기중심적인 사고방식을 떨쳐 버리고 정의로워지자면 아름다움을 경험하는 게 필수적임을 잘 알았던 것이다.

콜롬비아대학의 토드 기틀린(Todd Gitlin)은 일레인 스캐리의 책을 보고 반론을 제기했다. 조지 스타이너(George Steiner)의 글을 인용하면서 나치들이 낮에는 인간을 도살하고 밤에는 모차르트의 음악을 즐겼다고 꼬집었다.[18] 에드워즈는 모든 아름다움은 하나님으로부터 나오며, 예술적인 아름다움처럼 소박하고 탈중

심화 효과를 내는 '부차적인 아름다움'도 존재할 수 있다고 했다. 하지만 개인적으로 나는 그 정도의 아름다움은 공의를 뒷받침하기에 불충분하다는 기틀린의 의견에 십분 동의한다. 하지만 공의를 낳을 수 있는 지고지순한 아름다움은 분명 실재한다.

: 가난한 자의 하나님, 정의의 하나님

잠언 19장 7절과 14장 31절은 방대한 양의 성경구절을 압축한 말씀이다. 첫 번째 본문은, 가난한 이들에게 사랑을 베풀면 하나님은 그분께 친절을 베푼 것으로 받아들이시겠다는 뜻이다. 두 번째 본문은 반대로 뒤집어 설명한다. 즉, 형편이 어려운 사람들을 멸시하면 주님을 멸시하는 행동이나 진배없이 여기시겠다는 것이다.

가난한 이들이나 유색인종들이 많이 몰려 사는 지역의 주민들을 구분해서 특별 관리하는 건, 미국 지방 은행들의 고약한 관행 가운데 하나다. 그런 동네에 사는 이들이 주택자금이나 중소기업 운영자금 대출을 신청하면 거절당하기 일쑤다. 은행 측에서는, 객관적인 자료를 검토한 뒤 해당 지역 거주자들이 대출 요건에 부합되지 않는다고 결론지었을 뿐이라고 변명한다. 그러나 하나님은 가난한 이들과 그런 방식으로 관계를 맺어서는 안 된다고 말씀하신다. 잠언 19장 7절은 사실상 이런 뜻이다. "감히 차별을 두려하지 말거라. 누군가를 바라보며 '저 사람과 얽혔다가는 손해를 보겠어!'라고 말해서는 안 된다. 궁색한 처지에 몰린 이에게 거저 베풀면 곧 내게 한 걸로 여기겠다. 내가 어떻게든 그 빚을 대신 갚아 주겠다. 값진 선물을 네게 주겠다. 나를 믿어라."

말 그대로 백 원을 베풀면 백 원을 돌려주시겠다는 말씀이 아니다. 삶을 풍요롭게 하시고 필요를 두루 채우시겠다는 가르침이다(막 10:29-31). 얼마나 대단한 약속인가! 모르긴 하지만, 고질적인 문제를 가졌거나 사랑할 만한 구석이라곤 눈 씻고 찾아봐도 없는 가족 또는 친구들이 있을지 모른다. 그 범위를 공동체로 확대하면 더 많은 이들이 떠오를 것이다. 주님은 그처럼 망가지고 상처입고 가난한 이들에게 자신을 덜어 베풀기를 망설이지 말라고 말씀하신다. 누군가가 아니라 바로 나 자신이 적임자다.

하지만, 더 심각하고 중요한 원칙은 따로 있다. 가난한 이들을 모욕하면 곧 하나님을 욕보이는 셈이 된다는 사실이다. 하나님은 남편을 잃은 여인, 부모를 여읜 어린이들, 외부에서 온 이주민들 등 사회에서 가장 힘없고 연약한 이들을 인격적으로 아주 가까이 여기신다. 구약성경은, 하나님이 자신을 가난한 이들과 하나로 보신다고 가르치는데 이것은 대단히 강력한 표현이다. 하지만 그 역시 비유적인 표현이다. 하나님이 어느 정도까지 실행에 옮기시는지 파악하려면 신약성경으로 들어가야 한다.

잠언에서 주님은 가난한 이들과 자신을 상징적인 차원에서 동일시하셨다. 그러나 신약에서는, 그리스도의 성육신과 죽음을 통해 하나님이 가난하고 소외된 이들과 문자적으로 동일시되는 걸 볼 수 있다. 예수님은 여물통에서 태어나셨다. 요셉과 마리아는 아기 예수의 할례를 행하면서 비둘기 두 마리를 제물로 드렸는데, 이는 당시 사회에서 가장 가난한 계층에 속한 이들이 바치던 예물이었다.[19] 주님은 가난하고 소외된 무리 속에 사시면서 사회적으로 존경받는 이들이 내친 부류들을 끌어안으셨다. "여우도 굴이 있고 공중의 새도 집이 있으되 인자는 머리 둘 곳이 없도다"(눅 9:58)라고 말씀하신 것만 봐도 주님이 어떤 종류의 삶을 사셨는지 단박에 알 수 있다.

삶의 마지막 대목을 보자. 빌린 나귀를 타고 예루살렘으로 올라가셨으며, 빌린 방에서 마지막 저녁을 보내셨고, 세상을 떠난 뒤에도 빌린 무덤에 누우셨다. 사람들은 주님의 전 재산이었던 겉옷을 제비뽑아 나눠 가졌다. 그렇게 모든 걸 다 박탈당한 채, 예수님은 십자가에 달리셨다. 벌거벗은 몸으로 죽음을 맞으셨고 동전 한 푼 남기지 않으셨다. 세상이 소중하게 여기는 물건이라고는 단 한 점도 소유하지 않으셨으며, 그나마 가지셨던 가장 작은 물건마저 빼앗기셨다. 그리스도는 버림받았지만 오직 그분

덕에 인류에게는 소망이 생겼다.

하나님은 예수 그리스도를 통하여 가난한 이들뿐만 아니라 정의의 울타리 바깥으로 밀려난 이들과도 하나가 되셨다. 제임스 몽고메리 보이스(James Montgomery Boice) 박사는 '그리스도가 받은 시험의 부당성'(The Illegalities of Christ's Trial)이란 설교에서, 요한복음 18장을 중심으로 산헤드린 공회 앞에서 예수님이 받으신 심문의 내용을 낱낱이 검증한다.[20] 그리고 그 판결이 오심이었음을 조목조목 지적했다. 우선, 사전 공고가 없었으며 오밤중에 재판을 열었다. 예수님은 자신을 변호할 기회를 부여받지 못했고 심문 도중에 폭행을 당했다. 나중에도 마찬가지였다. 본디오 빌라도 총독은 기소 요건을 갖추지 못했음을 알고 있었지만, 정치적인 압력에 굴복하고 말았다. 결국 예수님은 잔인한 고문을 받고 처형당하셨다. 그랬기에 예수님은 억울한 옥살이를 하거나, 재물을 부당하게 빼앗기거나, 지독한 괴롭힘을 당하거나, 무참히 생명을 빼앗긴 수많은 사람들, 이름조차 알 수 없는 그 희생자들에게 깊은 동질감을 느끼신다.

"온갖 부당하고 부조리한 일이 세상에 가득한 걸 보면, 하나님이 살아 계시다고 믿을 수가 없다"고 말하는 이들이 많다. 하지만 여기 하나님의 아들, 예수 그리스도가 계시다. 주님은 부당하고 불의한 일의 희생자가 되거나, 권력에 맞서 싸우거나, 부패한 시스템에 도전하거나, 그 때문에 죽음을 맞는다는 게 무얼 의미하는지 누구보다 잘 아신다. 린치를 당하는 게 어떤 것인지 아신다. 불의한 압제를 외면하는 신을 어떻게 신뢰하겠느냐고 말하는데, 기독교는 그런 하나님을 믿으라고 요구하지 않는다. 크리스천 저술가 존 스토트라면 이렇게 말했을지 모른다.

"십자가가 없었더라면 하나님을 믿지 않았을 것이다. 고통으로 가득한 현실세계에 살면서, 어떻게 아픔이라고는 전혀 모르는 하나님을 경배할 수 있겠는가?"[21]

무슨 뜻인지 모르겠는가? 그럼 마태복음 25장을 떠올려 보라. 마지막 날, 예수님은 심판대에 앉아 말씀하신다.

> 너희는, 내가 주릴 때에 내게 먹을 것을 주었고, 목말랐을 때에 마실 것을 주었으며, 나그네 되었을 때에 영접하였고, 헐벗었을 때에 입을 것을 주었고, 병들었을 때에 돌보아 주었고, 감옥에 갇혔을 때에 찾아 주었다 할 것이다. 그때에 의인들은 그에게 대답하기를 "주님, 우리가 언제, 주께서 주리신 것을 보고 잡수실 것을 드리고, 목마르신 것을 보고 마실 것을 드리고, 나그네 되신 것을 보고 영접하고, 헐벗으신 것을 보고 입을 것을 드리고, 언제 병드시거나 감옥에 갇히신 것을 보고 찾아갔습니까?" 할 것이다 그때에 임금이 그들에게 말할 것이다. "내가 진정으로 너희에게 말한다. 너희

가 여기 내 형제자매 가운데, 지극히 보잘 것 없는 사람 하나에게 한 것이 곧 내게 한 것이다"(마 25:35-40, 새번역).

심판 날에 "우리가 언제 주님께서 굶주리신 것이나, 헐벗으신 것이나, 감옥에 갇히신 것을 보고도 돌보아 드리지 않았다는 것입니까?"라고 주께 묻지 말라. 십자가에 그 대답이 있기 때문이다. 그 앞으로 나가 보면, 세상의 억눌린 이들과 하나가 되시기 위해 주님이 얼마나 먼 길을 망설이지 않고 달려가셨는지 알 수 있다. 바로 그 십자가에서 무죄로 풀려나야 마땅한 예수님이 유죄 판결을 받으셨다. 덕분에 정작 죄를 짓고 사형 선고를 받았어야 할 우리는 징벌을 면제받고 석방되었다(갈 3:10-14; 고후 5:21). 이것이야말로 가난한 이들과 하나가 되시려는 하나님의 마음을 가장 잘 보여 주는 실례다. 주님은 스스로 가난하고 소외된 사람으로 세상에 오셨을 뿐만 아니라, 영적인 빈곤 상태에서 허덕이다 파산한(마 5:3) 온 인류를 대신하여 그 빚을 청산하셨다.

이보다 아름다운 게 또 있을까? 삶과 마음의 중심에 이 진리를 받아들이는 순간, 의로운 인간으로 거듭날 것이다.

몇 년 전, 누군가 흥미로운 이야기를 하는 걸 들었다. 서로 알고 지내던 부유한 할머니의 사연이라고 했다.[22] 노인은 평생 결혼하지 않고 혼자 살았으며 당연히 유산을 남길 자녀도 없었다. 재산을 물려줄 만한 가까운 친척이라고는 오직 조카뿐이었다. 눈앞에서는 늘 점잖고 사근사근하게 구는 젊은이였다. 하지만 이런저런 소문이 끊이지 않자, 노인은 혹시 조카를 잘못 본 게 아닌가 하는 의심이 들었다. 재산을 물려주는 건 가볍게 결정할 일이 아니었다. 어떻게 해서든지 재물을 지혜롭고 너그럽게 쓸 줄 아는 이에게 유산을 남겨 주고 싶었다. 마침내 할머니는 손수 일을 매듭짓기로 했다. 어느 날 아침, 노인은 노숙자처럼 다 떨어진 옷을 입고 부촌에 사는 조카네 집 문을 두드렸다. 문을 벌컥 열고 나온 젊은이는 험한 욕을 퍼부으며 당장 꺼지지 않으면 경찰을 부르겠다고 위협했다. 노인은 조카의 됨됨이가 어떠한지 간파했다. 가난한 노파에게 반응하는 모습에서 젊은이의 본심이 고스란히 드러났던 것이다.

잠언 14장 31절은 말한다. "가난한 사람을 학대하는 자는 그를 지으신 이를 멸시하는 자요." 이를테면 하나님은 이렇게 말씀하신 셈이다. "나는 가난한 이들의 모습으로 너희 집 문간에 서 있단다. 저들을 어떻게 대하는지 보면, 나를 대하는 네 속내가 어떠한지 알 수 있겠지." 가난한 이들을 위해 아낌없이 공의를 베푸는 삶은, 진실하고 참된 복음을 믿고 좇는 이들에게 반드시 나타나는 명확한 증거다.

프롤로그_ 왜 정의를 말하는가

1. CNCS(Corporation for National and Community Service)는 사회봉사 및 자원봉사 활동을 지원하기 위해 미국 정부가 설립한 독립 기관으로 매년 *Volunteering in America* 라는 책자를 발행한다. 본문의 인용구는 Mark Hrywna가 2009년 7월 28일자 *The Non Profit Times* 에 기고한 'Young Adults Fueled Spike in Volunteers'라는 기사의 일부다. 웹페이지 http://www.nptimes.com/09Jul/Bnews-090728-1.html.에서도 확인할 수 있다.

2. Ibid.

3. 월터 라우셴부쉬(Walter Rauschenbusch)의 책, *A Theology for the Social Gospel* (New York : Macmillan, 1922)의 제19장, 'The Social Gospel and the Atonement'를 보라. 지은이는 죄속론(penal substitution)을 거부하고, 예수님의 죽음에 대해 사악한 이 세상을 치유하기 위해 반드시 동원되어야 할 원리인 희생적이고 이타적인 관용이자 인간 세계에 가득한 사회적 불의를 여실히 드러내는 사건으로 파악한다.

4. 조나단 에드워즈(Jonathan Edwards), "Christian Charity : The Duty of Charity to the Poor, Explained and Enforced,"in vol. Ⅱ of *The*

Works of Jonathan Edwards, ed. Sereno Dwight(Carlisle, Pa. : Banner of Truth Trust, 1998), p. 164

5. 여기서 조나단 에드워즈가 주장하는 논지는 '불의'가 아니라 가난한 이들에게 자비를 베푸는 문제일 뿐이라고 이의를 제기할 수도 있겠다. 그러나 조나단 에드워즈가 말하는 '자비' 또는 '긍휼'은 현대인이 생각하는 것보다 훨씬 더 포괄적인 의미를 가지고 있다. 다른 장에서 조나단 에드워즈의 시각을 좀 더 살펴보기로 하자.

6. 2010년 6월 1일자 *Time*에 기고한 Amy Sullivan의 글, 'Young Evangelicals: Expanding Their Mission'을 참고하라. http://www.time.com/time/printout/0,8816,1992463,00.html(1010. 7.10)로도 볼 수 있다. Sullivan은 이렇게 적었다. "오늘날 젊은 복음주의자들은 과거와 전혀 다른 양상을 보인다. 사회적인 의식이 살아 있고, 대의명분에 충실하며, 논란을 마다하지 않는다. 뿐만 아니라 Teacher for America(이하 TFA) 같은 비종교적 봉사 조직에의 참여도도 급속도로 높아지고 있다. 2007년을 기점으로 대졸자들의 취업 전망이 불투명해지는 상황에서 사회적 기업인 TFA의 지원자는 두 배까지 늘어났다. 기독교 계열 단과대학과 종합대학의 졸업자만을 계산하면 거의 세 배에 이른다. 휘튼(Wheaton)칼리지는 중소 규모 대학 가운데 6번째로 많은 졸업생들을 TFA에 들여보내고 있다. 진보적인 성향을 보이는 칼턴 칼리지(Carleton College)나 오버린(Oberlin)을 앞선 것이다. 최근에 전면으로 대두된 복음주의 세대가 다 그렇듯, 전형적인 휘튼 칼리지 학생들은 복음을 전파하고 선을 행하려는 뜨거운 열정에 사로잡혀 있다."

7. 조엘 그린(Joel B. Green)과 마크 베이커(Mark D. Baker)의 *Recovering the Scandal of the Cross*(Downers Grove, Ill. : Inter-Varsity, 2000)이 대표적이다.

8. 크리스토퍼 히친스(Christopher Hitchens), *God Is Not Great : How Religion Poisons Everything*(New York : Hatchette, 2007).
9. 제프리(Jeffrey, 가명)는 학교에서 가장 명석한 학생이었다. 고등학교 과정을 마친 동기생들은 예외 없이 사립대학이나 아이비리그에 진학했다. 제프리는 그럴 형편이 아니었으므로 학비가 가장 저렴한 주립대학을 선택했다. 그럼에도 불구하고 열심히 공부해서 박사 학위를 받았으며 현재 명문으로 꼽히는 대학의 대학원에서 강의하고 있다.
10. 브라이언 티어니(Brian Tierney)의 *The Idea of Natural Rights : Natural Rights, Natural Law, and Church Law 1150-1625*(Grand Rapids, Mich. : Eerdmans, 1997) 제1장을 참조하라. 아울러 Nicholas Wolterstorff의 *Justice : Rights and Wrongs*(Princeton : Princeton University Press, 2008) 제2장, "A Contest of Narratives"도 살펴보라.
11. David L. Chappell, *A Stone of Hope : Prophetic Religion and the Death of Jim Crow*(Chapel Hill : University of North Carolina Press, 2004). 또한 Richard W. Willis의 *Martin Luther King, Jr., and the Image of God*(New York : Oxford University Press, 2009)을 보라. 이 책을 쓴 필자의 주장에 따르면, 킹 목사와 흑인 교회는 '하나님의 형상대로' 지음받은 인간은 누구나 동등하며 존엄한 대우를 받을 권리가 있다는 성경의 가르침에 깊이 의지했다.
12. 그런 사역의 열매는 필자의 책, *Ministries of Mercy : The Call of the Jericho Road*(Grand Rapids : Zondervan, 1986)에서 찾아볼 수 있다.
13. 하비 콘(Harvie M. Conn), *Evangelism : Doing Justice and Preaching Grace*(Grand Rapids : Zondervan, 1982).
14. 일레인 스캐리(Elaine Scarry, *On Beauty and Being Just*(Princeton : Princeton University Press, 1999).

1. 공의를 행하고 있는가

1. 영어 원문에서는 성구를 인용할 때마다 주로 NIV(New International Version)을 사용했지만 더러 필자가 직접 번역하기도 했다. 가령, NIV는 'gare'라는 단어를 'alien'(거류민)으로 해석했지만 필자는 이 시대의 독자들에게 속뜻을 정확하게 전달하고 싶은 마음에서 'immigrant'(이주민, 또는 이민자)로 해석했다. 부연해서 설명하자면 이 단어는 '공동체에 속해 살고 있는 아웃사이더'를 가리킨다.
2. 마크 고르닉은 뉴욕시에 있는 뉴욕시티 신학교를 책임지고 있다. 개인적으로는 마크의 사역이 빈민 공동체에서 정의를 실현하는 탁월하고도 의미심장한 사례가 되리라 믿어 의심치 않는다. 그가 쓴 *To Live in Peace : Biblical Faith and the Changing Inner City*(Grand Rapids : Eerdmans, 2002)는 빈민 지역에서의 정의구현 활동에 관한 신학적인 성찰로 대단히 뜻 깊은 책이다. 우리는 제2장에서 다시 마크의 활동으로 돌아가서 주위에 빈곤이 고착화되는 요인을 살필 예정이며, 제6장에서도 마크와 다른 일꾼들이 볼티모어에서 펼치고 있는 사역들의 균형 잡힌 시스템들을 개략적으로 짚어 볼 것이다.
3. Peter Craigie의 책, *Twelve Prophets, Volume 2 : Micah, Nahum, Habakkuk, Zephaniah, Haggai, Zechariah, and Malachi*(Philadelphia : Westminster, 1985)를 보라. "선지자들이 전한 세 덩어리의 메시지 하나하나에서도 깊은 가르침을 얻을 수 있겠지만, 총체적으로 파악할 때 가장 생생한 감동을 얻을 수 있다(p. 47). Bruce K. Walke의 *A Commentary on Micha*(Grand Rapids : Eerdmans, 2007), p.394도 참조하라.
4. Walke, *Micah*, p.394.
5. 니콜라스 월터스토프(Nicholas Wolterstorff), p.75의 의미를 살려 만들어 낸 용어다.
6. Howard Peskett and 비노트 라마찬드라 (Vinoth Ramachandra),

The Message of Mission : The Glory of Christ in All Time and Space(Downers Grove, Ill. : InterVarsity Press, 2003), p.113. 아울러 Tim Chester, *Good News to the Poor : Sharing the Gospel through Social Involvement*(Nottingham, UK : InterVarsity Press, 2004), p.19에서도 인용.
7. 구스타보 구티에레스(Gustavo Gutierrez), *A Theology of Liberation : History, Politics, and Salvation*(Maryknoll, N.Y. : Orbis, 1973)에서 차용한 용어. 현재 시중에는 1988년에 간행된 15쇄 기념판만 나와 있다.
8. 니콜라스 월터스토프(Nicholas Wolterstorff), *Justice : Rights and Wrongs*(Princeton : Princeton University Press, 2008), p.79.
9. Ibid.
10. 크리스토퍼 라이트(Christopher Wright), *Deuteronomy*(Exeter, UK : Paternoster, 1996), p.13.
11. J. A. Motyer, *The Prophecy of Isaiah : An Introduction and Commentary*(Downers Grove, Ill. : InterVarsity Press, 1993), p.471.
12. 월터스토프가 사용한 이 용어들은 보편적으로 쓰이는 어휘들보다 더 긍정적이며 설명적이다. 교정정의보다는 '응보정의'(그릇된 행동을 한 이에게 벌을 주고 피해자의 권리를 회복시키는 것), 기초정의보다는 '분배정의'(재화와 기회를 사회 구성원들에게 더 균등하게 배분하는 것)라는 표현이 더 널리 사용된다.
13. 크리스토퍼 라이트는 이 개념을 멋지게 정리해 냈다. "인간과 환경이 회복되어 짜디카가 실현되기 위해서는 주어진 상황에서 미쉬파트를 실행하는 게 필수적이다." *Old Testament Ethics for the People of God*(Downers Grove, Ill. : InterVarsity Press, 2004), p.237.

14. 프랜시스 앤더슨(Francis I. Anderson), *Job : Tyndale Old Testament Commentary*(Downers Grove, Ill. : InterVarsity Press, 1975), p.231.

15. 자녀를 돕는 아버지의 비유는 몇 가지 점에서 대단히 유익하다. 선한 아버지는 자녀들에게 직접 도움을 준다. 음식을 먹이고 위험에 빠지지 않게 지켜 준다. 하지만 자녀들이 영원히 자신에게 의지해 살기를 기대하지는 않는다. 도리어 잘 자라서 스스로 먹고 마시며 자신을 돌보게 되길 바란다. 가난한 이들을 돕는 일 역시 직접 구호와 보호의 손길을 내미는 일에서 시작하지만 최종 목표는 기운을 북돋아서 자립하게 하는 데 있다. 가난한 이들을 계속 의존적인 상태에 머물게 하는 건, 권위적이고 애정 결핍적인 행태일 뿐만 아니라 궁극적으로 불의한 처사다.

16. 라이트(Wright), *Old Testament Ethics*, p.257.

17. "(이 본문은) '의(義)'를 부정적인 의미에 국한시키지 않으려 세심하게 주의하고 있다. 강도가 되지 않는 것만으로는 충분치 않다. 의인은 적극적으로 너그러운 사랑을 베푼다. 상갓집에서 흔히 듣는 '법 없이도 살 사람'이란 표현으로는 턱없이 모자란다. 그런 얘길 들을 때마다 불현듯 떠오르는 질문이 있다. '좋아요. 하지만 누구에게든 의로운 일을 한 적이 있나요?'" Christopher J. H. Wright, *The Message of Ezekiel*(Downers Grove, Ill. : InterVarsity Press, 2001), p.194.

2. 구약의 모세율법을 버렸는가

1. 크레이그 블롬버그(Craig Blomberg), *Neither Poverty Nor Riches : A Biblical Theology of Possessions*(Downers Grove, Ill. : InterVarsity Press, 1999), p.39.

2. 크리스토피 라이트, *Deuteronomy*(Carlisle, UK : Paternoster, 1996),

p.188.

3. 끊임없이 제기되는 의문이 있다. 구약시대에 하나님을 섬겼던 신앙인들은 수입의 십일조를 드릴 의무가 있었다. 그런데 신약시대의 크리스천들 역시 그래야 하는가? 여태 살펴본 원리(그리스도가 오셔서 율법을 완성하셨지만 지금도 어느 정도까지는 유효성이 인정된다는)를 보면 그래도 십일조에는 적용된다. 누가복음 11장 42절에서 예수님은 "온갖 채소의 십일조는 바치면서, 정의와 하나님께 대한 사랑은 소홀히 한다"(새번역)며 바리새인들을 꾸짖으셨다. 수입의 십일조를 바치는 데는 열심이었지만 사업을 경영하면서 착취를 일삼고 불공정한 관계를 맺었다는 뜻이다. 주님은 "이것도 행하고 저것도 버리지 말아야 할지니라"고 말씀하셨다. 십일조가 중요하지만 그게 전부는 아니라고 가르치신 것이다. 다시 말해서, 크리스천에게 십일조는 관용을 베풀고 정의를 행하는 가장 초보적인 행위에 불과하다. 신약시대의 신앙인이라고 해서, 하나님께 받은 축복과 감사의 제목이 구약시대의 백성보다 결코 덜한 게 아니다. 그러므로 신약시대의 크리스천들은 구약시대의 선택된 민족들보다 관용의 표준이 더 낮을 거라고 생각해선 안 된다. "무릇 많이 받은 자에게는 많이 요구할 것이요 많이 맡은 자에게는 많이 달라 할 것이니라"(눅 12:48).

4. 이것이 3년마다 한 번씩 부가적인 십일조를 드렸다는 뜻인지(해당되는 해에는 20퍼센트를 바치는 셈), 아니면 3년분 십일조를 모아서 이런 식으로 분배했다는 의미인지에 대해서는 의견이 분분하다. 알려진 바로는 요세푸스(그리스도 이후까지 생존했던 유대인 작가)가 활동하던 시대까지만 해도, 유대인들은 3년차마다 두 배의 십일조를 드렸을 뿐만 아니라 가난한 이들을 위해 특별히 세 번째 십일조를 바쳤음을 알 수 있다. 결국 그 해에는 각 가정마다 수입의 23.3퍼센트

를 구별해 내놓았던 것이다. 블룸버그, pp.46ff와 라이트, pp.183-186을 보라.

5. 요즘 성경을 읽는 이들 가운데는 모세율법이 노예 제도를 허용하고 있다는 사실에 분개하는 경우가 많다. "7년마다 종들을 풀어 주게 하신 건 아주 훌륭한 일이지. 하지만 애당초 소유하지 못하게 하는 편이 더 낫지 않았을까?"라고 말하는 친구도 있었다. 하지만 구약시대 이스라엘의 종은 현대의 '노예'보다 '고용된 일꾼' 쪽에 가까운 개념이었다. 이스라엘 백성이 종이 되는 건 채무를 감당하지 못해 생기는 일시적인 상황에 지나지 않았다. 납치나 인신매매를 통해 노예로 삼는 행위는 사형에 해당하는 중대 범죄였다(신명기 24장 7절, 디모데전서 1장 9-11절과 비교해보라). 뿐만 아니라 행여 이라도 부러트렸다가는 당장 방면해야 했으므로 함부로 대할 수도 없었다(출 21:27). 무엇보다 흥미로운 대목은 "종이 그의 주인을 피하여 네게로 도망하거든 너는 그의 주인에게 돌려주지 말고 그가 네 성읍 중에서 원하는 곳을 택하는 대로 너와 함께 네 가운데에 거주하게 하고 그를 압제하지 말지니라"고 되어 있는 신명기 23장 15-16절이다. 이 본문이야말로 고대와 현대를 통틀어 인간 사회에 존재했던 모든 노예 제도와 정면으로 배치된다. 대부분의 노예 관련 법규들은, 도망친 노예는 물론이고 숨겨 준 이들까지 처벌하도록 규정하고 있다. 그렇다면 신명기의 명령은 무얼 의미하는가? 성경학자 크리스토퍼 라이트는 두 가지 가능성을 제기한다. 우선, 이 규정이 이스라엘에 존재하는 모든 종들을 언급하는 것이라면, 수많은 도망자가 발생할 만큼 노예 생활이 가혹했던 게 아니라는 가정이다. 실제로 신명기 15장 16절은, 종들이 안식년이 끝난 뒤에도 자발적으로 주인집에 남는 길을 열어 놓고 있는데, 이는 그런 방안을 선택하는 이들이 적지 않았다는 증거다. 그럼에도 불구하고 달아났던 종들은

주인의 학대를 받았던 게 아닌가 싶다. "구약을 읽을 때는 갤리선에서 노를 젓는 로마의 노예나 비교적 가까운 과거까지 존재했던 흑인 노예의 이미지를 떨쳐 버릴 필요가 있다. 이스라엘 노예들의 실상과 정말 동떨어진 모습이기 때문이다"(라이트, *Deuteronomy*, p.249). 설령 이 명령이 이스라엘 출신 종들이 아니라 오로지 도망친 외국인 노예들에 관한 것이라 해도, "제도(노예제)가 가진 속성을 의도적으로 비판하는 중요한 규정이다. 일종의 사회제도로서 노예에 관한 법적인 권리와 기대는, 욕구를 가진 인간으로서 노예가 갖는 권리에 비해 부차적이다. …… 이런 경우, 약자들의 욕구(노예들은 도망치고 싶어 했다)는 강자들의 필요(주인들은 다시 잡아들이길 원했다)보다 확실히 법적인 우위를 가지고 있었다"(p.250). 다시 말해서, 노예를 확보하기 위해 주인이 쏟아 부은 경제적 투자는, 종을 존엄성을 가진 인간으로 대우해야 하는 절대적인 도덕률에 앞설 수 없었다. 라이트는 이렇게 결론짓는다. "노예에 관한 신명기의 이 규정은 필연적으로 노예제의 기반을 무너뜨리는 쪽을 지향하고 있었다"(p.250).

6. 블롬버그, p.45.
7. 블롬버그, p.46.
8. 이런 조건에 관한 조나단 에드워즈의 견해는 제4장에서 볼 수 있다.
9. 열왕기하 4장 1-7절에 구체적인 사례가 등장한다. 여기에 나오는 여인은 남편을 잃고 빚을 갚을 능력도 없었으며, 가혹한 빚쟁이의 등쌀에 길거리에 나앉아야 할 처지였다. 배우자의 사망이라는 자연적인 재난 탓에 강력한 경제력을 가진 상대 앞에 무방비 상태로 서게 된 것이다. 하나님이 엘리사 선지자를 통해 개입하고서야 비로소 여인은 구원을 받았다. 단 한 병뿐이던 기름이 기적적으로 불어나서 그릇마다 가득 찼고, 그걸 내다 팔아 빚을 갚을 수 있었다. 인정사정

보지 않는 상대로부터 재난의 희생자들을 보호하기 위해 개입했던 또 다른 인물로 보아스(룻 4)와 욥(욥 29, 31)을 들 수 있다.

10. 뉴욕타임스의 논평기사 두 편을 보면 이처럼 미묘한 차이를 보이되 균형을 잃지 않는 복합적 시각을 갖게 된 이들이 적지 않음을 알 수 있다. Orlando Patterso의 글 "A Poverty of Mind"(2006년 3월 25일자)와 "Jena, O.J., and the Jailing of Black America"(2007년 9월 30일자)를 보라. 2007년 11월 18일 자에 실린 Henry Louis Gates, Jr.의 글 "Forty Acres and a Gap in Wealth"도 함께 읽으라.

11. 마크 고르닉 (Mark R. Gornik), *To Live in Peace : Biblical Faith and the Changing Inner City*(Grand Rapids : Eerdmans, 2002), p.40.

12. Ibid., pp.42-43.

13. 특히 William Julius Wilson, *When Work Disappears : The World of the New Urban Poor*(New York : Alfred Knopf, 1996)을 참조하라.

14. 개인적으로 알고 지내는 목회자 가운데 온 가족이 함께 빈민가에 들어가 생활하는 이가 있다. 이사한 지 얼마 안 돼서 신용카드를 갱신하려던 부인은 거절당했다. 그동안 평범한 중산층으로 살면서 크레디트카드를 써 온 이력이 분명했지만 아무 소용이 없었다. 이유는 단 한 가지, 주소지 때문이었다.

15. Ibid., pp.54-57.

16. 로버트 카로(Robert A. Caro), *The Power Broker : Robert Moses and the Fall of New York*(New York : Vintage, 1975).48.

17. 지역사회에서 공의를 행하는 일의 실질적인 다차원성에 관해서는 제6장에서 좀 더 자세히 다루고 있다.

18. D. A. 카슨(D. A. Carson), R. T. France, J. Motyer, G. Wenham, eds., *New Bible Commentary : 21st Century Edition*(Downers Grove, Ill. : InterVarsity Press, 2000), p.129.

3. 예수님의 삶을 잊었는가

1. 안더스 니그렌 (Anders Nygren), 「아가페와 에로스」 크리스챤 다이제스트 1998 (*Agape and Eros*), translated by Philip S. Watson(London : SPCK, 1953), p.70. Nicholas Wolterstorff가 쓴 *Justice : Rights and Wrongs*(Princeton : Princeton University Press, 2008), p.100에서 인용. 98-108쪽에서 월터스토프는 성경에 나타난 공의와 사랑이 서로 양립할 수 없는 요소라는 니그렌의 주장을 압축해서 소개하고 조목조목 반박했다.
2. D. A. 카슨(D. A. Carson), *The gospel According to John*(Leicester, UK : InterVarsity Press, 1991), p.227을 보라.
3. 존 뉴턴 (John Newton), *The Works of John Newton*, Volume 1(Carlisle, Pa. : Banner of Truth edition, 1985), p.136.
4. 마가복음 12장 40절과 누가복음 20장 47절은 서기관이 어떤 방법으로 "과부의 가산을" 삼킨다고 고발하는가? 복음서에는 구체적인 설명이 없다. 학자들이 제시하는 몇 가지 가설이 있다. 성전을 감독하는 당국자나 성직자들이 나이 든 미망인들의 자산을 신탁 받아서 대신 운용해 주곤 했는데, 그 과정에서 번번이 과도한 수수료를 챙기는 바람에 관리인은 나날이 부유해지는 반면 재산을 맡긴 여성들은 갈수록 쪼들리게 되기 일쑤였다는 설도 그중 하나다. 탈무드에도 이런 관습이 언급되어 있다. 관련 내용 전부를 확인하고 싶으면 Darrell L. Bock, *Luke*, Volume 2:9:51-24:53(Grand Rapids : Baker, 1996), pp.1643-1644를 보라.
5. "정의를 소홀히 한다"는 표현은 더러 율법을 지키지 않는다는 뜻으로 쓰이지만, 본문에서는 가난한 이들에게 관심을 갖고 보살피지 않는다는 의미임이 분명하다. 힘닿는 데까지 여러 주석가에게 자문을 구하고 다양한 신학적 입장을 검토했지만, 여기에 사용된 '정의'라는

단어가 약자들을 사랑하고 지킨다는 구약적 개념이라는 사실에는 의견의 차이가 없었다.
6. 조엘 그린 (Joel B. Green), The Gospel of Luke(Grand Rapids : Eerdmans, 1997), p.471.
7. '형제'가 크리스천이냐 아니냐를 두고는 의견이 분분하다. 개인적으로는, 이 말이 오직 주님을 그리스도로 인정하는 이들을 지칭하는 데만 사용되었으므로 크리스천을 의미한다고 본다. 그러므로 본문의 말씀은 넉넉한 중산층들이 힘없고 연약한 이들에게 필요한 자원을 희생적으로 제공하면서 인격적으로 그 삶에 깊이 개입하는 신앙 공동체를 형성하라는 부르심으로 해석할 수 있다. 크리스천들이 신앙의 울타리를 뛰어넘어 세상의 모든 가난한 이들과 관계 맺어 가는 방법에 관해 이야기하는 게 아니라는 점에 실망했다면, 같은 신앙을 가진 이들을 넘어 사회적 관심을 가지라고 가르치는 선한 사마리아인의 비유와 다른 본문(예를 들어 갈라디아서 6:10)을 살펴보라. 어떤 번역자들은 한 걸음 더 나가서, 주님이 영접하라고 하신 이 '형제'는 참다운 전도자들을 뜻하는 것이므로, 설령 그들이 가난하다 할지라도 그 메시지에 귀를 기울여야 한다는 게 예수님 말씀의 취지라고 주장한다. 나로서는 수긍하기 어렵다. 본문의 '형제'들 가운데는 감옥에 갇힌 죄수나 병을 앓는 환자도 있다. 여기저기 다니며 복음을 전하는 자들만이 아니라는 얘기다. 이미 살펴본 바와 마찬가지로, 본문은 이사야서 58장과 매우 비슷하다. 주님은 여기서, 크리스천들은 재물을 가진 부자들이 상대적으로 가난한 형제들과 나누는 신앙 공동체를 만들어야 한다는 선지자들의 도전을 다시 한 번 확인하고 계신 것이다.
8. D. A. 카슨(D. A. Carson) *The Expositor's Bible Commentary : Matthew Chapters 13 through 28*(Grand Rapids : Zondervan, 1995)

를 보라. "이 비유에서 하나님 나라에 들어가는 근거는 결과가 아니라 동기다. 이러한 사실은 37-39절에서 의인들이 깜짝 놀라 되묻는 대목을 통해 제시된다"(p.521).
9. 하비 콘 (Harvie Conn), *Bible Studies in Evangelization and Simple Lifestyle*(Carlisle, UK : Paternoste, 1981), p.18.
10. 사도행전 5장에는 초대교회의 두 교인에 관한 기사가 나온다. 아나니아와 삽비라는 한몫의 재산을 처분해서 넉넉하게 구제 헌금을 드렸다. 그러나 수익금 전체를 바친다는 설명과 달리 실제로는 일부를 개인적인 용도로 챙겨 두었다. 그렇게 거짓말을 한 결과 하나님의 심판을 받고 목숨을 잃었다. 결과가 그처럼 극적인 탓에, 본문의 또 다른 일면은 간과되기 십상이다. 헌금을 조작하려고 시도할 만큼, 초대교회는 너그러운 구제를 대단히 중요하고 소중하게 여겼다는 점이다.
11. "누가가 성령님이 역사하시는 공동체의 초기 모습을 그리면서, 신명기 15장 5절 말씀을 시제만 미래에서 과거로 바꾼 채 거의 원문 그대로 끌어다 설명하기로 작정했던 건 우연이 아니었다('그들 가운데는 가난한 사람이 한 사람도 없었다', 행 4:34, 새번역)." C. Wright, *Deuteronomy*, p.189.
12. 예수님이 가르치신 정의를 논하면서 '하나님 나라'라는 중요한 주제를 다루지 않는다는 점에 놀라는 독자들이 있을 줄 안다. 하나님 나라야말로 그리스도의 사역을 관통하는 핵심 주제라고 여기는 이들이 적지 않으며, 정의에 관한 성경의 가르침을 자세히 풀어 설명하는 작가들 또한 끊임없이 그 테마를 거론해 왔던 것도 사실이다. 개인적으로 그런 전례를 따르지 않은 데에는 몇 가지 이유가 있다. 우선, 기독교 사상가들 사이에서 그 말의 정확한 의미에 대해 보편적 합의가 이뤄지지 않았기 때문이다. '하나님 나라'라는 표현이, 예수님이

세상에 오시면서부터 작동하기 시작해서 재림과 함께 완성될 구속적인 통치권을 가리킨다는 점에는 대부분 동의한다. 그러나 그 나라의 정확한 본질이라든지 오늘날 세상에 드러나는 방식 따위에 관해서는 의견 일치를 보지 못하고 있다. 어떤 이들은 지극히 개인주의적으로 해석해서, 회심과 동시에 들어가게 되는 영적인 왕국이라고 본다. 그때부터 하나님이 마음속에 임하셔서 통치하시며 인생을 변화시키신다는 것이다. 반면에 집단적인 쪽으로 파악하는 이들도 있다. 이들은 하나님 나라를 일련의 새로운 사회적 합의, 또는 서로 다른 계급과 인종 사이의 망가진 관계를 회복시키는 개념으로 본다. 이런 관점을 따르는 이들에게 하나님 나라는 개인적인 삶뿐만 아니라 세상과 사회를 변화시키는 주님의 독특한 방식을 가리킨다. 예를 들어, 이들은 크리스천으로서 가난한 이들을 돕는 건 하나님 나라의 사역이라고 믿지만, 반대 의견을 가진 이들은 복음을 전하고 제자로 삼는(그리스도의 몸을 세우는) 일만이 거기에 해당한다고 주장한다. 현재와 미래의 세계를 둘러싼 논의도 비슷한 유형이다. 현존하는 물질세계는 완전히 불타 버리고 새 하늘과 새 땅이 출현할 것인가, 아니면 세상이 새로워지고 깨끗해지며 온전히 치유될 것인가? 만일 전자라면, 지상에 존재하는 모든 사물은 소실돼 버릴 게 분명하므로 영혼을 구원하는 게 가장 중요한 과제일 수밖에 없다. 알다시피 하나님 나라는 너무나도 복잡한 주제여서 제한된 지면에 다루는 게 불가능하다. 따라서 하나님 나라의 본질이나 그밖에 '종말론'에 관련된 논의를 최대한 피해 가면서, 가난한 이들을 보살피고 공의를 행하는 문제를 다뤄 왔다. 앞으로 제5장에서 살펴보겠지만, 조나단 에드워즈는 대속, 중보, 은혜를 통한 구원 등 전통적인 핵심 교리들만 가지고도 가난한 이들을 돌보는 사역에 대해 강력하고 효과적으로 주장했다. 그렇기는 하지만, '하나님 나라'라는 개념에는 지금껏 진

행해 온 논의와 겹치는 측면이 분명 존재한다. 예수님은 "가난한(오직 '심령이 가난한'이 아니다) 자는 복이 있나니 하나님의 나라가 너희 것임이요"(눅 6:20)라고 말씀하셨다. 세상은 구조적으로 권력("너희 부요한 자")과 물질적인 안락함("너희 지금 배부른 자여"), 성공("너희 지금 웃는 자여")과 인정("모든 사람이 너희를 칭찬하면")을 중요하게 여기지만, 주님은 그걸 인생의 목표로 삼거나 거기에 우선순위를 두지 말라고 가르치셨다. 삶으로 이웃을 섬기고, '다른' 이들을 받아들이며, 자신을 희생해서 베푸는 이들로 구성된 공동체는 반드시 세상과 상반된 '반문화적이며' 전혀 새로운 사회적 합의에 이르게 될 것이다. 아울러 누가복음 6장 20-35절은 적어도 하나님께 속한 백성들의 마음과 삶에서는 마음이 상하고, 인정받지 못하고, 억눌린 이들이 중심을 차지해야 한다는 의미로 해석되어야 한다. 필자는 "The Gospel in All Its Forms"라는 글을 통해 하나님 나라 공의, 그리고 선교의 관계를 더 자세히 다룬 바 있으며 온라인으로도 받아볼 수 있다(http://www.christianitytoday.com/le/2008/spring/9.74.html.).

4. 당신의 이웃은 누구인가

1. 여기서 분명히 짚고 넘어가야 할 게 있다. 일반적으로 지역 교회의 집사들이 집행하는 구제금은, 주로 소속 교인들이나 예배와 공동체 생활에 관련된 식구들 가운데 형편이 어려운 이들을 돕는 데 사용되어야 마땅하다. 도시, 또는 세계적인 차원에서 가난한 이들에게 도움의 손길을 내밀기 위해서는 기독교 정신을 바탕으로 한 비영리단체나 그런 일을 감당할 만한 기구를 구성하는 게 실제적인 측면과 신학적인 이유에서 가장 바람직하다. 이 문제에 관해서는 제6장에서 더 자세히 다룰 것이다.

2. 이 단락은 Mark Valeri, *Works of Jonathan Edwards : Sermons and Discourses, 1730-1733*, vol. 17(New Haven : Yale University Press, 1999), p.22.의 설명에 근거했다.
3. 이 설교는 Mark Valeri, *Works of Jonathan Edwards : Sermons and Discourses, 1730-1733*, vol. 17, pp.369ff에서 볼 수 있다. 하지만 수많은 인터넷 사이트들이 다양한 판본으로 이 설교를 소개하고 있다.
4. 에드워즈가 이야기하는 건 공의가 아니라 가난한 이들을 위한 구제뿐이라고 지적하는 이들이 있다. 그러나 에드워즈는 이 설교에서, 경제적으로 성공한 교인들을 향해 그들이 구축한 사회적 지위는 공로 없이 은혜로 받은 선물임을 상기시키고 있다. 궁핍한 이들에게 너그럽게 베풀지 않는 행위는 인색함을 넘어 불의다. 에드워즈는 빈곤층을 위한 공적 구제만으로는 충분치 않으며 크리스천이라면 소속된 사회 공동체에서 빈곤을 완전히 뿌리 뽑는 걸 목표로 삼아야 한다고 했다. 또한 생존에 필요한 최소한의 지원만을 책임지는 공적 복지의 수준을 훌쩍 뛰어넘어 넉넉하게 베풀지 않는 건 죄라고 주장했다. 이에 관해서는 Gerald McDermott, *One Holy and Happy Society : The Public Theology of Jonathan Edwards*(State College : Pennsylvania State University Press, 1992), p.160.을 보라. 또한 에드워즈는 시장 조건을 악용하여 가난한 이들로부터 과도한 이득을 취하는 경영자들을 공격했다. *Works of Jonathan Edwards*, vol. 2, E. Hickman, ed.(Carlisle, Pa. : Banner of Truth edition, 1974), p.222.에 실린 에드워즈의 설교 'Dishonesty : or the Sin of Theft and Injustice'를 참조하라. 이러한 사례들로 미루어, 에드워즈가 '기초정의' 또는 사회정의(가난한 이들의 권리와 그들을 일으켜 세워야 할 주변인들의 의무)에 대해 깊은 이해를 가지고 있었음을 알 수 있다. 에드워즈에게 '자선'의 결핍은 곧 죄였으며 하나님의 법과 공의

를 짓밟는 행위였다.

5. Edwards in Valeri, p.395.
6. Ibid., p.394.
7. Ibid., p.398.
8. Ibid., p.397.
9. Ibid., p.401.
10. Ibid., p.402.
11. Ibid.

5. 사랑과 정의가 입 맞출 때, 관대한 정의가 이루어진다

1. 아서 레프 (Arthur Allen Leff), "Unspeakable Ethics, Unnatural Law," *Duke Law Journal*, December 1979.
2. 리처드 로티 (Richard Rorty), "Human Rights, Rationality, and Sentimentality," in Stephen Shute and Susan Hurley, eds., *On Human Rights : The Oxford Amnesty Lectures 1993*(New York : Basic Books, 1993), pp.133-134.
3. Richard Posner, ed., *The Essential Holmes*(Chicago : University of Chicago Press, 1992), p.108.에 실린 Frederick Pollock에게 보내는 편지에서.
4. C. S. 루이스, *The Weight of Glory and Other Address*(New York : HarperCollins, 2001), p.46.
5. D. A. 카슨(D. A. Carson), *The difficult Doctrine of the Love of God*(Leicester, UK : InterVarsity Press, 1999)는 성경이 하나님의 사랑을 언급하는 다양한 방식을 분석한 중요한 책이다. Carson은 보수에 치우친 관점("하나님은 구원받은 이들만 사랑하신다")과 진보에 기운 관점("하나님은 모든 인간을 가리지 않고 사랑하신다") 가운

데 그 어느 쪽도 하나님의 사랑에 대해 성경이 가르치는 교리를 공평하게 다루지 않고 있음을 입증해 보였다.
6. 월터스토프, *Justice : Rights and Wrongs*, pp.357-359.
7. Aristotle, *Politics*, book Ⅰ, part Ⅴ. 인용문은 Benjamin Jowett의 번역판(Mineola, N.Y. : Dover Thrift Edition, 2000), p.12에서 가져왔다.
8. 1965년 7월 4일, 조지아 주 애틀랜타 시에 있는 Ebenezer Baptist Church에서 행한 설교. http://teachers.marisths.org:81/mhs_oldham/amdream.pdf.에서 온라인으로도 확인할 수 있다.
9. C. S. 루이스, *The Weight of Glory*, p.46
10. Bruce K. Waltke, *The Book of Proverbs : Chapters 1-15*(Grand Rapids : Eerdmans, 2004), p.96. Waltke의 기고문 "Righteousness in Proverbs," in Westminster Theological Journal 70(2008) : 207-24도 읽어 보라.
11. 크리스토퍼 라이트, *Deuteronomy*, p.261.
12. 여러 차례 반복되고 있다는 데서 이 본문의 중요성을 알 수 있다. 하나님은 거룩한 백성을 구원하신 이유가 "공의를 행하게" 하는 데 있음을 되풀이해서 말씀하셨다. 신명기 24장 17-22절에서도 비슷한 말씀을 볼 수 있다. "너는 객이나 고아의 송사를 억울하게 하지 말며 …… 애굽에서 종 되었던 일과 네 하나님 여호와께서 너를 거기서 속량하신 것을 기억하라."
13. 지난 25년 동안, 수많은 이들이 고전적인 프로테스탄트 신앙을 바탕으로 한 이 바울 해석을 버리고 돌아섰지만 필자는 이 전통적인 바울 이해를 선택했다. 이 해석은 루터와 칼뱅이 '바울 신학의 새 관점'(New Perspective on Paul)이라고 불렀던 것과 상당히 동떨어져 있다. NPP에 대한 간단한 요약을 보려면 *Christianity Today* 2010년 8월호에 실린, Simon Gathercole, "What Did Paul Really

Mean?"을 참조하라. http://www.christianitytoday.com/ct/2007/august/13.22html에서도 확인할 수 있다.

14. 마틴 루터 (Martin Luther) "Preface" in *Commentary on Paul's Epistle to the Galatians*(Cambridge, UK : James Clarke, 1953), pp.25-26. 일부 어구는 현대적인 표현으로 바꾸었다.

15. "믿음만 가지고는 의로워질 수 없다"는 야고보의 말과 "오직 믿음으로 의로워진다"는 바울의 설명을 어떻게 조화시킬 것인가는 사실 해묵은 문제다. 해답은 이것이다. "야고보와 바울은 서로 다른 이야기를 하기 위해 '의롭게 되다'라는 말을 사용했다. 바울은 하나님 앞에서 죄인이 깨끗해졌다고 선언하는 최초의 순간을 염두에 두고 이 말을 썼던 반면, 야고보는 마지막 심판 자리에서 한 인간에게 최종적으로 내려지는 무죄 판결에 적용했다. 죄인은 오직 믿음으로 하나님과 관계를 맺게 되지만(바울), 궁극적으로 그 관계를 확인(증거)하기 위해서는 참 믿음을 가진 이에게 반드시 나타나는 행위를 고려해야 한다(야고보)." D. Moo, *The Letter of James*, pp. 141-142. 은혜와 공의의 관계에 대한 야고보의 가르침을 좀 더 상세하게 알아보고 싶다면 제5장을 보라.

16. D. A. 카슨(D. A. Carson), *The Expositors Bible Commentary : Matthew Chapters 1-12*(Grand Rapids : Zondervan, 1995), p.132. R. T. France, *The Gospel of Matthew*(Grand Rapids : Eerdmans, 2007), pp.164-65도 참고하라. France는 이렇게 적었다. "'심령이 가난하다'는 건 하나님과의 관계와 관련된 이야기다. 남의 이익을 짓밟을 뿐만 아니라 하나님을 아무 상관없는 분처럼 대하게 만드는 (이게 더 중요하다) 오만한 자신감과 반대되는 긍정적인 영적 성향을 말한다." 유사한 표현으로 이사야서 66장 2절의 "가난하고 심령에 통회하며"가 있다. Alec Motyer는 이를 "영적인 문제들에 대해

무기력하며 …… 하나님을 기쁘시게 해 드릴 가망이 없다는 인식"이라고 해석했다. Motyer, *The Prophecy of Isaiah*, p.534.
17. 이 에세이는 미로슬라프 볼프 (Miroslav Volf), *Against the Tide : Love in a Time of Petty Dreams and Persisting Enmities*(Grand Rapids : Eerdmans, 2010), pp.137-139. 가운데 한 장이다.
18. Ibid., p.138.
19. *Sermons of M'Cheyne*(Edinburgh : n.p., 1848). 앞서 펴낸 책, *Ministries of Mercy : The Call of the Jericho Road*, 2nd ed.(Phillipsburg, N.J. : Presbyterian and Reformed Publishing Co., 1997)에 같은 본문을 가지고 비슷한 논의를 전개한 바 있다.

6. 멍들어도 몸으로 살아 내라
1. 본문에 대한 주석을 더 자세히 보고 싶으면 제1장을 참조하라.
2. Derek Kidner, *Psalms 1-72 : An Introduction and Commentary*(Downers Grove, Ill. : InterVarsity Press, 1973), p.161 참조.
3. 그냥 인터넷 검색창에 '경영 윤리'라는 단어를 입력해서 얻은 자료다. 기업 윤리에 대한 강의나 토론에서 듣게 되는 전형적인 추론을 보여주는 좋은 본보기다. en.wikipedia.org/wiki/business_ethics를 보라.
4. 브루스 월키(Bruce K. Waltke), *The Book of Proverb : Chapters 1-15*, p.96
5. 스스로 소비하는 물품이 어디서 왔는지 꼼꼼하게 따져 보는 방식으로 일상생활과 일터에서 정의를 추구하는 크리스천들이 많다. 1995년, 밥 허버트(Bob Herbert)라는 기자는 재킷을 생산해서 리즈 클레이본(Liz Claiborne)에 납품하는 엘살바도르의 한 공장을 취재한 기사를 썼다. 직공들은 미국에서 178달러에 팔리는 재킷 한 벌

을 만드는 데 77센트씩 받고 있었다. 스무 시간짜리 맞교대 근무를 마치고 인터뷰에 응한 어느 여성 노동자는 세 살배기 딸애 분유 값을 대기에도 모자라는 임금을 받고 있지만 그런 일자리나마 잃게 될까 봐 전전긍긍했다. 미국의 의류 회사들은 "가장 싼 노동력을 쇼핑하러 세계를 두루 돌아다니고" 있을 따름이다(Bob Herbert, "In Maquiladora Sweatshops : Not a Living Wage," *Minneapolis Star Tribune*, October 22, 1995). 가톨릭 신학자 윌리엄 카바노(William T. Cavanaugh)는 허버트의 기사를 언급하면서, 스페인 노동자들이 소유한 기업 몬드라곤 협동조합 사업법인(Mondragon Cooperative Corporation)과 리즈 클레이본을 비교했다. 노동자 협동조합의 연합체인 몬드라곤은 '노동자가 자본가를 고용한다면 자본가가 노동자를 채용하는 경우보다 경제 질서가 훨씬 공정해질 것'이라는 생각에 토대를 두고 있다. 몬드라곤에서는 최고임금과 최저임금의 격차가 평균 5-6배에 지나지 않으며 수익의 10퍼센트는 공동체 개발 프로젝트에 직접 투자한다. 현재 9만2천 명의 직원을 두고 있으며 연구 결과에 따르면 몬드라곤 직원이 다수를 차지하는 공동체들은 대부분 건강하다고 한다(William T. Cavanaugh, *Being Consumed : Economics and Christian Desire*[Grand Rapids, Mich. : Eerdmans, 2008], pp.16-17). 세상에 정의가 실현되도록 돕고 싶은 크리스천이라면 합당한 회사를 골라서 후원하려는 마음이 들 것이다. 하지만 전반적으로는 까다로운 문제들투성이라는 얘기를 덧붙이고 싶다. 미국 기업들이 세계 곳곳에서 지불하는 임금 수준이 형편없이 낮기는 하지만 그 나라의 국가 경제를 부양하는 데 큰 공헌을 하고 있으며, 결국에는 자유기업 체제가 노동자와 자본가 모두의 이익을 극대화시킬 것이라고 주장하는 이들도 적지 않다. 일부 크리스천 사상가들은 자유 시장 윤리에 상대적으로 훨씬 긍정적이다.

6. 메리는 가명이다. 익명성을 보장하기 위해 구체적인 사항들은 조금씩 바꿔서 기술했다.
7. 크리스토퍼 라이트, *Deuteronomy*, p.261.
8. 이러한 사역에 관한 퍼킨스의 생생한 증언은 *A Quiet Revolution*(Waco, Tex. : Word, 1976), *Let Justice Roll Down*(Ventura, Calif. : Reagl, 2006), *Restoring At-Risk Communities*(Grand Rapids, Mich. : Baker, 1996), *Beyond Charity : The Call to Christian Community Development*(Grand Rapids, Baker, 1993) 같은 책들에 실려 있다.
9. 찰스 마시(Charles Marsh)와 존 퍼킨스(John M. Perkins), *Welcoming Justice : God's Movement toward Beloved Community*(Downers Grove, Ill. : InterVarsity Press, 2009), p.25. Marsh의 책, *The Beloved community : How Faith Shapes Social Justice, from the Civil Rights Movement to Today*(New York : Perseus Books, 2005) 도 참조하라.
10. 찰스 마시와 존 퍼킨스, p.30.
11. 더러는 '재배치'라는 말보다 '공동체 식구 되기'라는 표현을 더 좋아한다. 상대적으로 형편이 넉넉한 이들이 가난한 동네로 이사하는 데는 보통 두 가지 이유가 있다. 하나는 임대료나 부동산 가격이 낮아서이고 다른 하나는 불쾌한 현실을 그대로 보여 주는 빈민가에 사는 걸 멋지고 유행에 뒤처지지 않는 일로 여기기 때문이다. 이런 생각으로 이주하는 이들이 늘어날수록 고급 주택 단지로 변하는 속도가 빨라진다. 임대료가 오르고 그 비용을 감당 못하는 주민들이 동네에서 밀려나는 악순환이 일어나는 것이다. '공동체 식구 되기'란 자신의 존재가 주위에 미치는 영향을 조심스럽게 살피는 한편, 공동체에 참여하고 섬기는 일꾼으로서 지역의 공익에 보탬이 되기를 기대하며 조심스럽게 진입하는 걸 의미한다.

12. Ibid., p.23.
13. 존 퍼킨스, *With Justice for All*(Ventura, Calif. : Regal, 1982), pp.146-166.
14. 고르닉, p.129. 필자는 '개발'이라는 단어가 온정주의적인 통제의 의미를 함축하고 있지만 "여전히 소중하다"고 평가했다.
15. 마시와 퍼킨스, p.30.
16. 미쉬나(산헤드린 10.5), J. Daniel Hays, *From Every People and Nation : A Biblical Theology of Race*(Downers Grove, Ill. : InterVarsity Press, 2003), p.50n.에서 인용.
17. Hays, p.60.
18. 사도행전 10장 34절에서 베드로는 하나님이라는 분은 사람을 외모로 취하지 아니하신다는 사실을 배웠다. 인종이나 신분에 따라 인간을 차별하시지 않는다는 말이다(에베소서 6장 9절을 보라).
19. Richard Lovelace, *The Dynamics of Spiritual Life*(Downers Grove, Ill. : InterVarsity Press, 1979), p.199.
20. 두말할 것도 없이, 인종 화합이라는 주제는 복잡하기 짝이 없으며 부수적인 과제가 수두룩하다. 현재 미국에 사는 백인들이 조상의 죄를 회개하는 한편, 피부색 때문에 누리는 특권이 있음을 인식하는 일만 해도 그렇다. 우선, 개인적으로 저지른 잘못과 공동으로 범한 죄의 문제가 발생한다. 성경은 조상의 죄를 뉘우치고 일정 부분 책임지기를 요구한다(다니엘서 9장). 그러나 에스겔서 18장 같은 본문은, 개인은 조상의 죄가 아니라 스스로 저지른 허물에 따라서 심판받을 뿐이라고 강력하게 주장한다. 이러한 진리의 말씀들 사이에서 균형을 잡는 게 중요하다. 둘째로, 빈곤의 원인을 바라보는 시각은 인종화합을 실천하는 데 영향을 미친다. 흑인들의 궁핍한 처지가 주로 구조적인 인종차별과 독점에서 비롯되었다고 볼 수도 있고 가

족 붕괴와 개인적인 성향이 주 요인이라고 믿을 수도 있다. 어느 쪽이든 그러한 사고방식은 인종을 초월한 연대나 화합에 다가서는 방식 전체를 좌우하게 된다. 인종간의 공의와 화해라는 주제에 접근하는 다양한 길을 균형 잡힌 보수의 시각으로 연구한 글로 존 파이퍼(John Piper)의 *Bloodlines : Race, Cross, and the Christian*을 추천한다. 인종차별의 구조적인 특성을 한층 강조하는 문서가 필요하다면 Emmanuel Katongole 과 Chris Rice의 *Reconciling All Things : A Christian Vision for Justice, Peace, and Healing*(Downers Grove, Ill. : InterVarsity Press, 2008)을 보라.

21. www.bostontenpoint.org를 보라.
22. 이스라엘에서는 모세율법에 따라 하나님께 드리는 희생물은 모두 중앙의 성소(처음에는 장막, 나중에는 성전)에서 제사장의 손을 통해 바쳤다. 욥기 1장 4-5절에 따르면 욥은 집안의 제사장이었다. 따라서 욥의 삶에서 벌어진 일련의 사건들은 신정국가 이스라엘에서 벌어진 게 아님이 분명하다.
23. 로버트 린치쿰(Robert Linthicum), *City of God, City of Satan : A Biblical Theology of the Urban Church*(Grand Rapids : Zondervan, 1991), pp.45-47.
24. Ibid.
25. 여기에 열거한 항목들 가운데 대부분은 1996년, International Justice Mission이 세계 곳곳에서 선교와 원조, 개발 사역을 하는 선교단체 70곳을 대상으로 조사한 연구보고서에서 차용했다. Gary Haugen, *Good News About Injustice*(Downers Grove, Ill. : InterVarsity Press, 2002), p.41을 보라.
26. 라빈 스로크스(LaVerne S. Stokes), "Preface" to Mark Gornik, *To Live in Peace*, p. xiii.

27. 고르닉(Gornik), *Christianity, Social Change, and Globalization in the Americas*(New Brunswick, N.J. : Rutgers University Press, 2001), in Gornik, p.13.
28. 전문을 Gornik, pp.12-13에서 인용.
29. 교회가 앞장서 공의를 행하도록 동기를 부여하고 준비시키기 위해서는 할 일이 태산이다. 몇 년 전, 그와 관련해서 구체적인 매뉴얼을 작성했었는데, 여기 소개한 것보다 훨씬 구체적인 항목들이 포함되었다. 팀 캘리, *Ministries of Mercy : The Call of the Jericho Road*, 2nd ed.(Phillipsburg, N.J. : Presbyterian and Reformed Publishing Co., 1997), 8-14장을 보라. 또한 Amy Sherman, "Getting Going : Ten Steps to Building a Community Ministry," in *Restorers of Hope*(Wheaton, Ill. : Crossway, 1997)도 참조하라. 아울러 "공의를 행하려면 무슨 일부터 해야 하나요?"라고 묻는 이들에게 대답하는 데 도움이 될 만한 책으로 Mae Elise Cannon의 *Social Justice Handbook : Small Steps for a Better World*(Downers Grove, Ill. : InterVarsity Press, 2009)을 추천한다. 정의를 실현하는 일에 막 뛰어든 이들에게 '자그마한 첫 걸음'을 떼는 데 유용한 정보를 무수히 제공한다. 크리스천 공동체 개발과 공동체 조직에 관해서는 로버트 린치쿰의 *Empowering the Poor*(Federal Way, Wash. : World Vision Internationl, 1991)와 *Transforming Power : Biblical Strategies for Making a Difference in Your Community*(Downers Grove, Ill. : InterVarsity Press, 2003) 등 두 권을 참고 서적으로 꼽을 만하다. Shane Claiborne의 *The Irresistible Revolution : Living as an Ordinary Radical*(Grand Rapids : Zondervan, 2006)도 읽어 보길 권한다. 다들 지역사회에서 공의를 행하는 데 필요한 구체적인 지침을 주는 책들이다. 하지만 토를 하나 달아야 할 것 같다. 현대사회에

서 공의를 행하는 문제에 관한 이론들이 워낙 다양하고 강력한지라, 크리스천 저술가들 역시 그 영향에서 자유롭지 못하다. 여기서 언급한 책들 가운데 더러는 공의와 관련해서 보수적이며 개인주의적인 성향에 기운 이론을 제시하고 있으며, 일부는 빈곤을 온전히 불의한 사회구조의 소산으로 보는 관점을 택하고 있다. 독자들 또한 이런 이론의 영향을 받게 될 것이 분명하다. 가령 보수적인 이들이라면 Amy sherman의 저서들에서 별다른 거부감을 느끼지 못하는 반면, Linthicum의 책에서는 불편한 느낌이 들지 모른다. 부디 성경의 공의관은 대단히 포괄적이라는 사실을 잊지 말고 다양한 책에서 중요한 아이디어들을 최대한 긁어모으기 바란다.

30. "일하기 싫어하거든 먹지도 말게 하라"고 한 데살로니가후서 3장 10절도 묵상해보라. 이 구절은 '아무도' 자기 소유를 자기 것이라고 하지 않고, 모든 것을 공동으로 사용했다고 한 사도행전 4장 32절 같은 본문들과 균형을 이루어야 한다. 교인들 가운데 어려운 이들이 있으면 가리지 않고 도와야 하지만, 무책임하게 사는 상대에게는 적절한 방식으로 압력을 가해서 생활태도를 바꾸게 하는 게 진정한 사랑일 것이다. '자격이 없는' 이에게 도움을 주는 방법에 관해서는 제4장에서 다룬 조나단 에드워즈의 견해를 참조하라.

31. C. P. Wagner의 책, *Church Growth and the Whole Gospel*(New York : Harper and Row, 1981), pp.101-104에서 이러한 시각의 실례를 볼 수 있다.

32. James I. McCord, ed., *Service in Christ*(Grand Rapids : Eerdmans, 1966)에서 인용.

33. 가난한 이들을 너그럽게 보살피는 게 초대교회의 선교에 얼마나 결정적이었는지에 관한 탁월한 설명을 찾는다면 Mark Husbands and Jeffrey P. Greenman의 *Ancient Faith for the Church's*

Future(Downers Grove, Ill. : InterVarsity Press, 2008)에 실린 Alan Kreider의 글, "The Alone Know the Right Way to Live"를 보라. Kreider에 따르면, 초대교회는 거의 3세기에 걸쳐 10년마다 40퍼센트씩 폭발적으로 성장했다고 말한다. "당시에는 너무 위험해서 공개적으로 복음을 선포할 수 없었다. 실제로 이름이 알려진 전도자나 선교사는 단 한 명도 없다. …… 초대교회에는 선교 위원회가 없었다. 선교에 관한 논문을 쓰지도 않았다. …… 1세기 중반, 네로황제로부터 대대적인 박해를 받은 뒤로는 외부인이 초대교회 예배에 참석할 길이 완전히 막혔다. 집사들은 교회의 문간에 서서 경비원 노릇을 하며 세례 받지 않은 이가 없는지, 신분을 위장한 밀고자가 침투를 기도하지 않는지 살폈다. …… 그럼에도 불구하고 교회는 성장했다. 공식적으로는 미신 취급을 받았다. 저명인사들은 대놓고 비웃었다. 이웃들은 온갖 쩨쩨한 방법으로 크리스천들을 차별했다. 주기적으로 교회는 집단 학살의 피해를 입었다. …… 그리스도인이 된다는 건 보통 힘든 일이 아니었다. …… 그런데도 교회는 부흥했다. 왜 일까?"(pp.169-170). 초대교회가 처했던 사회적인 상황을 처절하게 그려 낸 이 글을 보면 "매력적이어서, 너나없이 푹 빠져서 자석처럼 끌려 들어갔던 까닭에"(p.170) 교회가 성장했음을 알 수 있다. 이어서 Kreider는 그처럼 믿지 않는 이들을 매료시켰던 요소는 크리스천들의 가난한 이들에 대한 관심, 아낌없이 베푸는 경제적 나눔, 그리고 원수까지 끌어안는 희생적 사랑이었음을 입증하는 확고한 역사적 사실들을 열거한다.

34. Irene Howat and John Nicholls의 *Streets Paved with Gold : The Story of London City Mission*(Fearn, Scotland : Christian Focus, 2003)을 보라.

35. 카이퍼의 관점에 동조하는 입장에서 쓴 개괄적인 문서를 보려

면, Chris Green, ed., *A Higher Throne : Evangelical Public Theology*(Nottingham, UK : InterVarsity Press, 2008)에 실린 Daniel Strange의 글, "Evangelical Public Theology : What on Earth? Why on Earth? How on Earth?," pp.58-61을 보라.

36. Daniel Strange, pp.52-57을 보라. 교회가 문화와 관계를 맺어 가는 방식은 중요하고도 광범위한 주제여서 이 책에서 다 다루지 못한다. Strange는 두 가지 대립적인 관점을 소개한다. 하나는 '두 나라(Two Kingdom)'의 시각이다. 성경이 말하는 공의 개념에 따르면 교회라는 기관이든, 크리스천 개인이든 직접 사회 개혁을 추구해서는 안 된다고 한다. 다음은 '변혁자(Transformationist)'의 입장으로, 크리스천은 '명확히 차별화된 기독교 세계관'을 가지고 세상에서 활동하며 문화를 바꿔 나가야 한다고 주장하는 Abraham Kuyper의 논지에 부합된다. Strange는 양쪽의 위험성을 골고루 지적하기는 했지만 결국 온건하게 조절한 변혁자 모델을 선택했다. 7장 21번 주를 참조하라.

37. 여기서 두 가지 중요한 신학 논쟁과 맞닥뜨리게 된다. 첫 번째는 본질적으로 교회의 사명이 무엇인가 하는 논쟁이다. 다시 말해서, 교회의 유일한 사명은 말씀을 선포하는(전도하고 제자 삼는) 일뿐인가, 아니면 공의를 행하는 일까지 포함되는가 하는 문제다. 요즘 복음주의 진영에는 정의를 구현하는 사명에 대해 이야기하는 교회가 점점 더 늘어 가고 있다. 여기에 대해서는 2010년 7/8월호, *Books and Culture*에 실린 Amy L. Sherman의 글, "The Church on a Justice Mission"을 보라. 여기서 글쓴이는 성매매 및 인신매매와 싸우는 일을 교회가 마땅히 감당해야 할 소명으로 받아들인 지역 교회들의 사례를 보여 준다. 성매매는 정의와 관련된 중요한 사안인 동시에 대다수 복음주의 교회들이 쉽게 받아들일 수 있는 이슈이기도 하다. 그럼에도 불구하고, 개인적으로는 Kuyper의 입장에 동의하는 편이

다. 엄밀하게 말하자면 교회의 사명은 말씀을 선포하는 일이다. 그러나 좀 더 광범위하게 보면, 세상에서 말과 행동으로 사람들을 보살피고 한데 어울려 공의를 행하는 게 크리스천이 할 일이다.

7. '우리'만의 세상에서 벗어나라

1. '동맹'보다 '연대'에 가까운 개념이다. 다른 사안들에 대해서는 첨예하게 대립하다가도 서로 뜻을 같이하는 특정한 이슈에 대해서는 함께 움직이는 그룹을 가리키는 것이다. 포르노그래피에 반대하기 위해 극단적인 페미니스트와 철저한 근본주의자가 함께 손을 잡는 식이다.
2. *William and Mary Law Review*, vol.42(Fall 2000), pp.265, 270에 실린 Michael J. Klarman의 글, "Rethinking the History of American Freedom"을 보라.
3. 피터 웨스턴(Peter Westen), "The Empty Idea of Equality," *Harvard Law Review*, vol. 95, no.3(1982), p.537.
4. 커다란 영향을 미친 이 원리는 본래 존 스튜어트 밀(John Stuart Mill)이 〈자유론〉에서 처음 제기했던 주장이다. 밀은 이렇게 썼다. "개인적으로든 집단적으로든, 다른 구성원이 가진 행동의 자유에 간섭하는 걸 정당화할 수 있는 유일한 상황은 그 자유가 다른 이들에게 해로울 때뿐이다." Steven D. Smith, *The Disenchantment of Secular Discourse*(Cambridge : Harvard University Press, 2010), p.70에서 재인용.
5. 이 예는 Smith, *The Disenchantment of Secular Discourse*, pp.84–86에서 가져왔음.
6. Smith, *The Disenchantment of Secular Discourse*, pp.70ff를 보라.
7. 알래스데어 매킨타이어(Alasdair MacIntyre), *Whose Justice? Which Rationality?*(Notre Dame, Ind. : Notre Dame University Press,

1988).
8. 마이클 샌델(Michael Sandel), *Justice : What's the Right Thing to Do?*(New York : Farrar, Straus and Giroux, 2009).
9. 샌델, Justice, p.6
10. 정의를 어떻게 해석하느냐에 따라 다른 판단을 내리게 된다는 점을 보여 주기 위해 샌델이 사용한 두 가지 사례가 있다. 하나는 2004년 허리케인 찰리(Charley)가 지나간 뒤에 건자재 가격이 폭등했던 경우다. 플로리다 주의 관련 업체들은 건물 보수에 필요한 기본 자재 가격을 엄청나게 올려 받았다. 격렬한 항의가 이어지자 주 당국은 바가지 상혼을 단속하는 법안을 크게 강화했다. 그러자 이번에는 폭발적인 가격 인상을 제한하는 법안이 공정하냐를 두고 뜨거운 논쟁이 촉발됐다. 한쪽에서는, 시민들은 울며 겨자 먹기로 그 값을 치르겠지만 그런 대금을 청구한 소매업자들의 행태는 탐욕이고 비행이라고 비난했다. 하지만 다른 한편으로는, 가격 폭등을 규제하는 법안이야말로 제품 가격을 원하는 대로 매길 수 있는 생산자들의 자유를 침해할 뿐만 아니라 민주사회의 기본권을 침해하는 처사라며 반기를 드는 이들도 적지 않았다. 아울러 가격 인상이 허용되어야 제조업자들이 생산량을 대폭 늘려서 플로리다 주민들의 수요를 충족시킬 수 있을 것이라고 주장했다. 샌델에 따르면, 이 사례는 "고대와 근대의 정치사상을 구분 짓는다. …… 아리스토텔레스는 정의란 사람들에게 마땅히 받아야 할 것을 주는 걸 의미한다고 가르친다. …… 이와 대조적으로 근대 정치 철학자들(18세기의 임마누엘 칸트에서 20세기의 존 롤스까지)은, 인간의 권리를 규정하는 정의의 원칙들은 미덕이라든지 더할 나위 없이 훌륭한 생활방식 따위에 대한 특정 개념에 근거해서는 안 된다고 말한다. 정의로운 사회는 구성원 각자가 멋진 삶이 무엇인지 독자적인 입장을 선택할 자유를 존중

해 주어야 한다는 것이다"(Sandel, Justice, p.8). 더 선정적인 사례는 1884년, 폭풍우에 휩싸여 침몰한 영국 함선 미뇨네트 호의 경우다. 선원 넷이 구명정으로 탈출하는 데 성공했지만, 끝까지 살아남은 건 세 명뿐이었다. 부모도, 아내도, 아이도 없는데다가 어차피 죽을 것처럼 보였던 젊은 객실 사환을 죽여서 그 살을 뜯어먹고 생존했던 것이다. 생존자들이 고국으로 돌아와 재판에 회부되자, 대다수 영국인들은 유죄판결에 반대하는 입장을 보였다. 젊은 선원은 가만히 놔둬도 죽게 되어 있었으며 다른 누군가가 희생됐더라면 불쌍한 미망인과 아비 없는 자식만 생겨났을 거라는 이유에서였다. 다수가 죽거나 실종되는 것보다 한 사람이 목숨을 내놓은 편이 낫지 않느냐는 논리였다. '최대 다수의 최대 행복'을 추구하는 데 주안점을 두는 게 정의라고 믿는다면, 선원들의 행동은 정당하다. 그러나 개인의 자유에 초점을 맞추어 정의를 생각한다면, 생존자들의 결정은 두말할 것도 없이 불의한 처사다. 희생자의 동의를 받지 않고 생명을 빼앗았기 때문이다. 서구사회에는 정의에 대해 합의된 의미 규정이 존재하지 않으므로 이런 사례들이 있을 때마다 의견이 갈리게 마련인데, 샌델은 그 사실을 노련하게 보여 준다. 정의의 '핵심'을 두고 저마다 다른 이론을 제시하는 까닭에 집단마다 다른 결론을 내릴 수밖에 없는 것이다.

11. 스티븐 스미스, *The Disenchantment*, p.39.
12. 스티븐 스미스, *The Disenchantment*, p.179에서 인용했다.
13. 스티븐 스미스, *The Disenchantment*, p.181.
14. 샌델, *Justice*, p.251.
15. Ibid.
16. 샌델, *Justice*, p.252.
17. 샌델, *Justice*, p.281.

18. 7장 10번 주에서 샌델이 이야기한 내용처럼 까다로운 상황에서 어떻게 정의로운 삶을 살아야 할지를 결정하는 것은 어려운 일이다. 그러나 크리스천들에게는 성경이 있으므로, 결정을 내리는 데 도움이 되는 풍부한 자원을 가지고 있는 셈이다. ① 허리케인이 지나간 이후에 벌어진 폭발적인 가격 인상. 레위기 25장 35절은 꾸어 준 돈에 대해 이자를 받는 건 물론이고 재난을 당해 어려움에 빠진 이들에게 음식을 팔아 이문을 남기는 행위까지 엄격하게 금하고 있다. 모세율법은 재난을 당한 경우, 희생자들의 고단한 처지를 감안해서 통상적인 가격을 낮춰 주어야 한다고 가르친다. 남의 불행을 이용해서 축재를 해서는 안 된다는 뜻이다. 플로리다에서는 적절히 균형을 잡았어야 했다. 대다수 주민들에게는, 가격이 어느 정도 오르더라도 제조업자들이 필요한 물품을 더 많이 생산해 내는 편이 유리하다. 진정으로 정의로운 사회에서는, 상대적으로 경미한 피해를 당한 가옥의 주인들이 자발적으로 더 비싼 값을 치름으로써 심각한 타격을 입은 이들이 비용을 조금만 지불할 수 있게 배려한다. 하지만 이건 보편적인 정서가 아닌 듯 보인다. 그러기에 정의를 찾아보기가 그토록 힘든 게 아니겠는가! 결과적으로 건자재의 원활한 공급을 막는 폭리방지법보다 훨씬 더 특별한 대책을 세워서 저소득층이나 허리케인으로 큰 피해를 입은 주민들을 지원했어야 했다. 정부뿐만 아니라 민간단체도 얼마든지 그런 방안을 제시할 수 있다. ② 그렇다면 미노네트 호의 경우는 어떠한가? 대다수 영국인들이 선원들의 행동을 정당한 조처로 판단한 건 '행복을 극대화시키는' 접근 방식을 정의라고 보았던 까닭이다. 객실 사환의 목숨이 궁극적으로 인간 공동체에 덜 소중하다고 판단한 것이다. 이런 주장에 따르면, 자녀나 배우자가 있는 사람을 죽이는 건 명백한 잘못이 된다. 그러나 성경은 하나님의 형상대로 창조된 인간은 너나없이 동등한 가치를 갖는다고 본

다. 성경의 관점에서 보자면, 경제사회적 요소들에 토대를 둔 잣대는 인간의 가치나 존엄성을 측정하는 데 적합하지 않다. 선원들은 사환을 값어치가 덜 나가는 상품으로 평가하지 말고 가능한 한 최선을 다해서 그 생명을 지켰어야 했다. 스스로 하나님을 대신할 게 아니라 위험을 무릅써 가며 동료의 목숨을 보존했어야 마땅하다는 뜻이다.

19. 시편 19편에 따르면, 자연은 말없이 하나님에 대해 '증언'한다. 본문의 후반부가 성경 또는 '특별계시'를 찬양한다면, 앞쪽은 일반계시에 관해 설명하는 걸로 보인다. 로마서 1장 20절에서 바울은 시편 19편 말씀을 다시 확인하면서, 그러기에 하나님과 그분의 뜻을 알면서도 순종하지 않는 이들은 '핑계를 댈 수 없다는' 의미를 덧붙이고 있다.

20. 이런 관점에서 야고보서 1장 17-18절을 읽는 데 도움이 될 만한 자료가 필요하다면, Ralph P. Martin, *Word Biblical Commentary : James*(Nashville : Word, 1988), pp.37-42와 Douglas J. Moo, *The Letter of James*(Grand Rapids : Eerdmans, 2000), p.78을 보라. Moo는 이렇게 썼다. "하나님은 거룩한 권능과 세상을 끊임없이 보살피신다는 증거로 천체를 지으셨다고 야고보는 말한다."

21. 가장 두드러진 본보기로 이사야서 28장 23-29절을 꼽을 수 있다. "씨를 뿌리려고 밭을 가는 농부가, 날마다 밭만 갈고 있겠느냐? …… 밭을 고르고 나면, …… 밀을 줄줄이 심고, 적당한 자리에 보리를 심지 않겠느냐? 밭 가장자리에는 귀리도 심지 않겠느냐? 농부에게 밭농사를 이렇게 짓도록 일러주시고 가르쳐 주신 분은, 바로 하나님이시다. …… 사람이 곡식을 떨지만, 낟알이 바스러지도록 떨지는 않는다. 수레바퀴를 곡식 위에 굴릴 때에도, 말발굽이 그것을 으깨지는 않는다. 이것도 만군의 주님께서 가르쳐 주신 것이다. 주님의 모략은 기묘하며, 지혜는 끝이 없이 넓다." 참으로 놀라운 본문이다. 이사

야는 노련한 농부가 되려거나 농업 발전을 꿈꾸는 이는 하나님의 가르침을 받아야 한다고 말한다. 어느 학자는 이사야서의 본문을 이렇게 평가했다. "발견이라고 할 만한 일들(적절한 절기, 파종의 조건, 농장 관리, 곡물의 윤작과 같은)은 모두 창조에 관한 책을 펼치시고 거룩한 진리를 보여 주신 하나님에서 비롯되었다. Alec Motyer, *The Prophecy of Isaiah*(Downers Gorve, Ⅲ. : InterVarsity Press, 1993), p.235. 이것이 성경에 제시된 일반은총의 본보기다.
22. 리처드 마우(Richard Mouw), *He Shines in All That's Fair : Culture and Common Grace*(Grand Rapids : Eerdmans, 2010), p.14.
23. D. A. Carson, Christ and Culture Revisited(Grand Rapids : Eerdmans, 2008), p.49.
24. 켄 마이어스(Ken Myers), "Christianity, Culture, and Common Grace," p.43. May 31, 2010, www.marshillaudio.org/resources/pdf/comGrace.pdf.에서도 확인할 수 있다. 이 글은 리처드 마우의 *He Shines in All That's Fair : Culture and Common Grace*와 함께 읽는 게 좋다. 이들은 일반은총을 설명하는 성경의 자료들을 풍부하게 제공하며, 그것을 기반으로 크리스천들에게 선교를 통해 교회를 세우고 제자화하는 게 좋다고 말한다. 그러한 활동뿐만 아니라 철학자, 예술비평가, 영화제작자, 언론인, 사회이론가들처럼 문화적인 영역에도 깊이 관여해야 한다고 강력하게 주장한다. 두 글 모두 크리스천들이 일반은총을 잘 이해하고 받아들이지 않으면 극단에 빠지게 된다고 경고한다. 한쪽에는 성경을 청사진 삼아 문화를 개혁하려고 노력하면서 기독교 왕국을 재건하고 싶어 하는 승리주의적 그룹이 있다. 그리고 반대편에는 문화에서 발을 빼고 멀찌감치 물러서 있는 크리스천들이 있다. 양쪽 다, 하나님이 주님을 좇지 않는 이들에게는 지혜와 통찰, 또는 진리를 아는 지식을 주시지 않았다고 믿

는다. 구체적인 결론 부분에서 마우와 마이어스는 상당한 차이를 보이지만, 그런 상이점마저도 도움이 되고 공부가 된다.

25. 카슨, Christ and Culture Revisited, p.218. 카슨은 세상에 살면서 사회정의에 관심을 두지 않는 크리스천은, 문화와 어떻게 관계를 맺어 갈 것인가에 대해 불균형한 형태로 루터가 제시했던 '두 왕국' 모델에 빠질 공산이 크다고 지적한다. 제도 교회로서는 그리스도의 이름으로 어떠한 사회 개혁도 추구해서는 안 될 뿐만 아니라, 심지어 크리스천만의 독특한 방식으로 세상(정치, 시민 사회, 학문, 또는 공동체 개발)에 뛰어들어서도 안 된다고 주장하게 된다는 말이다. 이들은 오로지 일반은총에 기대어 누구나 이해할 수 있는 공통적인 가치에만 신경을 쓴다. 이런 접근 방식은 기독교 우파들에게서 볼 수 있는 유토피아적인 승리주의를 떨쳐 버린다는 장점이 있지만 반대편의 오류, 즉 '정적주의(quietism)'에 물들기 쉽다는 단점이 있다. 카슨은 루터교인인 로버트 벤(Robert Benne)의 말을 인용한다. "루터의 신학을 왜곡한 이런 입장은, 지성적인 영역에서 복음을, 그리고 윤리적인 영역에서 (시민)법을 빼앗아 가게 될 것이라는 논리적 귀결로 이어진다. 속학(俗學)과 관계를 맺어 본들, 성경의 서술과 신학적인 성찰은 인식론적으로 어떤 지위도 부여받지 못할 것이라는 말이다. 그러한 사고방식은 교육 분야에서 일종의 루터교적인 정적주의를 수용하게 만들었다. 1930년대 독일 루터교인들 가운데 상당수는 두 왕국(법의 지배 아래 있는 정부와 복음이 다스리는 기독교 세계)을 분리해서 생각한 탓에, 기독교적 세계관의 지성적이고 도덕적인 주제에만 집착했고 나치 운동을 그대로 방치했다. 그런 식의 접근을 고집한다면, 기독교 세계관으로 도전하는 과정 없이 이 시대의 세속 학문을 수용하게 될 것이다"(Carson p.212에서 인용). 카슨은 댄 스트레인지(Daniel Strange, 주 126번을 보라)와 마찬가지로,

그리스도와 문화의 관계를 규정하는 카이퍼의 모델에 뿌리를 둔 승리주의와 루터의 모델에서 나온 정적주의를 모두 비판했다. 스트레인지는 카이퍼 쪽으로 조금 더 기운 반면, 카슨은 두 모델이 모두 시간과 장소에 따라 어느 한쪽으로 더 끌리게 만드는 힘을 가지고 있음을 인정하면서도 스스로 정중앙을 지키면서 균형을 잡으라고 요구했다. 탄탄하게 균형 잡힌 제3의 입장을 보려면 신학자나 성경학자가 아니라 크리스천 사회학자 James Hunter의 글, *To Change the World : The Irony, Tragedy, and Possibility of Christianity in Late Modernity*(New York : Oxford University Press, 2010)을 보라. 헌터는 일정한 거리를 유지하면서 서로 상반되는 두 관점을 모두 비판하는 동시에, 동화주의자 모델이라는 제3의 길을 제시한다. 이른바 '신실한 임재'를 중심으로 한 논리를 전개한다. 따지고 보면, 스트레인지와 카슨, 헌터는 모두 문화에 개입하되 승리주의와 변형의지를 배제하는 원만한 접근 방식을 추천하고 있다. 아울러 제도 교회는 '문화를 바꾸는' 일보다 말씀을 선포하는 일을 우선순위에 두어야 한다는 데 의견 일치를 보고 있다.

26. 샌델, *Justice*, p.248.
27. Ibid., p.261.
28. 아리스토텔레스의 정의관을 잘 요약해둔 자료가 필요하다면, Sandel의 부담 없는 글, *Justice* 제8장, "Who Deserves What? / Aristotle"을 보라.
29. 브라이언 티어니(Brian Tierney), *The Idea of Natural Rights : Studies on Natural Rights, Natural Law, and Church Law 1150-1625*(Atlanta : Scholars Press, 1997)가 가장 중요하다. Brian Tierney, "The Idea of Natural Rights — Origins and Persistence," *Northwestern Journal of International Human Rights*, Volume

2(Spring 2004)도 살펴보라.
30. Michael J. Perry, *Toward a Theory of Human Rights : Religion, Law, Courts*(New York : Cambridge University Press, 2006), p.18에서 인용.
31. Richard Kearny가 정리하여 *Questioning God*(Bloomington : Indiana University Press, 2001), p.70에 수록한 글, Jacques Derrida, "On Forgiveness : A Roundtable Discussion with Jacques Derrida"
32. Terry Eagleton, *Reason, Faith, and Revolution : Reflections on the God Debate*(New Haven : Yale University Press, 2009), p.37.
33. 하나님을 좇지 않는 수많은 이들이 인권을 신뢰하고 정의를 위해 열정적으로 활동하는 건 분명하다. 하지만 그럼에도 불구하고 그런 신념이 논리적 타당성을 가지고 있느냐는 또 다른 문제다. 인권에 대한 믿음은 하나님의 부재보다는 존재와 더 잘 어울리기 때문이다. Nicholas Wolterstorff는 *Justice : Rights and Wrongs* 15-16장에 실린 "Is a Secular Grounding of Human Rights Possible?"과 "A Theistic Grounding of Human Rights"라는 글에서 이 문제를 다루고 있다. J. Schloss and M. Murray, eds., *The Believing Primate : Scientific, Philosophical, and Theological Reflections on the Origin of Religion*(New York, Oxford : Oxford University Press, 2009), pp.252ff에 실린 Christian Smith의 글, "Does Naturalism Warrant a Moral Belief in Universal Benevolence and Human Rights?"도 읽어 보라.
34. 버락 오바마(Barack Obama), "Call to Renewal Keynote Address," Washington, D.C., June 28, 2006, www.barackobama.com/2006/06/28/call_to_renewal_keynote_address.php, Sandel, p.246에서 인용.

8. 모두의 샬롬을 위해 낮은 자리로 가라

1. 고대 창조 설화들을 모아 놓은 간단한 자료는 온라인 브리태니커 백과사전에서 구할 수 있다. http://www.britannica.com/EBchecked/topic/142144/creation-myth.

2. 게르하르트 폰 라트(Gerhard von Rad), *Wisdom in Israel*(London : SCM Press, 1970), p.304.

3. 모세 바인펠트(Moshe Weinfeld), *Social Justice in Ancient Israel and in the Ancient Near East*(Minneapolis : Fortress, 1995), p.20. Christopher J. H. Wright, *Old Testament Ethics for the People of God*(Downers Grove, Ill. : InterVarsity Press, 2004), p.265. n.16에서 인용. 구약 학자 Bruce K. Waltke도 물질세계에서 공의와 질서 사이에 상관관계가 있음을 인정한다. 그는 공의란 "법률, 지식 …… 에 명확히 드러나 있으며 하나님이 보증해 주시는 창조 시점부터 존재해 왔던 보편적인 세계 질서"에 발맞추어 사는 걸 말한다고 썼다(H. H. Schmid에서 인용). 아울러 공의는 "공동체, 그리고 물리적 영적 영역에 관련된 모든 사람들 하나하나가 의로워지고 조화를 이루게 하는" 일을 가리킨다고도 했다(J. W. Olley에서 인용). The Book of Proverbs : Chapter 1-15, p.96.

4. *The Dictionary of Biblical Imagery*, L. Ryken, T. Longman, eds. (Downers Grove, Ill. : InterVarsity Press, 1995), p.632의 '평화'에 관한 내용을 보라. 여의치 않으면 어떤 성경 히브리어 사전을 참조하든 상관없다. 예를 들어, 이런 설명도 참고할 만하다. "샬롬은 최상의 조건 아래서도 인간이 혼자 힘으로 이룰 수 없는, 삶과 영혼 전체가 완전해지는 포괄적인 성취, 또는 완성을 표현한다." "Shalom and the Presence of God," in *Proclamation and Presence*, J. I. Durham and J. R. Poster, eds. (Richmond : John Knox, 1970),

p.280.

5. Koehler과 Baumgartner가 편집한 표준 히브리어 사전은 '미쉬파트'라는 단어의 의미론적 줄기를 "'판결 〉 법률적인 결정, 심판 〉 주장 〉 법률, 권리, 요구' 형태의 흐름으로 기술한다. 그렇다면 마땅히 해야 할 일은 무엇인가."(L. Koehler, W. Baumgartner, et al., *The Hebrew and Aramaic Lexicon of the Old Testament*, tr. M. E. J. Richardson, et al. [Leiden : Brill, 1994-99], 2:615). 다시 말해서, 미쉬파트는 어떤 사건에 있어서 법률적인 판단, 또는 더 기본적으로 고소인이 마땅히 누렸어야 할 상태나 당연히 받았어야 할 대접을 가리킨다. 더 나아가서 G. Liedke는 미쉬파트를 행하는 과정에서 "온전치 못한 상호관계를 유지하고 있는 두 사람, 또는 인간 집단은 회복되어 샬롬 상태에 이르게 된다. …… [미쉬파트]는 지속적으로 샬롬을 지키게 한다"고 했다(*Theological Lexicon of the Old Testament*, 3 vols., E. Jenni and C. Westerman, eds., tr. M. E. Biddle [Peabody, Mass : Hendrickso, 1997], 3:1394.에서). 간단히 말해서, 미쉬파트는 총체적인 차원에서 인간이 활짝 피어나며 행복을 누리는 상태, 즉 샬롬을 옹호하고 유지시킨다. 제2장에서 이 주제를 계속 다룰 것이다.

6. 노라 엘렌 그로스(Nora Ellen Groce), *Everyone Here Spoke Sign Language : Hereditary Deafness on Martha's Vineyard*(Havard, 1985).

7. 19세기 미국에서는 5,728명에 한 명 꼴로 청각 장애를 가진 아이가 태어났다. 그러나 빈야드에서는 155명 당 한 명에 이르렀다(Groce, p.3). 빈야드에서 가장 외딴 마을인 칠마크의 경우, 발생률은 1/25에 육박했다. 마을 주민 350명 가운데 15명 정도가 선천성 청각 장애인이었다. 대부분은 칠마크 외곽의 작은 동네에 살았는데, 거기서는 주민의 1/4이 태생적으로 소리를 듣지 못했다(Groce, p.42).

8. 그로스, pp.2-3.
9. 그로스, p.51. 1930년대에 칠마크 공동체로 시집 왔다는 어느 여성은 말했다. "이웃집에 살던 아비게일(청각 장애인이다)한테 수화를 처음 배웠어요.······ 칠마크로 이사오자마자 배우기 시작한 거예요. 동네 사람들이 전부 다 수화를 쓰고 있어서 꼭 배워야 했어요"(p.56).
10. "의사소통은 전부 수화로 했다. 청각 장애를 가진 빈야드 주민 가운데 입술의 움직임을 읽는 이는 단 한 명도 없는 것처럼 보였다"(Groce, p.57).
11. 그로스, pp.59, 60.
12. 그로스의 책 제5장, "청각 장애에 대한 섬의 적응"을 보라.
13. 일레인 스캐리(Elaine Scarry), On Beauty and Being Just(Princeton : Princeton University Press, 1999), p.31.
14. "릴케가 '삶을 변화시키라'고 명령하며 덧붙였던 말마따나 아름다움은 구원이다. 호머가 옳았다. 아름다움은 전례를 더듬어 보는 신중한 자세를 갖게 한다. 하지만 영원성에 관해서는 어떠한가? 호머가 옳을 수도 있고 그를 수도 있지 않을까?······ 형이상학적인 지시 대상이 의심스러울지라도 진리의 풍요로움과 진리를 향한 염원만큼은 안정적인가?"(Scarry, pp.32-33).
15. 아이리스 머독(Iris Murdoch), *The Sovereignty of Good over Other Concepts*(Cambridge, UK : Cambridge University Press, 1967), pp.86-87.
16. 스캐리의 글 p.113("공간 전체"와 "스스로 주인공이 되어")과 p.93("모든 사람들의 상호관계 사이에서 균형을 잡게")에서 빌려왔다. 후자는 Scarry가 John Rawls의 글을 인용한 구절이다.
17. *The Nature of True Virtue*는 쉬운 글이 아니다. Gerald McDermott, *One Holy and Happy Society*(State College : Pennsylvania State

University Press, 1992)를 보라. 특히 사회윤리에 대한 에드워즈의 영성을 살펴보려면 특별히 3장과 5장에 주목하라.
18. 토드 기틀린, "Elaine Scarry on Beauty and Being Just," *The American Prospect*, November 30, 2002.
19. 예수님과 그분의 집안이 정말 사회적으로 가장 가난한 계층에 속했느냐를 두고 여러 논의가 있어 왔다. 개중에는 예수님이 아버지 요셉 때부터 목수였다면, 최하층 농투성이 신분이 아니라 장인이었을 거라고 주장하는 이들이 있다. 예수님이 글을 읽으셨던 것만은 분명하다. 당시 소작농 신분을 가진 이들은 문맹이었다. 그러나 예수님이 활동했던 시대의 갈릴리에는 오늘날의 '중산층' 같은 부류가 전혀 살지 않았다. "설령 목수나 석수와 같은 장인이라 할지라도 현대의 중산층과 비교할 수는 없다."(Nen Witheringon, *The Jesus Quest : The Third Search for the Jew of Nazareth*[Downers Grove, Ill. : InterVarsity Press, 1999], p.29). 또한, 예수님은 출생 과정과 관련해서 평생 동안 대중의 의혹 어린 시선을 받으면서 사셨다. 나사렛이라는 조그만 동네의 주민들은 마리아가 결혼하기 전에 아이를 가졌던 사실을 결코 잊지 않았다. 마가복은 6장 2-3절에서 예수님을 '요셉의 아들'이 아니라 '마리아의 아들'로 지칭하는 건, 모독까지는 아닐지라도 결혼 울타리 밖에서 태어난 배경을 언급하는 표현일 수 있다. 그러므로 예수님이 극심한 빈곤에 시달리는 가정에서 자랐다고 단정할 수 없지만, 넉넉한 가정에서 존경받으며 성장했다고도 말할 수 없다. 주님은 부유한 식자층들과 거침없이 대화를 나누시고 관계하셨지만 평생, 세상을 떠나는 순간까지도 가난하고 소외된 이들에게 동질감을 가지셨다.
20. 제임스 몽고메리 보이스(James M. Boice), "Illegalities of Christ's Trial," *The Gospel of John : An Expositional Commentary*,

Volume 5(Grand Rapids : Zondervan, 1979), pp.63ff.
21. 2004년 4월 12일자, 타임지 61쪽에 실린 David Van Biema, "Why Did Jesus Have to Die?"에서 인용. 조앤 테렐(JoAnne Terrell)은 그리스도의 이야기를 재발견한 아프리카계 흑인 작가로, 자기 어머니가 그랬던 것처럼, 예수님도 불의에 희생되어 처형되셨음을 깨달았다. 주님이 인간을 위해 고난을 당하셨다는 사실은 진즉부터 알고 있었지만, 그리스도가 억눌린 자들과 하나가 되어 더불어 고통 받으셨다는 점을 새삼 실감하게 된 것이다. 테렐의 이야기는 타임지 같은 면에 별도로 게재되었으며 내 책, The Reason for God(New York : Dutton, 2008), p.195에도 인용되었다.
22. 다른 목회자의 설교 가운데 나왔던 이야기다. 실제로 있었던 사건인지, 아니면 예화로 쓰려고 지어낸 일인지는 정확하게 알 수 없다.

역주

* 인종 분리를 규정한 법. 모든 공공기관에서 백인과 흑인을 의무적으로 분리하도록 한 법으로 1876년에 제정되어 1964년에 민권법이 제정될 때까지 존속했다. 짐 크로는 흑인을 낮춰 부르는 표현이다.
** 버지니아 주 포토맥 강변에 있는 유적지. 조지 워싱턴의 옛 저택과 묘지가 있다.

감사의 말

여러 해에 걸쳐 리디머 장로교회를 섬겨 온 남녀 집사들과, 교회 바깥에서 활동하며 성장했으나 여전히 교회와 긴밀하게 협력하며 시내의 가난한 이들을 돕고 있는 선교단체(Hope for New York) 리더들에게 이 책을 바친다.

평생 동역해 온 친구이자 동료 제프 화이트(Jeff White), 그리고 할렘과 볼티모어에 교회(New Song Church)를 개척해서 이끌고 있는 마크 고르닉(Mark Gornik)에게도 감사의 뜻을 전한다. 공의를 행하는 일과 관련하여, 우리는 오랫동안 서로 가르치고 배우기를 거듭했다. 때로는 이편에서 깨우쳐 주고, 더러는 저편에서 깨달음을 얻어 가면서 이 책에서 다루고 있는 원리와 구체적인 실천 방안들을 하나하나 찾아냈다.

하지만 가난한 이들을 보살피는 일에 처음으로 눈뜨게 해 준 이들은 버지니아 주 호프웰에 있는 교회 식구들이었다. 그곳의 크리스천들은, 내면에 품은 사랑이 진실하다면 말뿐만 아니라 행동으로 표현해야 한다는 진리를 본능적으로 꿰뚫어 보고 있었다.

늘 그렇듯이, 에이전트 역할을 하는 데이비드 맥코믹(David McCormick)과 펭귄출판사에서 일하는 편집자 브라이언 타트(Brian Tart)가 편집 지침을 제시하며 개인적인 도움을 주지 않았더라면, 이 책은 빛을 볼 수 없었을 것이다.

아울러 매년 여름마다 집필 기간을 확보하도록 뒷받침해 준 린 랜드(Lynn Land)와 제니스 워스(Janice Worth)에게도 깊이 감사한다. 제니스는 「팀 켈러의 정의란 무엇인가」가 출간되는 데 남다른 공헌을 했으므로 특별한 인사를 받을 자격이 있다. 정의와 관용에 관해 나눈 이야기들을 묶어서 책으로 만들자는 건 오로지 그이의 아이디어였기 때문이다.

마지막으로, 아내 캐시(Kathy)에게 고맙다는 말을 하고 싶다. 우리 부부는 결혼하면서 "곤고한 자들이 이를 듣고 기뻐하게 하자"(시 34:2)고 약속했는데, 이 책은 그 서약을 지키기 위해 함께 노력해서 얻은 또 하나의 열매다.